中国，的确与众不同

——环球时报深度报道选

谢戎彬 谷 棣 主编

环球时报

人民出版社

责任编辑：刘敬文
装帧设计：王欢欢
责任校对：张世琪

图书在版编目（CIP）数据

中国，的确与众不同／谢戎彬，谷棣 主编 . —北京：人民出版社，
　2019.7

ISBN 978－7－01－021035－3

Ⅰ. ①中…　Ⅱ. ①谢…②谷…　Ⅲ. ①中国特色社会主义－社会主义
　建设模式－研究　Ⅳ. ① D616

中国版本图书馆 CIP 数据核字（2019）第 143429 号

中国，的确与众不同
ZHONGGUO DIQUE YUZHONGBUTONG

谢戎彬　谷　棣　主编

人民出版社 出版发行
（100706　北京市东城区隆福寺街 99 号）

北京盛通印刷股份有限公司印刷　新华书店经销

2019 年 7 月第 1 版　2019 年 7 月北京第 1 次印刷
开本：880 毫米 ×1230 毫米 1/32　印张：10.75
字数：270 千字

ISBN 978－7－01－021035－3　定价：39.00 元

邮购地址 100706　北京市东城区隆福寺街 99 号
人民东方图书销售中心　电话（010）65250042　65289539

序　言

当前国际局势正在出现重大和深刻的变化。从 1991 年苏联解体、冷战结束以来的 28 年中，国际秩序的调整和内在的动荡还从来没有像今天出现这么多的调整和内在的紧张关系。原因当然是多方面的，至少三个因素正在发挥着举足轻重的影响。

首先，美国变了，也搅动了世界的变。特朗普政府上台并非只是美国政治史上简单的"另类党政"。特朗普对美国需要减少对世界担负"美国责任"的执着，对美国应该高举"美国优先"旗帜、重新以美国的利益和标准"再全球化"的偏执，以及要求制造业投资返流美国的狂热，正在让世界面对一个和以往执着奉行自由国际主义价值和原则明显不同的美国。特朗普政府"退群"也好，扬言要从叙利亚和阿富汗撤军也好，还是要求欧亚的美国盟友增加军费和更多分担美国驻军费用也好，还是率先承认耶路撒冷和戈兰高地都是以色列的国土，今天的美国正在带来世界政治的"特朗普冲击"。

其次，美国"没变的"，正在让世界变得不得不"变"。特朗普政府对中国发动的贸易战和挥舞的贸易霸凌主义大棒，不仅让世界贸易组织（WTO）变得难以适从，也让各种全球性问题所迫切需要加强的全球治理进程正在面临重大倒退。再加上特朗普政府宣布退出中导条约（INF），退出伊朗核协议，转而建立"天军"，让外太空武器化，增建"网军"，开发低当量核武器系统和推出新的大规模"造舰"计划，这样的美国其实正是我们熟悉的美国，是对维持美国的霸权地位和影响力永远十分执着的美国。对付这样的美国，我们既要斗争，还需要适应。今天的世界，依然是国际权力结构正在发生变化但本质上是美国主导的"单极体系"的世界。

最后，冷战结束近28年来的世界秩序，在全球化的推动下，获得了世界范围内经济和社会的长足发展。但全球化潮流之下，不同地区、不同国家内部的利益分配出现了新问题，贫富分化加剧和政府福利开支的分配结构的不合理，正在引发新的社会争议和政治冲突。全球化进程中价值体系所强调的自由、开放，以及对接受难民和移民的人道主义救济和社会保障，带来了伊斯兰势力新的全球蔓延，西方国家内部种族、宗教和社会福利分配等问题产生的对立深化。其结果，从拉美到欧洲，从北美大陆到东南亚，极端的右翼保守势力正在重新崛起，"白左"正在成为一种重新苏醒和崛起的政治力量。全球范围内种族、宗教等传统的"文明因素"正在成为酝酿对抗的新根源。特朗普政府对"中国威胁"的定义，就是号称美国正在面临来自"整个中国社会"的威胁。连斯坦福大学的校长和教务长都联名发表公开信，反对以"国籍认同"作为美国社会从学生录取到"是非认同"的标准。

这是一个真的开始让我们陌生的世界。未来全球秩序的演变究竟在多大程度上会"脱轨"，"特朗普政治"是否将是美国政治中未来持续很长时间的一种主导现象，全球化如果进入低潮、世界秩序究竟将如何从今天的"碎片化"趋势中复苏，全球治理的规则、制度和程序究竟将如何既代表各国政府的利益，又能深刻和全面地表达民众的意志？在一个已经高度信息化的时代，当人类正站在"工业化4.0"门槛之际，世界政治和经济的乱象从来没有像今天这样让人忧心忡忡。

然而，这是一个既让人失望的时代，又让人充满希望的时代。世界政治的发展进程总是会在不同的时代遭遇不同的问题，在不同的问题上碰撞出不同的声音。幸运的是，21世纪的今天，中国开始崛起、新兴经济体开始崛起，世界权力结构总的"东升西降"正在开启"百年未有之大变局"。尽管今天的国际环境变得严峻而又复杂，但进入新时代的中国无疑会坚定地继续成为繁荣、稳定与和平的世界秩序的建设者和贡献者。

《环球时报》作为中国最有影响力的全国性媒体之一，始终以及时报道、深度分析和高度把握国际时事的风云变幻为己任，为中国读者开启认识世界的重要窗口。更为重要的是，《环球时报》并没有将自己的工作只是简单地定义为国际新闻的报道，而是将为中国读者随时提供及时的深度新闻分析作为己任。无论是每天坚持推出的《环球时报》社评，还是每天从自己丰富的专家库中约稿产生的评论，《环球时报》带给中国读者的，总是既有高度时效性的新闻报道，又有内涵丰富、主题鲜明、立意高远的社评和评论。这些社评和评论，是《环球时报》正确的政治理念、高深的知识水准和坚定的中国价值维护的生动展示。

读者在《环球时报年度评论选（2018）》《中国，的确与众不同》两本书中将要读到的，首先是一份坚定的"中国情怀"。当前的世界局势严峻和复杂，中国和世界的关系也处在历史性的调整期。我们如何清晰、客观和准确地从中国看世界，同时，又能理性和科学地从世界看中国，对该问题的回答又一次在考验和激荡中国人的心智。两本书中的评论和报道同样坚定地站在"中国情怀"和"中国利益"的高度，通过对中美关系、中欧关系、中俄关系等大国关系的解读，通过对中国倡议"一带一路"建设的具体情况的介绍，通过各国政要、学者、驻华使节的声音，更通过对各种国际时政新闻的及时追踪和评论，向读者们宽视域地展示了我们对世界应该把握和洞察的角度和高度。

其次，读者们将在这两本书中读到的，是反映"复杂中国"的执着和深度的解析，这是一种不可或缺的"中国声音"。对各种实证问题，不同的经历、不同的视角和不同的分析方法往往会带来不同的认识和观察。国际时政问题的争论是必然的，讨论才能有助于我们加深对世界问题的准确和全面的认识。但争论和讨论，同样需要反映和听取"中国声音"，这是基础，这更是原则。《环球时报》的这两本精品合集，不管议题多么多样化、动态化，但其清晰和嘹亮的"中国声音"，是我们认识和分析动态的国际时政问题不可或缺的参考。

最后，读者将在这两本书中读到的和感受到的，同样也是强大和准确的"中国利益"。十九大报告明确指出，办好中国的事情就是要统筹好"国内建设"和"对外关系"这两个大局。今天，中国已经前所未有地走入了世界，世界也已前所未有地走进了中国。中国和世界关系的联动和发展，已经成为我们一切建设事业的中心环节。在这样的大局、变局面前，我们如何始终站在"中国利益"的高度，认识和把握世界局势，这是所有中国人必须毫不动摇地把握的基本原则。这两本书中的所有评论文章、深度报道和访谈实录，尽管议题不同、角度不同，但捍卫强大"中国利益"的心声贯彻始终。

作为一名《环球时报》的老读者和老作者，这么多年来，我深感《环球时报》评论主创团队和深度报道主创团队的良苦用心。他们的执着发声，不仅是给中国读者打开了客观、理性地认识世界事务的窗口，更是架设了中国和世界相互认识、相互了解、相互沟通的桥梁。读者们将在这两本书中看到《环球时报》的经典社评和分析文章，读到独家调查和深入访谈，领会《环球时报》向世界报道和展示"复杂中国"的深意；同时，也是中国读者观察和掌握"复杂世界"的钥匙。

这些社评和评论，这些深度报道和访谈，记载的是《环球时报》在解读和剖析众多复杂和尖锐的国际问题，尤其是中外媒体在看法上有分歧和冲撞时的"中国声音"。我相信，每位读者会从这两本结集出版的精品中，深切感受到《环球时报》的独特声音和魅力。这更是国内媒体界有代表性的"中国力量"！

南京大学中国南海研究协同创新中心执行主任

南京大学国际关系研究院院长

2019 年 3 月 25 日

目　录

篇 一

中国的改革开放
令他们赞叹

中国，的确与众不同

环球舆情调查中心首次发布《世界变局与大国之道》
全球民调结果

七成中外受访者认同"中国崛起"

编者按：2018 年 12 月 8 日，《环球时报》旗下环球舆情调查中心首次发布题为《世界变局与大国之道》的 2018 全球民意调查报告，也为本报年终报道系列文章拉开序幕。该调查覆盖中国、日本、韩国、印度、哈萨克斯坦、印尼、俄罗斯、英国、德国、法国、西班牙、乌克兰、南非、埃及、肯尼亚、美国、澳大利亚，共 17 个国家。调查采用在线样本库随机抽样方式，11 月下旬共回收有效问卷 16924 份。"超八成受访者明确感知到世界局势的变化""发展中国家受访者倾向全球化、友好合作；发达国家受访者认为世界局势走向逆全球化、国家间摩擦增多""近五成受访者（中美两国受访者除外）认同中美贸易摩擦对世界产生不利影响，更多受访者认为美方负主要责任"……谈及这些民调结果，接受

《环球时报》记者采访的国内外专家表示，从中可以看出世界各国主流民意的人心所向。

全球变化："五百年未有之大变局"

《世界变局与大国之道》2018 全球民意调查的结果显示：81.1% 的受访者认为世界局势发生变化，其中 12.3% 的受访者认为世界局势发生"颠覆性变化"，分别有 39.9% 和 28.9% 的受访者认为发生"明显变化"和"一定程度的变化"。对此，德国柏林自由大学国际政治学者马特亚斯·霍尔泽格尔 8 日接受《环球时报》记者采访时表示，造成世界局势发生巨大变化的原因极其复杂，特别是美国总统特朗普实行"美国优先"政策，退出各种国际协议，在全球发起贸易战以来，加速了各种消极的变化，让全球民粹主义盛行、世界变得更加不稳定。他认为，2018 年的积极变化也可圈可点，如世界日趋多极化、中国国际影响力继续提升、朝鲜半岛局势趋于稳定以及"伊斯兰国"大势已去等。

当问及"下列有关当前局势变化的描述，您是否认同"时，调查显示：认同度最高的是 69.8% 的中外受访者认同"中国不断崛起"；然后依次为"全球恐怖主义威胁上升""全球宗教冲突愈演愈烈""欧洲分裂进程加快""俄罗斯与西方对抗加剧""美国影响力不断下降"。对此选项，接受《环球时报》记者采访的中外学者因视角不同，给出不同的先后顺序。德国学者霍尔泽格尔把美国影响力下降排首位，然后依次是中国不断崛起、欧洲分裂进程加快、俄罗斯与西方对抗加剧、全球恐怖主义威胁上升、朝鲜半岛局势趋于稳定等。而国内学者刘仰首选的还是中国不断崛起。

"中国崛起意味着什么？意味着西方那套可能全要推翻重来。西方文明可能真的遇到了另一个文明的挑战，而不只是来自一个大国的实力的挑战，这是很重要的一个问题。"刘仰谈到相关民调结果时告诉《环球时报》记者，套用清末李鸿章说当时中国面临的是"三千年未有之大变局"，对西方人来说，中国的崛起现在让他们也面临"五百年未有之大变局"。他认为，小平同志说"摸着石头过河"，其实中国崛起不论对西方还是对中国都存在不确定性，西方不知道未来会怎么样，中国人自己也不知道，这种状况可能还会维持一段时间。

民调显示，无论是俄罗斯、肯尼亚、埃及、南非、哈萨克斯坦、西班牙这样与中国关系稳定的国家，还是与中国关系容易出现波折的印度、澳大利亚，民众都愿意正视中国的"不断崛起"，比例都超过70%。对此，刘仰认为，"得民心者得天下"，以非洲国家为例，过去有不少是欧洲国家的殖民地，深知西方世界是如何对他们的。非洲人一对比，自然认为中国人最好，环球舆情调查中心的民调结果也体现出这一点。

霍尔泽格尔也表示，中国与各国交流越来越频繁，在世界很多地方都有大量投资，那些与中国做生意，甚至在中国企业工作的人更是切切实实感受到中国的变化。他建议一些西方国家的政府应多考虑民意，以务实的态度发展与中国的关系，接受中国崛起这一现实。

谈到在"中国不断崛起"的调查结果中，为什么肯尼亚受访者（97.1%）对此认同度最高而日本受访者（31.3%）认同度最低，北京大学教授张颐武告诉《环球时报》记者："中国企业帮助肯尼亚搞基础建设，肯尼亚是中国'一带一路'建设在非洲的一块基石，所以当地民众感受是很具体的。同样，日本认同度最低也可以理解，因为日本一向在国际问题上以美国为中心。"

与之相对应的是，在去除本国数据后，三成受访者倾向选择美国担当全球治理引领者。而选择中国担当全球治理引领者的比例只有11.5%，其中俄罗斯受访者比例最高（26.6%），然后为肯尼亚（18.7%）和埃及（18.6%），日本受访者选择中国的比例最低，仅为1.5%。张颐武说："西方国家当然不会觉得应让中国作为主导者，因为它们没有做好准备，也不会轻易认为中国发展到现在这个局面就可以担当这样一项任务。这样的状况持续时间会很长，我们也需要长期努力去做好自己的事，关键是要惠及中国人民。"

中美博弈："两国要避免竞争失序"

在关于美国的描述中，受访者（除美国外）最认同"美国时常干涉其他国家的国内事务"（73.0%），美国受访者对此的认同度也接近六成（58.6%）。此外，分别有57.9%和37.6%的受访者认为"'美国优先'外交政策对世界弊大于利"和"贸易保护主义拖累美国经济发展"，而美国受访者对以上两项的认同度也分别达到40.6%和33.7%。在张颐武看来，美国社会现在分裂非常明显，甚至特朗普上台以后整个精英阶层也分化了。一方面有些美国人认为还要继续支持全球化，因为他们前些年在全球化中受益，可另外一些人——认为自己在全球化发展过程中"受损"的群体则持相反立场，而这些群体现在在主导美国的社会潮流。他担心，美国的分裂对世界来说构成很大威胁——美国未来发展不太确定，这个风险性对整个世界来说，都不是好事。

15国受访者（中美两国受访者除外）对"中美贸易摩擦的主要责任在美方"的认同度为38.9%，这一比例是认为"中美贸易摩擦的主要责任在中方"的数据的两倍；38.0%的受访者认为"中美贸易摩擦会愈演愈烈、矛盾加剧";34.9% 的受访者认为"中美贸易摩擦对我的国家产生不利影响";26.9% 的受访者认为"中美贸易摩擦会很快顺利协商解决"。这其中，韩国受访者在"中美贸易摩擦对我的国家产生不利影响"和"中美贸易摩擦对世界产生不利影响"这两个描述的选择中表现突出，认同度均居首位，分别为 68.2% 和 65.8%。在中国学者看来，这个结果体现出绝大多数国家的共识，即在"美国优先"背景下，一些国家感到"人人自危"。张颐武前不久和一位韩国外交官交流，对方说："中国 GDP 如果下跌 0.5%，韩国的 GDP 就要下跌 1.5% 左右，因为韩国同中国的贸易关系太密切了。"美国发动对华贸易战对韩国的负面影响客观存在，韩国公众对此有非常清晰和高度的共识。

调查还显示，56.5% 的受访者（中美两国受访者除外）认为中美两国关系极大影响世界政治、经济。对此，刘仰表示，在这样的形势下，中国要学会做大国，中国人要学做大国国民。他注意到，日本人在相关调查中对中国的负面印象比例相当高。"日本是我们的邻国，在文化上共同点很多，为什么会出现这样一个问题？一个很明确的现实就是：日本现在是有美国驻军的国家，也就是说很多日本民众的态度可能不完全是自发的，而是被美国塑造出来的，如果我们意识不到这一点，可能很多问题是看不清的。"刘仰说，在很多方面，美国不管用公开的还是隐蔽的手段，对别国民众的观念塑造都是有很大投入的。刘仰重申他曾讲过的一个观点：人们只注意到美国军费占全球的一半，但没有注意到美国的"广告费"（国家形象宣传经费）占全球的比例也是一半。

谈到中美关系对世界的影响，美国乔治·华盛顿大学国际事务教授史蒂文·苏拉诺维奇和《环球时报》记者提到"两国集团"（G2）

构想。他表示，回想 2008 年美国学者刚提出 G2 概念时，美国不少主政官员和智囊确实在想办法把中国纳入美国主导的国际规制之内，对于美中在全球治理领域的合作尤其看重。他们将中国定位为"负责任的利益攸关方"等角色，一个隐含的前提是认为美中实力差距依然很大，中国威胁不到美国，但 10 年过去了，中国早已成为世界第二大经济体，军事、科技实力突飞猛进，这种形势让包括当初提出和认同 G2 的美国政治精英们担忧：若中国继续发展下去，可能不是美国把中国纳入国际规制的问题，而是中国把美国纳入自己主导的国际体系。苏拉诺维奇说："目前，我认为超过半数的美国人倾向于认为，中国是在全方位赶上美国的新兴超级大国，是强有力的竞争对手。在这个背景下，处理好美中关系的考虑更多是避免竞争失序引发冲突。"他认为，中国并没有在全球范围内挑战美国的主导地位，只不过现在的舆论环境发生改变，中国正常的战略需求被夸大。

改革开放："对现有国际秩序的有益补充"

相关中国改革开放话题的调查结果显示出受访者对"中国制造"和"中国智造"的期待：分别有 54.7% 和 53.1% 的国外受访者对"中国正在持续改革、开放、进步"和"中国文化博大精深，沉稳内敛"表示认同。同时，49.8% 的人认为"中国高铁、移动支付等科技产品世界领先"。调查还显示，关于中国"进一步扩大开放"，国外受访者对"带动本国科技进步，引入先进科技产品"最为期待（34.0%）。"获得物美价廉的中国制造的产品或服务"的提及率列第二位（30.8%）。霍尔泽格尔对此表示，中国继续深化改革开放对世界来说就是新的重要机遇。他还提到，中国 2017 年对世界经济增长贡献率高达 34% 左右，2018 年举办首届国际进口博览会，连续多年保持世界第一大出境旅游客源国地位。对欧洲国家来说，中国游客是消费最高的群体。在他看来，中国提出的共建"一带一路"倡议是改革开放的一种新形式。

伊朗不在此次跨国调查的名单中，但德黑兰大学美国研究所研究员马兰迪在看了相关调查结果后告诉《环球时报》记者："从国际层面来说，中国坚持改革开放的最大意义就是对现有国际秩序提供有益补充。在金融方面，尽管国际体系仍由西方主导，但亚投行为发展中国家提供了新选择，更好地关注亚洲国家的真实需求，让这些国家的民众都能分享发展繁荣的红利。"

（本报记者：范凌志　本报驻埃及特派记者：曲翔宇　本报驻德国特约记者：青木　《环球时报》2018 年 12 月 10 日）

"不了解中国共产党，就很难了解中国"

——听四国学者谈"中共学"和国家治理

　　"很高兴看到海外中共学日益成为一门时代显学""不了解中国共产党，就很难了解中国""西方对中国的治理还有着根深蒂固的傲慢""中国共产党海外形象塑造就是向世界讲好中国故事"……11 月 24 日至 25 日，在复旦大学举办的"第三届国际中国共产党研究——新时代中国共产党国际形象塑造"学术会议上，数十位与会的国内外专家学者各抒己见，总结中共国际形象塑造的相关经验。国际学界对中国共产党的研究已成为一门显学。英国剑桥大学政治与国际关系学院高级研究员马丁·雅克、山东大学政治学与公共管理学院院长贝淡宁（加拿大学者）、美国加州大学伯克利分校东亚研究中心教授罗德明、俄罗斯科学院远东研究所副所长安德烈·奥斯特洛夫斯基会议期间接受《环球时报》记者采访，就海外研究中共情况、中国贤能政治、"中国式全球化"和改革开放等问题深入地谈了各自的看法。

剑桥大学政治与国际关系学院高级研究员马丁·雅克：
"中国式全球化"独树一帜

环球时报：您做了《应对挑战：全球化时代中国共产党向世界展示独树一帜的治理形式》的报告，详细阐释了西方对中国共产党的各种认识。您认为，国际中共学正在兴起吗？

马丁·雅克：国际中共学研究正在兴起。中国崛起和中共在中国治理中的中心地位引发越来越多人的关注。它与西方任何形式的治理方式都截然不同，所以人们有很多认知上的缺失。因此，我认为对中共学的研究越来越重要，它可能有两个方面：一种可能是充满好奇的，另一种可能是消极的。充满好奇是因为我们需要了解中国的崛起，了解它为何如此成功，以及中共起到的作用；另一方面，随着中美关系的恶化，外界对中共也会产生对抗的态度。

环球时报：为什么欧美一些国家对全球化产生悲观情绪？

马丁·雅克：在过去几年，全球化在美国和整个欧洲都失去支持，要在短期内恢复是非常困难的。由于所谓的"华盛顿共识"（这样的政治经济理念），西方的全球化首先失去发展中国家的支持，因为它在很大程度上未能帮助发展中国家。

毫无疑问，全球化仍是长期趋势，但会上升也会下降，会出现兴盛也会出现衰落。我认为，现在西方式的全球化又一次开始衰落，并且这种衰落将是相当长期的。现代西方式全球化的兴起可以追溯到20世纪70年代末、80年代初期。美国强烈支持全球化，因为它被视为符合美国国家利益，是促进美国在世界各地经济和政治利益的一种方式。转折点是10年前的西方金融危机。美国和一些西方国家对全球化的态度出现很大转变，开始把全球经济一体化、全球意识、全球合作的理念重新赋权于国家层面。

环球时报：您最近提出"中国式全球化"的概念。能否进一步阐述？在国际上同时出现逆全球化、民粹主义、保护主义的背景下，"中国式全球化"对世界发展最大贡献是什么？

马丁·雅克：很明显，"中国式全球化"独树一帜。中国赞同和承认全球化，也是西方全球化框架下的一大受益者，但中国的做法截然不同，更具包容性。中国对包容性的重要性有所理解，我认为有些西方国家没有。美国等国在追求超级全球化的过程中，忽视了许多公民的利益，对日益恶化的环境视而不见，忽视了不平等的迅速增加。而中国因为社会规模的巨大，更有复杂性，一直受到不稳定因素及潜在的分裂危险困扰，所以相比西方国家，对包容性的重要性有不同的理解。

另一个区别是，中国认识到发展的重要性，某种程度上西方没有。正因如此，只有中国才能认识并提出"一带一路"这样必要的倡议。它想要解决的是自 1945 年以来的全球核心问题——占世界人口85% 的"发展中世界"的转型，这正是中国式全球化的核心。

山东大学政治学与公共管理学院院长贝淡宁： 贤能政治和民主价值观不冲突

环球时报：您提出，经过 30 多年的发展，中国已逐渐形成一种贤能政治的政治体制。在您看来，贤能政治的优点是什么？贤能政治和西方的民主体制有冲突吗？

贝淡宁：贤能政治的第一个优点是每个高层政治家都有政治经

验。如果用选举民主的话，（领导人）不一定会有经验。比如老百姓可能选一个没有经验的领导人，就像美国的总统。第二，贤能政治的优点是领导人可以考虑长期问题，比如说 10 年、20 年后人工智能会怎样影响中国社会。但如果是另一种方式，（有些国家的）领导人一般来说考虑的是 4 年以后下一个选举的结果。贤能政治和其他类型的民主体制价值观没有冲突，两者可以结合起来，比如说政治的透明性、更多给予老百姓参与政治的机会等。

环球时报：您提出的"贤能政治"观点能否被更多西方人士所接受？

贝淡宁：这是一个问题。尤其是二战后，很多西方人觉得，唯一的标准就是选举民主。如果中国没有选举民主，就是没有政治改革。这是非常教条的，其实二战前没有这样教条的思想，大家不觉得应该有一刀切的制度。现在西方也有一些变化，大家开始意识到一人一票的制度有很多缺点，比如有时（选民）投票非常不理性，可能将来大家会愿意考虑其他的可能性。

环球时报：担任山东大学政治学与公共管理学院院长两年来，您不断推动国际间的学术交流。请介绍下中共学目前在国际学术界上的最新发展情况？

贝淡宁：山东受儒家文化影响，很多学者热衷于讨论如何把儒家思想和马克思主义结合起来。国际上，一些学者也想知道"天下"的价值观对当代中国社会有什么意义。还有一个讨论比较多的话题就是贤能政治在其他国家有什么历史和文化根源。如有一位哈佛大学历史系老师，他觉得意大利文艺复兴时期也有一些贤能政治制度的体现。

环球时报：您的观点是，贤能政治制度具有独特性——高层通过这种体制来选拔和晋升具备卓越素质的领导人，同时在地方实行民主并在中间进行试验的模式。那么，在中国高校任职，您对中国的基层民主和管理有哪些新体会？

贝淡宁： 在山东大学，我们学院是用集体领导的制度讨论问题，我觉得这点非常重要，做得比较好。我们有 4 位副院长，还有 3 位书记，一起讨论和解决问题，不是一个人说了算。这非常重要，也是贤能政治制度的一个很重要的体现。

美国加州大学伯克利分校东亚研究中心教授罗德明：
中国发展道路比欧美更成功

环球时报： 逐渐扩大开放的中国，有人视之为机遇，也有人视之为威胁，还有人几度预测其崩溃。您怎样看这些复杂的声音？

罗德明： 外界在一定程度上对中国的对外开放很关注，因为中国实际上非常精明地处理了对外开放问题。中国是一个能控制开放节奏，让对外开放朝着对自己有利的方向发展的发展中国家。这也是为什么就美中关系而言，美国政界自 2010 年以来意识到贸易关系中的条款使中国的收益超过美国，并反对中国。

环球时报： 为什么几十年过去了，西方一些国家的政要对中国发展之路和政治制度的看法好像仍在原点？

罗德明： 我认为，这是因为西方国家有一种倾向，希望中国变得"更像我们""像美国人"。日本和新兴工业化国家的现代化进程，使它们对美国更加开放。西方从这些国家的历史中获得了某种程度的希望，这影响到西方对中国对外开放的看法。

中国的改革开放是一条不同的道路，在某些方面比英、法、德、美以前的道路更成功，发展更快，涉及更多人口。这是一件了不起的事，在很多方面都令人钦佩。我认为这必须引起关注，因为中国非常重要，非常强大。我们必须理解中国，因为它在世界政治中扮演越来越重要的角色，而且将来会发挥更大的作用。因此，我们必须了解是什么在推动中国的前进。中国人民在改革开放中发挥着巨大作用，因为人们有向前进步和推进现代化的强烈愿望。而改革开放成功，有中国共产党的指引。从某种意义上说，中国的政党制度为这个非常大的国家提供了某种团结和方向。如果在不同的地区有许多不同的党派，（推行改革）将会是很困难的。中国政党制度更有效率，但要避免犯错误。

环球时报：您认为，中国这些年在国际上的话语权是否有明显的提高？

罗德明：绝对有明显的提高，这点毫无疑问。

俄科学院远东研究所副所长奥斯特洛夫斯基： 俄要学习中国的经济体制改革

环球时报：您这次在题为《中国改革 40 年的社会——经济成果：中共形象提升的重要因素》报告中说，上世纪 80 年代初，中国和印度的社会经济发展水平差不多，但现在中国 GDP 是印度的 5 倍。25 年前，俄经济规模比中国大，而现在俄 GDP 只有中国的 1/8，中国 GDP 超越俄罗斯的时间是 1995 年。为什么您经常拿中俄做对比？

奥斯特洛夫斯基：中俄两国经济体制改革有很大区别。前苏联在上世纪 80 年代末时，戈尔巴乔夫常说"我们要进行改革"，但实际上只是空谈。所以我说，我们要看中国的改革，那里有各种各样最重要的改革方向。和中国一样，俄罗斯在发展道路上也有过社会主义基础，有过计划经济。现在中国推行中国特色社会主义道路，而俄罗斯拒绝了社会主义，直接进入了资本主义。我认为，俄应向中国学习如何从计划经济过渡到市场经济。中国是一步一步慢慢过渡，最终达到经济发展的目的。而俄在上世纪90年代初下定决心要一下子过渡到市场经济，结果失败了，不仅导致苏联解体而且在经济方面也没有取得什么成就。现在大多数俄罗斯百姓的生活水平下降了，只有10%的人生活水平大大提高。

环球时报：在中国改革开放40年的过程中，很多国家都给予大力支持。您能从中俄合作的角度，谈谈过去40年，苏联/俄罗斯对中国改革开放的贡献吗？以及中国改革开放给俄罗斯带来哪些有利因素？

奥斯特洛夫斯基：上世纪80年代，当时很多苏联的学者对中国经济体制改革不相信，认为中国不会在2000年完成工农业总产值比1980年翻两番的目标，因为在80年代看这好像是一个梦。但中国提前5年就完成这个目标。为什么苏联当时没采用中国经济体制的模式？最重要的原因是苏共中央领导干部认为，"中国政府走得太快了"。等1991年苏联解体后，当时的领导人也不认同中国经济体制改革模式，又认为"中国走得太慢了"。所以，俄罗斯选的新模式是实行价格自由化和私有化，结果就是现在俄罗斯经济赶不上中国。中国研究俄罗斯的经验教训，不重走俄罗斯的道路，特别是不犯俄罗斯的错误，我想这就是俄罗斯对中国改革开放最重要的贡献。以前是中国向苏联学习，现在我们要向中国学习，学习中国经济体制改革。俄罗斯的经济发展过于依赖石油和天然气，我认为俄罗斯要发展机械工业、科学、教育、卫生，要向中国学习如何建立高新技术园区，专门研究中国经济体制改革的一些具体领域。

（记者：戚席佳 《环球时报》2018 年 11 月 30 日）

博鳌亚洲论坛理事长、联合国前秘书长潘基文接受《环球时报》专访

没有中国全球领导力，什么都做不了

"没有中国的全球领导力，什么都做不了""习近平主席是实干家，展现出面向未来和为他人着想的领导力""中国传统的价值观和哲学精神让我逐渐成长为一名全球公民"……这是联合国前秘书长潘基文2018年岁末在韩国延世大学接受《环球时报》记者专访时的感慨。2017年1月3日，在联合国"荣誉退休"的潘基文回到韩国，并于2018年4月当选博鳌亚洲论坛理事长。这一新的身份，让昔日的"世界大管家"潘基文又成为"亚洲代言人"，也让他同中国的联系更为紧密。采访中，潘基文高度评价中国改革开放40年来对世界的贡献，并对中国对他的长期支持表示感谢。

世界与中国的改革开放"共存共荣"

环球时报：请用一个词或一句话概括您对中国改革开放40年的

感受？

潘基文：过去 40 年中国推行改革开放政策，不仅给中国人民带来繁荣与发展，更对世界历史具有重要意义。如果用一个词来概括我对中国改革开放的认知，我会选择"共存共荣"。联合国的基本发展目标，是不能让世界上任何人落后。在中国，1978 年邓小平提出的改革开放方针，与这一基本目标相吻合，而中国政府一如既往地加入到国际社会规则、秩序、制度的制定中并发挥重要作用，成功推进中国与全世界的共同发展。

用语言描述 1978 年以来中国的变化和发展绝非易事。从统计数字来看，1978 年中国 GDP 增长为世界经济的贡献率仅为 2% 左右，如今中国对世界经济增长的贡献率超过 30%。这是非凡的！中国在过去 40 年间迈出惊人的强劲步伐。中国人民和中国政府值得夸赞。中国自 1978 年以来，成功让 8 亿人摆脱贫困。联合国于 2000 年制定的千年发展目标第一条，即力争在 2015 年前实现极端贫穷人口比例较 1990 年水平减半。中国的脱贫成绩为联合国提前 5 年达成目标发挥了助力作用。

此外，随着中国在国际社会扩大其在政治和安全领域中的作用，中国已成为联合国会费第二大贡献国，中国的维和部队、维和人员遍布世界各地。在任职联合国秘书长期间，我一直在肯定和鼓励中国工作人员以及中国维和人员的贡献。

环球时报：对比第一次来华时的感受，您认为中国出现了哪些可喜的变化？

潘基文：2000 年 6 月，作为韩国外交通商部次官，我首次访问中国。新千年伊始的中国不论在国内还是国际层面均与现在有一定的差距。比如在北京，煤烟、工厂带来的空气污染问题相对严重。在我担任联合国秘书长期间，在气候变化问题上，中国政府以积极姿态应对，令人赞叹。2015 年应对全球气候变化的《巴黎协定》达成，我感谢中国政府所做出的努力和承诺。我肯定中国的努力，但对某些国家的退出感到担忧。总的来看，像中国和美国这样的大国应履行全球领导力。可以说，没有中国的全球领导力，什么都做不了。

环球时报：在您看来，未来中国在国际舞台的外交形象会怎样？

潘基文：二战之后冷战体系形成，中国曾与苏联同属社会主义阵营，对外交流相对闭塞。1972 年，中美两国政府发表《上海公报》、美国尼克松总统访华，开启了中国与西方国家全面交往的大门。目前，中国已成为世界第二大经济体，随着国家实力的增强和国际地位的提高，中国的外交自信不断增强，如今还迎来进一步深化改革开放的阶段。中国担负的国际社会责任涉及政治、道德等层面，我认为中国领导人正是有这样的意识，所以以中国政府为发展中国家提供了非常多的支持。

2015 年 9 月，中国国家主席习近平在联合国总部发表讲话称，中国将与世界共同构建人类命运共同体，这让人印象深刻。讲话包含了中国领导人面向未来的执政哲学，体现了中国领导人面向未来的领导力。

环球时报：对中国进一步推进改革开放，您有什么建议？

潘基文：改革开放没有尽头，中国应不断跟上并引领世界发展的脚步与趋势。20 世纪初的国际准则与 21 世纪的显然不同，特别是机器与科学的快速发展，未来科学发展的附属品与人类应维系怎样的关系，都是我们应思考的课题。如今，中国 5G 等技术先进，华为等企业也在引领世界。中国的改革开放应进一步推进，并在这一过程中实践与新技术的结合。在这一方面，中国应有责任意识。

"中国的铜奔马给了我信心"

环球时报：回顾您的外交生涯，和中国都有哪些特殊的故事？

潘基文：上世纪70年代起，我进入韩国外交部工作。1978年10月被任命为联合国代表部一等秘书，那时韩国并非联合国成员，韩中也没有双边外交关系。韩国于1991年加入联合国，这背后少不了中国在安全关切上的支持。1992年中韩两国正式建交，此后26年，两国在政治、经济、社会、教育等各领域的交流与合作不断深化。

坦率地讲，韩中建交之时我并没有发挥什么作用，两国建交8年后才访华。最初与中国交流的经验并非那么丰富。但我自信地认为，我在担任韩国外交通商部次官、长官以及驻联合国大使期间，在深化两国双边关系和提升中国在联合国地位方面发挥了一定作用。这些年来，我非常感谢中国政府在各方面对我的支持。记得我作为联合国秘书长候选人时期曾对中国进行访问，当时中国的外交人士送给我一尊铜奔马，寓意深刻，也给予了我信心。

随着我逐渐开启对中国各地的访问，我愈发感受到中国的魅力所在和惊人之处。特别是中国悠久的历史和灿烂的文化，以前只是课本上所学，因此当我来中国后总会有"第一次"的新感悟，如2015年我去曲阜、泰山和趵突泉。我本人就是在孔子、孟子等中国传统哲学家思想的熏陶下长大的。这些传统的价值观和哲学精神让我逐渐成长为一名全球公民，去思考人类的价值究竟是什么。我真心希望韩中两国之间这样的文化纽带能进一步拓宽，在政经领域的合作不断加强。

我十分热衷于向各国领导人、向我的学生分享中国的哲理名言，这令人受益匪浅。任联合国秘书长期间，我经常提及《老子》中的"上善若水"四字。我以"上善若水"寄语联合国的工作人员。2014 年我写了一幅"上善若水"，送给时任美国总统奥巴马。

环球时报：您和中国领导人的接触也很多，能讲一讲感受吗？

潘基文：我记得与习主席相识于 2005 年 7 月。那时，时任浙江省委书记的习近平访问韩国，我作为时任韩国外长主持了欢迎晚宴。2009 年，我已担任联合国秘书长。有一天，我看新闻得知，时任中国国家副主席的习近平正在韩国访问，他在记者会上特意提及了我们二人相识的故事，令我万分激动。在我看来，习主席是一位实干家，是一位经历过磨炼、勇于克服困难也善于战胜挑战的人。他从基层做起，真正了解老百姓的所思所想。他在与世界各国领导人交流时，时常展现出面向未来和为他人着想的领导力。习主席好像知道我特别喜欢中国书法，虽然我从来没有当面向他提及过。习主席好像留心了解到了，还送给我一套笔砚。我觉得实在是太贵重了，一直珍藏，没舍得用。

博鳌亚洲论坛将超越亚洲

环球时报：作为博鳌亚洲论坛理事长，您如何定位和展望这一重要交流平台的未来发展？

潘基文：2018 年 4 月我当选博鳌亚洲论坛理事长一职。对于中国国家主席习近平给予的信任，我感到非常光荣。博鳌亚洲论坛诞生18 年来，为亚洲地区经济合作、文化交流做出贡献。在这个快速变化发展、紧密联系的世界，博鳌亚洲论坛未来不光为了亚洲，还将超越亚洲，进一步加强亚洲与世界其他地区的对话和经济联系，谋求全世界人民的繁荣与和平。

博鳌亚洲论坛首尔会议 2018 年 11 月 19 日至 20 日在韩国举行，

这是迄今为止该论坛在中国境外举办的规模最大的国际会议。除了亚洲国家，还有来自俄罗斯、意大利等国代表，800多人就经济、文化、政治、朝鲜半岛问题等展开讨论。我认为，未来博鳌亚洲论坛进一步发展的空间还有很大。

随着科学技术的转型发展，世界正更紧密地联系在一起，会议主题聚焦"开放创新的亚洲"顺应这一发展潮流。中国领导人有关"打造人类命运共同体""在经济全球化的今天，没有与世隔绝的孤岛"的阐述让我印象深刻。中国领导人还向世界释放出中国会进一步推进改革开放，特别是加强国际合作的信号，得到广泛接受和支持。我希望这将成为一种趋势，博鳌亚洲论坛和共建"一带一路"也将沿着这样的脉络走下去。

环球时报：您曾说自己是"生于战争的孩子"，您如何看朝鲜半岛局势的变化？

潘基文：朝鲜战争爆发那年，我只有6岁，战争的硝烟清晰地浮现在我的脑海里。当数十年后担任联合国秘书长，这对我个人而言是无上光荣，也有着特殊的和平使命感。在朝鲜半岛问题上，联合国应该进一步发挥其作用，更重要的是，中美等国是可以在半岛和平与安保问题上发挥重要作用的国家，为朝鲜半岛真正的和平与稳定发挥积极作用。在解决朝鲜半岛问题方面，中国扮演的角色至关重要。特别是考虑到中国与朝鲜在地理、历史、政治上的渊源，期待中国进一步发挥相应作用。

朝鲜半岛是南北分裂的半岛。战争将南北分开，这片土地上关于安保问题、和平问题的探讨从未停止。在朝鲜半岛局势变化的过程中，我对于目前（各方）所做的事感到兴奋和期待，这是好的。虽然内心有满腔热血，但头脑还需冷静。朝鲜半岛问题的解决并非一朝一夕之功，严重的问题慎重处理，轻松的问题简单处理，要一件一件、一步一步按照顺序从容不迫处理，这需要半岛问题相关各方的冷静和智慧。

潘基文：希望中美用智慧化解纠纷

"像傻瓜一般学习，如天才一般憧憬。"这是联合国前秘书长潘基文的一句名言。《环球时报》记者3年前访问潘基文的老家——韩国忠清北道阴城郡一个小村落，在一幅壁画上看到写有这句话。勤奋与拥有远大抱负的潘基文是出生在朝鲜半岛的"战争的孩子"，也是从联合国总部走出的和平的维护者。卸任联合国秘书长后，潘基文成为韩国延世大学全球社会贡献学院的名誉院长，并于去年4月当选博鳌亚洲论坛理事长。

博鳌亚洲论坛首尔会议去年11月在韩国举行时，潘基文曾接受中国记者的采访。年底他又与《环球时报》记者相约延世大学的会客室，谈中国的发展成就和与中国的不解之缘。两次采访，年近75岁的潘基文总是面带笑容，他说的一段话让记者印象深刻："在好的环境下成长和在逆境中迎难而上的领导人往往拥有不同的执政哲学。在我儿时，朝鲜战争爆发，我在动乱与贫穷中长大。现在很多韩国年轻人可能根本想象不到当年的穷苦，就像在很多中国年轻人的印象中，可能会认为中国一直以来就如今天一般发展得这么好。"

潘基文关注最多的还是中国的外交。他毫不掩饰自己对中国和美国的喜欢，说他就任联合国秘书长期间受到巨大支持，希望中美两国友好相处，引领世界发展。谈到中美贸易纠纷时，潘基文表示："中国与美国关系敏感，既然纷争已经发生，希望中美两国能运用智慧和平解决所有问题。"他还多次表示，作为联合国前任秘书长，非常感谢中国对联合国事务的持续参与以及对发展中国家的支持。他认为，中国通过亚投行、共建"一带一路"倡议等诸多机制，还可以在全球做得更多。

潘基文期待韩中关系能进一步加强，并表示，"中国是韩国第一大贸易伙伴国，没有中国的参与和合作，韩国人很难去处理所有困难的局面"。潘基文还告诉《环球时报》记者："作为一名韩国公民和联合国前任秘书长，我期待着更多中国人走进韩国，更多韩国人走进中国，深化经贸合作，加深彼此交流。"

（本报驻韩国特派记者：陈尚文

《环球时报》2019 年 1 月 7 日）

感受俄罗斯悄然"偷师"中国

编者按:"中国取得的辉煌成就,应让俄罗斯人认真思考一个老生常谈的问题:到底是什么阻止我们东山再起?"类似的反思言论最近几年时常出现在俄罗斯媒体上。很明显,中国正成为俄"转向东方"的最佳坐标。过去一年多,中国人民大学重阳金融研究院执行院长王文受邀4次去俄罗斯调研、走访,在同两国学者、企业家与官员的交流中,真切感受到俄罗斯人对中国的认识正加速转变。改革开放40年来,昔日的"老大哥"已在"偷师"学生,"参照中国经济发展经验",在俄罗斯不仅不再是一个羞于说出口的观点,而且也在很多领域付诸实践。

代表人物是普京总统的顾问

苏联解体后,因一度照搬西方模式,进行自杀式激进改革让俄罗斯吃了不少苦头。进入 21 世纪，俄罗斯延续苏联后期依赖出口能源为主的经济发展模式国力开始恢复，但很容易受到外部因素干扰。受油价下跌、西方制裁以及世界经济深度调整的影响，俄经济陷入停滞、能源和武器领域出口收入明显不足，商业和投资活力下降，居民收入减少。这种背景下，俄越发难以忽视中国强大的经济向心力。"跟中国人合作，是有钱赚的"，基于这种务实的经济与安全利益考量，在俄精英群体中逐渐出现"借鉴中国经验""向中国学习"的呼声，希望中国能为俄经济发展"造血"。

主张学习中国经验的俄罗斯代表人物是普京总统顾问、俄罗斯科学院院士谢尔盖·格拉兹涅夫博士。这位 31 岁就担任俄联邦对外经济联络部部长，后又任过国家杜马经济政策委员会主席等多个经济要职的重要人物，是目前俄最具有"向东看"开放意识的高层人士之一。近年来，格拉兹涅夫几乎每隔几个月就来一次中国，并推进与笔者所在的机构进行过 3 次"中俄智库经济对话"。每次对话会，都有一批俄罗斯经济、金融、战略、技术与军事方面的专家随他来中国。

格拉兹涅夫每次参加"中俄智库经济对话"都是一整天不离场，仔细听取并记录中方学者介绍的中国发展经验。他曾对笔者谈道："中国发展模式有三方面值得俄方学习：一是中国摒弃西式民主，更注重国家治理能力的现代化和管理的有效性；二是中国通过制定'五年规划'，采取政府调控与市场调节相结合的方式，实现了资源配置的最优化，从而保证宏观经济稳定与社会公平正义，建立起全球最为完备的产业链体系；三是中国建立了一套在中央银行宏观调控下，政策性金融与商业性金融分离、以国有商业银行为主体的多种金融机构并存的金融机构体系，这套体系相对独立于西方金融体系，并且行之有效。这些经验对俄方而言有重要借鉴价值。"

受格拉兹涅夫邀请，笔者两次在"莫斯科经济论坛"大会上做主旨发言，坦承"中国经济发展成就被俄罗斯低估""俄应重视中国经验""中俄进入相互学习的时代"等观点。"莫斯科经济论坛"有上千位俄罗斯精英出席，对笔者的发言，他们大都反馈积极。

普京总统连续多年参加的瓦尔代俱乐部年会被视为"最神秘的政治大会"，笔者去年受邀与会并介绍了中国在减贫方面的经验。俄外长拉夫罗夫在台下还专门与笔者谈到，俄方视"一带一路"为重大的发展机遇，有助于俄方更好地了解中国的发展经验。年会最后一天，普京还邀请阿里巴巴集团主席马云，面对面听他介绍中国的电子商务与经济发展。

在今年4月初举办的"莫斯科经济论坛"上，还设了20多个平行分论坛。第一个分论坛主题是"如何对接'一带一路'与欧亚经济联盟倡议"，据笔者观察，该主题最受关注，足足来了400多人，因座无虚席，很多人就站在后面听。在嘉宾发言中，当曾担任过英国高官的经济学家罗思义说"1992年中俄经济总量差不多，而现在中国是俄罗斯的6倍，难道俄罗斯人不想一想是否应向中国学习"时，场下有许多人频频点头。

从漠视到重视

事实上，罗思义式的疑问此前已出现在俄罗斯公开舆论中。俄罗斯"银行"网今年2月7日题为"为什么俄罗斯不像中国"的文章称："为什么都是社会主义计划经济起步，且中国经济比俄罗斯的起步水准更低，但到今天，中国成为仅次于美国的第二大经济体，而俄罗斯却滑到第12位？"俄《独立报》去年底援引俄科学院远东研究所专家亚历山大·拉林的话说："俄罗斯想要实现复兴，是时候学习中国经验了……中国让我们抱有乐观主义，如果中国人可以从落后和贫穷中逐渐强大起来，实现民族复兴，为什么俄罗斯不可以？"就连针对美国对俄罗斯钢铁提高关税，俄罗斯战略调查研究所专家维亚切斯拉夫·霍罗德科夫也呼吁政府"应向中国学习，对美国采取回击措施"。

"冷战结束初期，俄罗斯人一度把中国商人视为'倒爷'，一些早期来俄的中国人还与黄赌毒沾边。有俄罗斯人曾抱怨，最优秀的中国人去了美国，次一些的去了欧洲，最差的中国人才来俄罗斯。"一位上世纪 80 年代就来莫斯科打拼的中国商人这样告诉笔者。今非昔比，他接着说："但现在随着来俄中国人的素质与出口俄罗斯的中国商品质量越来越高，俄罗斯开始更客观地看待中国，接近中国。"今年 4 月 3 日，"莫斯科经济论坛"开幕式结束后，一位俄罗斯企业家还专门拦住笔者，用不太流利的英文向笔者介绍自己十多岁的孩子，希望他以后到中国长长见识。

曾在莫斯科居住过 8 年、现已在中国智库工作 5 年的罗思义认为，苏联解体后，俄罗斯对华心态分为三个阶段：1992 年开始微弱地意识到中国改革的借鉴价值；1999 年后油价上涨、俄经济快速增长，让俄信心大增，一度漠视中国经验；2014 年后，俄罗斯受到西方全面制裁与挤压，开始深度调整对华心态。罗思义说："这个进程（或许）很缓慢，可能需要 10 至 15 年时间。届时俄罗斯或许会更深刻地学习中国的发展经验。"

东方的"最佳坐标"

在笔者看来，中国应对金融危机的做法，让俄罗斯至少 10 年前就有所感悟。早在 2009 年，《莫斯科时报》网站、《导报》等均发表过主题是"向中国学习"的文章，其中提出俄罗斯现在越来越难以抵挡中国巨大的经济魅力和政治影响力。改革开放让中国的现代化获得巨大成功，俄罗斯应向中国学习。在俄罗斯，即便是国内经济决策也要越来越多地将中国因素考虑进来。

虽然这些年也有一些俄媒刊文争论，认为中国模式不可能适用于俄罗斯。但无论如何，"向东看"在过去 10 年已日益成为俄罗斯既定的重大战略，如开发远东地区、致力于在远东打造自由贸易港。2015 年的一项民调显示，59% 的俄罗斯人支持延续或启动"俄罗斯向东转"的政策，70% 的人认为，俄"向东转"与亚洲国家积极合作利大于弊。

强大的民意基础使俄罗斯近年来不少政策都出现了中国的影子。俄罗斯效仿中国开始建立经济特区。截至 2017 年，俄罗斯有 24 个经济特区，分为工业生产型经济特区、技术推广型经济特区、旅游休闲类经济特区以及港口特区。

俄罗斯还引进了中国工业园模式。去年夏天，俄罗斯产业集群和科技园协会主席什皮连科表示，俄远东地区计划再设立 15 个工业园，包括航空、林业、鱼产品加工等。据俄罗斯工贸部 2017 年统计，俄中部有 80 个工业园区，而东部仅有 11 个，因此支持在远东地区建设产业园是优先工作方向。

俄政府还借鉴中国的做法，制定中小企业发展规划。占地 27 公顷的莫斯科格林伍德商贸园区，由中国央企直接投资运营，是目前中企在海外最大的商贸投资项目。目前有约 300 家、来自 14 个国家的公司入驻该商贸园区。笔者在园区里看到各类知名公司的广告牌，颇有国内中央商务区的感觉。

随着中国企业和游客增加，学习汉语的俄罗斯人也多了起来，

2020 年汉语将作为一个外语科目被纳入俄国家统一考试体系。在俄罗斯国家历史博物馆，陪同笔者调研的商务人士谢华指着写有中文的指示牌说，近年来，莫斯科各大景点和航站楼都增加了中文提示。

中国可引领金融、产能、电商合作

"俄罗斯人真在学中国吗？"笔者在俄期间问了数位资深人士，答案是多样的。俄罗斯人民友谊大学教授、汉学家尤里·塔夫罗夫斯基对笔者说，近年来，很多俄罗斯专家学者开始关注和研究中国模式，俄国内成立了智库团队，向媒体、公众和政府介绍中国模式值得借鉴的优点，以期通过学习中国经验来实现俄罗斯伟大复兴，实现"中国梦"与"俄罗斯梦"的完美结合。也有的说，俄罗斯以中国为参照探索本国的发展道路，但并不是要复制中国道路，只是部分借鉴学习。还有的表示，俄罗斯人内心高傲，对中国发展经验感兴趣，但不意味着俄甘于成为"中国学生"。在笔者看来，中俄已进入"相互学习的新时代"，中国要抓住俄对华心态转变的机会，但也要"戒骄戒躁"。

中国要把俄罗斯人的处事规则研究透彻，"精耕"俄罗斯而不是急功近利，这正成为一种共识。据笔者观察，中俄两国对视的社会心理都出现新的调适，平等化的趋势越来越明显。"关键是中国要做好自己，世界才能看到中国最好的一面。"一位与俄罗斯打了 30 多年交道的中国企业家这样告诉笔者，他认为："中俄关系正在进入新时代。两国都要放下身段，超越历史，认真发掘对方的优点与长处。中国不必指导、也指导不了俄罗斯，俄罗斯有其强大的底蕴，许多方面仍值得中国学习；但俄罗斯也须向中国更加开放。"

目前中俄之间存有"政热经冷"的局面，两国年贸易额仍未突破

1000 亿美元，只是中韩贸易额的 1/3 左右。笔者在和俄罗斯学者的交流中提出，双方要反思如何超越"能源型贸易关系"，在俄罗斯已表现出浓厚的对华合作与借鉴中国经验的意愿下，经济总量上占优的中国更是可以起到引领作用，特别是在金融、产能和电商三个合作的领域。面对西方制裁，俄实体经济缺乏资金支持，如果中国雄厚的资金和金融服务实力能为俄实体经济注入资金，提供长期信贷服务，对处于困境中的俄罗斯经济而言无疑是雪中送炭。

（中国人民大学重阳金融研究院执行院长

王文　《环球时报》2018 年 4 月 11 日）

日本朝野兴起"考察深圳热"

　　"在中国改革开放即将迎来 40 周年之际出现的（这一）逆转，反映了中国经济的发展轨迹。"前不久，在香港发布经济统计数据，显示其 GDP 首次被深圳超过后（深圳官方随后称，按去年平均汇率算仍落后香港），《日本经济新闻》作出这样的评论。深圳是中国改革开放的一个象征，近 40 年来，这座城市一直处于快速变化的中心。它有过很多称号，比如"世界工厂""仿冒商品之都"等，如今更多是"中国硅谷""创新中心"。在中国改革开放的历程中，日本企业是重要参与者，而日本也一直有紧盯中国进行研究的传统。《环球时报》记者发现，眼下，日本政界、经济界、文化界正兴起一股"深圳热"。

政治家口中的"沸腾城市"

　　在日本人的概念里，位于东京的"秋叶原"是世界第一电器街，并一直引以为豪。但近来有日本媒体发现，深圳"华强北"电器街规模是秋叶原的30倍！而且，秋叶原主推"20世纪产品"，华强北销售"21世纪产品"；光顾秋叶原的主要是普通游客，华强北的顾客则来自中国乃至世界各地。一时间，以前连深圳的"圳"都不知怎么读的日本人，开始对这座中国城市产生强烈兴趣。

实际上，华为、比亚迪、大疆……当这些品牌频繁出现在日本媒体上，走入日本社会时，很多日本人就开始好奇：它们来自哪里？这也让深圳这个以前在日本鲜为人知的城市，逐渐成为日本各界最为熟悉的地名之一，包括日本政界。

2016年8月，日本自民党IT战略特命委员长、众议院议员平井卓也和众议院议员平将明及众议院议员福田峰之等人，组团前往深圳考察。他们在深圳体验创业创新环境，亲自操作无人机，对深圳的发展惊叹不已。

时隔一年多，日本内阁府副大臣、众议院议员越智隆雄访问深圳后感叹说："移动支付、共享单车、高铁、无人机，我在深圳已经深刻感受到'中国的现在'，我对中国的看法也发生重大变化。深圳之行让我感觉到，是应该认真考虑如何与中国打交道的时候了。"他形容深圳时说："硅谷的3个月，是深圳的两个星期。深圳是一座'沸腾的城市'，是快速进化的创新生态系统的象征。"

2018年1月，日本前经济产业副大臣、自民党人工智能未来社会经济战略总部事务局长、众议院议员山际大志郎，在东京公开发表演讲称，日本必须与中国联合起来。现在，中国的深圳已经以超越美国硅谷的势头，成为世界首屈一指的创新根据地。日本不能老想着与中国争，而是要想着如何与中国联合。

企业家心中的"梦想之都"

通过深圳，日本政界人士开始从意识层面重新认识中国和中日关系。实际上，很多日本企业家更超前，已经跨越在深圳投资办厂的阶段，选择直接在深圳融资。为了在改革开放 40 周年之际推介深圳，笔者作为《人民日报海外版》日本月刊总编辑，专门出版了一本"深圳特刊"，其中就介绍了四家日本公司到深圳融资上市的经过。这是一个天翻地覆的变化，以前对外招商引资的深圳，如今已经可以扶助日本企业融资上市，拓展出一条全新的经济发展之路。

采访这四家赴深圳上市的日本企业负责人时，他们对于深圳有着让人震撼的感受。被称为"日本自动售货机创新之父"的株式会社 V-Sync 社长井部孝也说，就像"梦想都市"这个代名词一样，深圳的确是企业发展的梦想之地。"在深圳，我能感受到一股巨大的发展动力。深圳有着全新的商业环境，来自日本的我们，想要在中国这艘经济大船上找到属于自己的位置并站稳脚跟，必须首先成为深圳的'合伙人'"。

在日本全国设置了 107 个太阳能发电站的 Century Energy 株式会社，是日本顶尖的能源企业。社长山中正谈到为何选择在深圳融资上市时说，深圳发展得非常快、非常独特，规划特别好，这一点和中国其他的发达城市不一样。比如深圳和上海都是发达城市，但上海是一个现代和过去相融合的城市，稍走几步就能进入旧时街景，而深圳完全是一个崭新的现代化都市，几乎看不到农田，甚至可以说是一个从零开始建立起来的都市。如此高效率的建设和发展，是包括日本在内的其他国家无法做到的。

山中正认为，深圳将超过世界其他城市，最终成为全球资本集中地。如果可再生能源事业能够吸收到这些资本，发展前景将无可限量，这也是企业选择在深圳上市的主要原因。山中正考虑将来以同样的发展计划，通过深圳向东南亚推进太阳能发电事业。

日本动漫界"新星"、株式会社 AICRIGHTS 社长大村安孝评价说，深圳对未来充满热情，对发展充满期待。日本在经济高速增长时期曾经也有过这些东西，但如今已经看不到了。他觉得深圳的魅力就在于此。

日本新概念公寓的旗手、承包驻日美军公寓开发的 Symbolic City 株式会社，也选择在深圳上市融资。谈到原因，社长平田知良表示，深圳是一座高速发展的城市，来自世界各国的很多创业者在深圳实现了自己的梦想，它不仅仅是中国的一个经济特区。"我们在深圳感觉到无比自由，这让人充满力量。"

在与日本企业家交流中，《环球时报》记者感觉到，他们对于深圳的深刻感受，源于一种全新的"深圳精神"。这种精神的核心包括创新、自由、希望、激情……而这些，是如今日本最缺乏的。

媒体人眼中的"创新之地"

长期关注深圳的日本媒体，更喜欢将深圳与美国硅谷相提并论。而最近，日本媒体甚至认为深圳已经超越硅谷。

今年 1 月，日本记者中山淳史写了一篇题为"中美 IT'双城记'"的文章，称自己时隔 20 年去深圳，华强北的繁荣、当地独角兽企业之多让他吃惊。这让他想起英国作家狄更斯的《双城记》，"如果将美国的硅谷和中国的深圳比作法国革命爆发前夜的巴黎和伦敦，硅谷相当于结束了市民革命的伦敦，深圳则如同等待法国革命的巴黎"。

今年 2 月，日本《现代周刊》副主编近藤大介考察深圳后撰文称，深圳已经拥有从"一维"到"三维"的全方位产品，这也是为什么人们会觉得深圳已经超越硅谷。近藤大介说的一维商品指的是可以看作"点性商品"的智能手机，如果将"点"延展为"线"，就是"会奔跑的智能机器"，即"二维商品"——电动汽车及无人驾驶汽车。现在，深圳的公共汽车已替换成"电动巴士"，1 万多辆燃油出租车也换成了电动车。去年 12 月，无人巴士驾驶实验项目正式启动。

如果再从二维延展到三维，那么"会奔跑的智能机器"将变成"会飞的智能机器"，即无人机。目前，在商用无人机领域，深圳的大疆创新占有全球 7 成市场份额。近藤大介认为，如果 20 世纪是二维的"汽车的时代"，那么 21 世纪可能是三维的"无人机的时代"。而这个时代的引领者，既不是美国、欧洲，也不是日本，而是中国。

通过深圳之行，近藤大介意识到，一维的华为智能手机、二维的比亚迪电动汽车、三维的大疆无人机有共同之处：深圳企业能够大规模制造出技术成熟、成本低廉的成品，而日本企业只能成为外包商制造零部件。而且，这一情况已成既定事实。

回想上世纪 80 年代中国开放之初，日企在中国投资设厂，日本是生产销售的总公司，中国是提供零部件的外包公司。这种"日本在上，中国在下"的关系持续了几十年，竟然在不知不觉间逆转了。

日本的追赶计划

对于深圳体现出来的"中国速度"，日本政府已经深感危机，并迅速制定应对方针。2018 年 2 月，日本召开以内阁官房长官菅义伟为议长的"技术革新战略调整会议"。日本政府将以 6 个月为期，出台包含具体行动计划在内的"综合技术革新战略"，以追赶深圳的步伐。

对于日本民众来说，了解深圳主要是通过各种民间交流。由日本新华侨通讯社每年承办的"中国深圳创新创业大赛国际赛日本分站赛"，是日本民众了解深圳的窗口之一。今年 3 月，在第二届国际赛日本分站赛上，参赛的日本团队已经占 20%。当他们在深圳看到，去年获奖的团队一年之内已经落户深圳，并建成了厂房与生产线开始生产时，非常惊讶。"实验室的科研项目，能在一年内转化成实际产品并推向市场，这种事情在日本不可能发生，只有深圳做得到！"

深圳，正在通过举世瞩目的成绩，将"深圳印象"潜移默化送入日本各行各业各种人群的头脑中。以前，《环球时报》记者向日本朋友提起深圳，他们最多的问题是"深圳在哪""深圳的'圳'字怎么写"，如今最多的问题却是："那里又弄出了什么新东西？"

（作者：蒋丰　《环球时报》2018 年 4 月 19 日）

英国 48 家集团俱乐部主席斯蒂芬·佩里谈改革开放

中国成功靠的是运用科学方法

　　编者按：从降低汽车进口关税，到扩大增加自美国进口的农产品，再到复制推广自由贸易试验区改革试点经验，中国近期推出的一系列新举措，有的是我国对外开放进入新阶段的必然要求，有的是对改革和扩大开放的全面深化。今年是改革开放 40 周年，过去 40 年，改革开放让中国发生巨变，很多关注中国的外国人也被这个发展历程深深吸引，比如斯蒂芬·佩里。1954 年，48 家有志开展对华贸易的英国公司创立"英中贸易 48 家集团"，并于 1991 年更名为"英国 48 家集团俱乐部"，斯蒂芬·佩里是该集团的现任主席。自 1972 年起，他先后 200 多次造访中国，目睹了中国社会的巨大变迁。

"当年剑桥的李约瑟教授就认为中国会
回归世界中心，他说对了"

环球时报：改革开放前的中国您去过，改革开放之初的中国您到过……作为一名"亲历者"，您怎么评价1978年底中国改革开放的决定和决策？

斯蒂芬·佩里：中国的改变是现象级的。有人试图将新中国分为邓小平之前和之后的时代，这样做太简单化了。改革开放之前的时代，我会说"没有毛泽东就没有现代中国"，中国之所以能在1978年实行改革开放，包含了之前很多年的努力和试验，例如如何保持中国的统一，如何应对贫穷、重大疾病及教育与医疗资源的匮乏等。没有这些铺垫，改革开放是不会在那个时间点发生的。

改革开放为中国指明了一个发展方向，政治改革是另外一个方向。1976年之前，人们对政治不满意，希望一个更好的生活，以邓小平为代表的改革派想要开放的目的是为了给人民一个现代化的经济和社会。1978年之前中国的农业领域是计划经济，而如今七八亿农民从土地上解放出来进入城市。

现代化农业是第一步，现代化工业是第二步。中国从沿海省市开始发展出口产业，学习"亚洲四小龙"的发展模式。这些是有风险的：西方能否接受中国制造的商品？中国能否提供足够多的消费品？对当时的中国来说是非常困难的。然而几十年后的今天，人们看到中国做到了。第三步是服务业的现代化。三四十年前，我们说伦敦的中餐馆比北京的还要多，当时的中国很难找到餐厅或者咖啡厅，但现在中国到处都是。

中国在 40 年内实现了经济现代化，而美国花了 100 年，英国花了 200 年。中国做到了，不是靠机遇和运气，而是运用科学方法。这种科学方法和马克思主义有关：确认想要做的事，进行不同的试验，然后调整，再形成政策。这一过程耗时二三十年，因此有中国特色的社会主义是经历过几十年实践考验的。

60 多年前，我的父亲、伦敦出口公司董事长杰克·佩里，于1953 年带领一批英国工商界人士，打破西方世界对新中国的封锁，克服重重困难，与中国开展经贸往来。当年剑桥的李约瑟教授就认为中国会回归世界中心，他说对了，这是基于对中国的理解而进行的预测。资本主义的问题在中国可以被处理得很好。世界上有两种不同的体制，但我认为有意思的是，西方开始理解中国的一些原则，比如如何为人民服务。

西方有人一直不看好中国，原因是……

环球时报：改革开放之初，西方一些学者、媒体不看好中国的前景，您记得当时这类声音吗？其依据是什么？

斯蒂芬·佩里：1978 年时，西方很多人认为中国很奇怪，也没什么影响力，不需要担心中国对地缘政治的影响或对西方经济有影响。这些人错失了理解中国的机遇，他们只看到了表面，低估了数千年绵延历史留给中国人的价值。每次访问中国，人们总是先给我倒杯茶，为我准备合适的晚餐，当我不舒服时他们带我去医院，他们的热情自然流露，这些是中国人深层次的价值观。

现在的西方还有人不看好中国，则和马克思有关。马克思对 19世纪末 20 世纪初的世界影响巨大，尤其是 1917 年俄国革命，让西方资本主义世界震惊。反社会主义和共产主义的宣传一直存在。西方媒体为迎合大众，不断加深这种误读，以至于人们没有兴趣去了解真正的中国以及为什么中国能成功。

我的理解是，社会主义是要利用人们的创意来推动国家发展，马克思并没有说你不应该富裕。当西方意识到中国从西方学了很多并运用于中国的经济发展时，他们才会开始意识到他们也可以从中国身上学到很多，但这一过程仍然需要几十年时间。

我们的国家在铁路等很多行业表现糟糕，其实这并不关乎私有、公有，而是不同行业需要不同的处理方式，有些行业需要国家扶持补贴，有些行业需要鼓励企业家精神。西方国家的问题在于欢迎中国市场，但担心中国地缘政治影响。实际上，中国的"一带一路"不是要让中国发展为帝国，而是想和相关国家一起发展。要注意的是，以IMF和世界银行为基础的现代金融架构只有几十年历史，而这个世界的文明已有数千年，新兴国家必然会挑战现状，因此必然会有一些摩擦。

环球时报：改革开放 40 年，您觉得最重要的经验可总结为哪些？

斯蒂芬·佩里：中国加入世贸组织时，很多人担心中国不够成熟，中国市场会受到西方产品的冲击，但事实上这并没有发生。中国加入世贸组织是深思熟虑之后的决定，并且通过进一步开放来帮助平稳过渡。通过加入世贸组织，中国商品的出口得到促进，并有效控制了商品涌入。当然这让美国不满，认为中国政府对经济进行了干预。

公司有很多形式，事实上美国波音公司的存在是因为美国军方从该公司购买飞机，波音并不是独立、没有政府扶持的公司。总体而言美国的公司的确更独立，但当时的中国正处于发展中，从落后走向先进，中国所做的是确保阶段性、渐进式发展。等到中国足够发达，自然会允许更多外国公司竞争。

我觉得，最重要的经验是：做好计划，不要害怕风险，要将"风险"转化为"机会"。当然最重要的是，领导人要记住是为人民福祉而发展。

"中国领导人在制定经济计划上努力了几十年"

环球时报：在今年 4 月博鳌亚洲论坛开幕式演讲中，中国国家主席习近平向世界表示：中国开放的大门只会越开越大。您怎么看这一表态？当下的中国是否又站在了一个向前发展的路口？

斯蒂芬·佩里：热衷于中国事务的人会发现，习主席的演讲是经过仔细斟酌的。里面的很多内容是讲给美国人听的，因为中美两国前一段时间处于"贸易战"边缘。仔细读了演讲你就会知道，潜台词是我们并不是在美国的压力之下开放，而是我们已经准备好了，我们的汽车公司已经准备好与外国企业竞争了：我们有好的产品、好的设计，也有合适的价格。我们也希望你们不要阻止我们进入美国和欧洲市场。开放在中国是一直进行之中的，中国并不是要控制进口避免竞争，而是要让中国有时间发展自己的工业以和外国企业竞争。

博鳌演讲是给那些愿意读懂中国的人看的，演讲明确阐述了中国特色社会主义、中国与世界的关系、"一带一路"以及合作。演讲并不只是听起来好，还重申中国是全世界 40% 经济增长的来源，而且会持续一段时间，"一带一路"会进一步带来经济增长。中国不会控制"一带一路"相关国家的发展，而是与它们分享经济发展成果。

环球时报：国际环境在变，一些国家向内看，趋向保护主义。从这个层面看，中国扩大开放和纪念改革开放，是否有国际性意义？

斯蒂芬·佩里：世界产品的全球化是不可逆的。举例来说，世界各地的人还会继续买苹果手机，但苹果手机在哪里制造，谁盈利？特朗普认为美国人因生活水平停滞和就业前景而沮丧，但如果你是跨国企业家，你所关心的并不是爱国主义，而是成本和利益。因此，产品的全球化会继续，但制造业全球化不一定。企业家正在寻求解决办法，但这很不容易。

保护主义在不同国家有不同的形式，这是西方社会对外贸易和社会内部不平等的体现。欧美国家已经把低成本制造业放到别的国家，现在想把这些企业搬回来是不可能的。而且年轻人不想进纺织业，想进金融业。牵扯其中的是，西方政治家忘记了制定经济计划，大多数政治家不明白这样做的重要性。中国成功的原因在于领导人在制定经济计划上努力了几十年，中国领导人都曾应对过某种形式的经济工作。

西方经历了金融危机，投入大量资金拯救金融体系，但目前来看西方的方式并不能解决问题，西方一直没有找到长远的解决办法。英国的经济问题需要通过贸易来解决，需要创新来对抗低成本产品制造的挑战，但重组经济的过程将非常复杂。美国人也想重组经济，为主要进口产品寻求替代产业，面临困境时他们往往拿保护主义来搪塞，事实上保护主义离问题的解决和起因都很远。

环球时报：西方发达国家眼下是不是也需要思考并实践改革和开放？

斯蒂芬·佩里：上世纪七八十年代，英国非常反对来自外国的收购和并购，反抗韩、日、德、美汽车厂商在英建厂。但如今我们有全世界最好的汽车企业，制造出了顶级汽车，虽然没有一部分属于英国。但造出最好的车这点更重要，这是出于对经济的非常高层次的理解。如今德国和法国对关键行业产品的进口非常抗拒，这是英国以前经历过的。这只是时间问题。工人们认为受到威胁，因此拥戴民粹主义代表来抗议。但在我看来，企业还是国际化最好。

（作者：孙微 《环球时报》2018 年 5 月 25 日）

听几代台商讲改革开放的故事

改革开放 40 年，一路同行的还有来大陆投资、创业的几代台湾商人。1979 年元旦的《告台湾同胞书》，让不少台商动了心，逐渐迈出到祖国大陆"试水的第一步"。几十年过去，从服装到方便面，从家具建材到电子产品，从茶叶店到奶茶店，台商在大陆打造的品牌数不胜数。在大陆的台资企业，有不少把落脚点选在福建。近日，《环球时报》记者赴福州、厦门等地，听不同时期来大陆发展的台湾商人讲述各自的故事，听他们谈论如何应对发展、转型升级。

早期台商：
市场大、竞争少、好赚钱
从"找关系"到"透明化"

元裾实业集团有限公司董事长陈秀荣的父亲陈信维是福州先施百货的创办人。关注大陆改革开放政策后，祖籍福建的陈信维 1987 年辗转来到福州，两年后创办先施百货。陈秀荣向《环球时报》记者回忆起当时的情景："我父亲刚来时，福州的百货商店很少，而且基本都是国营的，卖的都是很老式的商品，品种也很少。记得在福州百货里，连坐手扶梯都要付费呢。"但很快，随着改革开放的步伐加快，福州居民的消费能力逐渐上升，陈信维决定在福州开设高档百货公司，专门出售服装、化妆品以及进口水果，当然也提供免费使用的扶梯。当时有人说："买高档货，就应该来先施百货！"

陈秀荣 1993 年来大陆发展，在她眼中，"当时大陆的生活水平和台湾起码差了几十年"。她记得当时福州只有一家五星级酒店，在酒店里才有空调和咖啡，但点一杯咖啡要等上好长时间。因此，陈秀荣一度认为："父亲就是要让我来大陆吃苦。每次从台湾来大陆，我都要大包小包背回一堆东西。"让她不适应的还有，刚来时做什么投资都要先"找关系"。但陈秀荣告诉记者，现在大陆的政策给台商越来越多和大陆企业同等的待遇，让他们分享改革开放的成果。她认为，大陆的经商环境如今十分"标准化和透明化"，"要办一个手续，应该准备什么东西，需要多少天能办完，规定都说得清清楚楚"。

对台经贸学者、中国社科院台湾研究所研究员王建民告诉《环球时报》记者，台商最早来大陆投资可以追溯到上世纪 80 年代初，1983 年、1984 年左右。最早的一批台商以投资传统加工制造业为主，包括制鞋、橡胶、简单电子产品、五金、纺织等。此外，还有一些台商从事两岸贸易。因为当时台当局严禁商人到大陆投资，上世纪 80 年代还曾以"资匪罪"起诉过部分台商。但很多台商看好大陆改革开放后的市场，所以千方百计地绕道来大陆，以港商、外商名义或者隐姓埋名到福建沿海一带投资。王建民说，这批台商积极融入改革开放的浪潮之中，是"敢拼、有闯劲、了不起的一群人"。上世纪 80 年代末 90 年代初，台湾著名实业家王永庆到大陆考察并宣布投资，又带动了一波台商赴大陆的投资潮。

和陈秀荣一家的经历相似，总部位于厦门的天福茗茶的创始人美籍台商李瑞河也是改革开放的受益者。1993 年，当时年近六旬的李瑞河因为台湾股市崩盘而破产，只身来到大陆，在漳州投资并建设天福茗茶在大陆的第一家工厂。之后几十年，天福茗茶业务快速增长，直营店数量一度以每 3 天一家的速度猛增。截至 2017 年 12 月，天福在大陆大中城市开设近 1200 家直营连锁店。李瑞河告诉《环球时报》记者："当时，有朋友建议我南下，往菲律宾、马来西亚、泰国和越南发展，但我考察了大陆的市场，认为大陆有十几亿的人口，市场很大也很有前景。我坚持了自己的想法。"

谈到刚进入大陆时的困难，李瑞河用"爹不疼，娘不爱"来形容。李瑞河回忆说，当时台湾当局不批准他们来大陆开设工厂，只允许卖茶叶，他们只能"绕了一圈"，用美国的天仁集团来投资。可到了大陆又发现，台商生产的茶叶不能外销，必须卖给中国的茶叶公司，经过他们的配额才能出口。

但事实证明，李瑞河的选择是明智的。李瑞河刚进入大陆市场时，还没有太多的竞争对手，房租和雇员工的费用都很便宜，一般的女服务员月薪只要 300 元，而台湾那时的平均月工资相当于 9000 元，这让他的买卖开一家就赚一家。最近几年，茶叶店越来越多、人工成本上涨才让李瑞河感慨"赚钱越来越难了"。好在是竞争越来越激烈，但喝茶的人、喝好茶的人也越来越多。

台商会长：
大陆发展已今非昔比
台资企业要转型升级

改革开放40年的过程中，大陆的商业环境发生着天翻地覆的变化。李瑞河等早期来大陆发展的台商对此感触最深。李瑞河的天福茶叶早就可以直接出口，而且他还计划未来在"一带一路"沿线国家和地区开设500家茶庄。

谈到变化，陈秀荣告诉《环球时报》记者，在改革开放初期，大陆非常需要台商的投资来促进发展，而台商确实也给大陆早期的发展带来了技术和管理经验。不过，如今随着人工成本上升，劳动密集型企业向东南亚转移，如何创新和转型是台湾企业在大陆生存面临的最大问题。

厦门市台商投资企业协会会长吴家莹对近一二十年台资企业在大陆发展面临的转型升级问题颇有感受，他的观点是："目前是台资企业转型最艰难的时期，也是最好的时机。"吴家莹1996年来厦门，从事传统建材行业，他告诉《环球时报》记者，上世纪90年代台湾人力等成本上涨，很多企业来大陆寻求发展，而且当地政府给予的条件也很优厚。他还记得当时在厦门的工厂大门口贴出招工启事，第二天就有很多人来排队报名。吴家莹说，当时来厦门的台资企业做贸易的很多，如有不少给鞋子、衣服代工贴牌的。他记得当时台资企业选一块地盖工厂，有的连排污管道、环保标准都不到位。

现在的情况已完全不同。吴家莹认为，随着大陆经济向高质量发展，台资企业经过在大陆这么多年的发展，眼下面临着转型升级的必要性：一方面，台资企业中一些依赖劳动密集型的传统产业正向非洲、东南亚这些新兴经济体转移；另一方面，生物科技、电子IT、集成电路产业再加上一些台湾青年创业的服务业也在陆续扎根大陆。

在吴家莹看来，面对大陆广袤的市场空间，如何利用好内需对台资企业来说非常重要。"台资企业要怎样扩展内需，有办法竞争下去，工厂一定要去优化产能，生产流程一定要降低成本，在优化过程中考虑怎么把你的品质提升，这样在市场上才能和内资企业、外资企业在同等条件下竞争。再加上国家现在有这么多惠台政策，我相信目前是台资企业转型的最好时机。"目前厦门有6352家台资会员企业，说到"竞争"，吴家莹认为，除面对日益崛起的内资企业，台资企业本身的同质化竞争也是一大问题，只有"转型升级快的企业才能为自己赢得更大的内需市场，从而生存下来"。

吴家莹告诉《环球时报》记者，目前在厦门发展的台资企业主要有两方面的诉求：一是如何达到环保标准，如何有效地与政府沟通；二是缺工问题很严重。随着中国内陆经济的不断发展，更多的内陆工人对沿海工作机会的热情没有像以前那样高涨，更多的人选择留在中西部地区寻求发展机会。他建议说："目前厦门台资企业缺工有一万多人。我们也在建议，能不能在厦门经济特区先行先试，比如集成电路、生物科技这些领域能聘请来自周边友好国家的外国劳工来厦门就业。"

王建民认为，台商积极融入改革开放的浪潮之中，是改革开放40年来的参与者、见证者、贡献者。随着大陆改革开放的深入发展，后来的台商与早期相比已经有很多变化：一是投资的区域更广泛，从东南沿海向华中地区、再向西部地区转移。比较有代表的地点是东莞到昆山，再到重庆，逐渐形成三大台商投资聚集地。二是投资产业的变化，从最早投资传统产业，如纺织、简单的电子产品加工等，到上世纪 90 年代开始向昆山及周边地区转移台湾的笔记本电脑制造等准高科技产业，再到本世纪初逐渐引入半导体、面板制造等高科技产业。

台湾青年：
大陆变得国际化
惠台政策很亲民

吴家莹告诉《环球时报》记者"今年特别奇怪的一个现象"——蔡英文政府越是阻挠台湾青年来大陆就业、创业，他们来的越是多，"可见对大陆有认同感的台湾青年越来越多。"吴家莹说："以前台南的年轻人都会说去台北发展，但是现在越来越多的台南青年直接说，'走，我们到厦门去'。"

台湾青年石晏菱的原住民餐厅——原梦餐艺坐落在福州著名景点三坊七巷里。这个 30 多岁的泰雅族姑娘在考察欧美市场后，于 2016 年 10 月来到福州，开了这家餐厅，主要经营泰雅族特色菜肴和手工艺品，并不定期地邀请台湾原住民乐队进行表演。石晏菱告诉《环球时报》记者，最吸引她的就是大陆市场的高度国际化。另外，大陆的语言和文化都与台湾相通，因此大陆民众对台湾原住民饮食的适应性也比较强。改革开放以来，大陆给台商、特别是这些年来大陆创业的台湾青年很多优惠政策。石晏菱说："除租金上的补贴，当地政府组织台湾青年举办创业比赛，得奖了还有奖金。"对于餐厅的经营，她表示今年会有些盈利。

台湾青年林宗龙早在 2007 年便来大陆发展，在拿到清华大学

MBA 学位后，他辗转于不同的城市，接触过不同的行业，最终在
2016 年选择进入饮料业。今年 5 月，林宗龙在厦门开了一家 TEAPEI
CHEERS 奶茶店。改革开放带来的不仅是市场，还有竞争。林宗龙
说："厦门的一家 20 多平方米的奶茶店一天的营业额可以做到 4 万元，
但这里的奶茶店竞争也非常激烈。"很多台湾一线的奶茶品牌都已开
到厦门，相比之下，林宗龙觉得像成都这样的中西部城市会对台湾新
的创业者更有诱惑力。看好内地奶茶业市场巨大的成长空间，林宗龙
计划到今年底再在厦门开 3 到 5 家直营店，未来还会开启加盟模式，
把 TEAPEI CHEERS 这个品牌推到中西部城市。

　　林宗龙把家安在厦门的一个重要原因是：当地政府对台青创业的
大力扶持，如可以拿到住房补贴等。林宗龙的这家试营业店目前是与
厦门当地的国企夏商集团合作，入驻在夏商集团下属的酒店，他认
为，这种合作正是对惠台政策的完美实践。今年 2 月，国台办发布了
31 条惠台措施，其中提到："台资企业可通过合资合作、并购重组等
方式参与国有企业混合所有制改革。"

　　来大陆发展的台湾青年也看到了改革开放给社会和民众带来的变
化。石晏菱说："几十年前台湾人会觉得来大陆很容易成功，因为那
时很多科技和信息方面的高级人才都是台湾过来的。但现在大陆高素
质人才非常多，大家可以互相交流、互相学习。"林宗龙则表示："回
台湾没有那么多点外卖的 APP，而且出门必须带现金或信用卡，台湾
的电子支付的确太落后了。"

（作者：张鸿陪　李炫旻　杜海川

《环球时报》2018 年 7 月 12 日）

他们见证在华日企 4 次角色转变

小时候，家里有一台绿色夏普老式冰箱，用了近 30 年都没坏。1996 年，家里花 1.2 万元人民币添置了一台索尼 29 寸"画中画"彩电，邻居们羡慕不已。到了高中，松下随身听成了全宿舍的宠儿。再大些，优衣库的 T 恤、资生堂的低端品牌总能吸引同龄人的目光。如今，"虎牌"保温杯成为必备品……这是身为 80 后的《环球时报》记者成长过程中，"日本制造"留下的轨迹。某种意义上，这些"日货"的出场顺序恰恰是日企在华 40 年历程的缩影。从经济技术援助到把中国当成生产基地和消费市场，从合作关系演变为竞争，日企随着中国的发展，经历了一次又一次角色转变。

探险——从熊猫使者到"空中大巴"

1972 年 9 月 25 日，时任日本首相田中角荣乘坐日本航空公司（日航）特别航班访问中国，双方发表《中日联合声明》，揭开了两国关系史上的新篇章。一个月后，中国赠送的"大熊猫外交官"康康和兰兰在日航护送下东渡日本，落户上野动物园。

或许是出于对历史性事件的强烈参与感，两年后，日航在北京和上海开设 4 家分店，同年开通定期往返日中的航线。1978 年《中日和平友好条约》缔结后，两国经济往来更加频密。鲜为人知的是，中国民航首批空姐正是 1979 年 8 月在日航羽田机装大厦中接受的客舱服务培训。1981 年，中国早期引进的波音 747SP 型飞机还曾委托日航维修。

上世纪 80 年代至 90 年代中期，中国致力于经济体制转型，急需学习日本经济制度及政策运行经验，日本则想和其他外企争夺中国市场这个"大蛋糕"，于是日本资金和技术源源不断进入中国。与此同时，出于曾对中国人民造成巨大痛苦的负罪感，日本一定程度上带着负罪心理展开了对华经济援助。

佳能跟中国的合作在这一大背景下得以进行。1979 年，全国人大常委会副委员长邓颖超访问佳能总部，提出希望"支持中国发展精密工业"，时任佳能社长贺来龙三郎欣然应允。自 1981 年起，佳能开始了对中国公司的技术援助。同年，在佳能美国分公司工作的小泽秀树带着美国销售员赴香港考察。

当时正值改革开放初期，政策允许从香港到广东中山旅游观光。小泽觉得机会难得，便来了场"中山一日游"。从香港进入内地，检查小泽行李的是名女军人，长得温柔可爱，但自始至终没有露出一丝笑容。那次小泽去了中山当地书店和饭馆，他印象中书店里没有一本娱乐书籍，饭店里的女服务员穿着朴素，却烫着夸张的卷发。

37 年后，在北京佳能总部接受《环球时报》记者采访时，68 岁的小泽秀树回忆起那段"第一次亲密接触"的经历依然兴致勃勃。小泽现在的身份是佳能集团副总裁兼执行董事、佳能（中国）有限公司董事长兼首席执行官。"虽然当时的中国不富裕，但那时我就确信中国在不久的将来肯定会有大发展"，小泽说。

那个时代，像佳能这样进军中国的知名日企很多。"成功人士的标配"——夏利汽车，就是日本大发汽车公司（1998 年被丰田收购）提供技术支持，和天津汽车集团共同开发的，1986 年一经推出便风靡全国，填补了中国经济型轿车的空白。

现已退休的田中先生曾作为大发汽车的技术员"被迫"去天津出差。那时没有直飞航班，他从大阪乘坐日航东京始发的飞机，到北京之后还要转车去天津。每次都是一早出发，折腾到夜里才到。日航中国总代表米泽章接受《环球时报》记者采访时称，当时考虑到运营成本，飞机不得不辗转东京、北京、上海、大阪等地，以尽可能多地招揽客人。而且机票还不便宜，1984 年一张东京到北京的机票售价高达 12.2 万日元（当时约合 3240 元人民币）。

"累和贵是其次，主要是害怕。"田中对《环球时报》记者回忆说，从北京开往天津的路上没有路灯，司机为了省油也不开车灯，车里车外都是黑。他打趣说："那种感觉真像是坐着'空中大巴'去中国'探险'。"

扩张——它们成了重要玩家

上世纪 90 年代中后期，考虑到中国的大量廉价劳动力，日企将中国视为最佳生产据点，对华投资急速增长。以佳能为例，1989 和 1990 年分别在大连、珠海设立生产基地，1997 年成立佳能（中国）有限公司，2001 年投入约 1 亿美元在苏州设立佳能在全球范围内最大级别的工厂。

这种趋势在日中经济协会的会报中得到充分体现。《环球时报》记者查询该协会 1993 年 3 月号的会报发现，这本 72 页的小册子蕴含着庞大信息量。《中国能源供需现状和长期展望》《外务省亚洲局长谈中国政策》《中国的三大新战略》《再考中国技术导入政策》《中国人的诉讼潮》《现代中国及其爱国主义》等文章，不仅深入剖析、预测了中国政治经济政策及走向，还阐述了中国人的法律意识甚至思想形态，其中一些观点放到当下依然颇具代表性。

21 世纪初，中国加入世界贸易组织后，经济发展的动力更加强劲，而日中两国关系也逐渐发生变化——从援助与被援助国，逐步向对等的经济关系转变。尽管 2001 年小泉纯一郎上台后，中日关系一度跌至冰点，但日本企业大举进军中国的热情没有受到影响，中国政府也回之以等同于欧美大企业的欢迎。"政冷经热"的说法便诞生于这一时期。

经济上的热度直接带动航空业的发展。作为日本最大的两家航空公司之一，日航仅在 1995 至 2005 年的 10 年间，就增加将近 30 条往返中日的航线。透过这些航线不难看出，除北上广和港口城市外，日企在华"扩张版图"已然渗透到中国内陆。

夏威夷大学亚洲学系教授、美国东西方中心高级研究员郝忠明，自上世纪 80 年代起，长期在中日调研、访学，密切观察着两国的经济动态，几乎见证了日企在华发展的全过程。他在接受《环球时报》记者采访说，中国改革开放 40 年来之所以成绩亮眼，离不开与外资企业的紧密合作，而日企是外企中的重要玩家。即便是在中国真正出现经济高速增长的形势下，日企对华投资不仅没有减少，反而出现猛增的现象。

拥抱——"天津饭"的趣闻

2005 年，小泽秀树作为佳能销售方面的"实力派"，从新加坡调至北京。到中国后，他每天都在思考一个问题：到底有多少中国人知道佳能？当时佳能只有"Canon"一个名字，小泽把印有这 5 个字母的名片发给餐厅服务员、出租车司机、高尔夫球童看，发现这些普通中国人对"Canon"几乎一无所知。

为适应中国客户的习惯，提升在中国的认知度，小泽秀树作出一个大胆决策，给"Canon"起了个一看即懂的中文名——"佳能"。这在中国市场开了先例，开始共用汉字和英文字母两种标识。之后的调查显示，佳能在中国客户中的认知度得到明显提升。

事实上，2005 年前后，由于中国要向内需主导型经济模式转型，加之人民币升值，以日企为首的外资企业减少了对华直接投资的额度。但日本企业敏锐察觉到中国的新魅力——急速扩张之后的巨大市场，即中国从"工厂"转型为市场。几乎同一时期，中国放开外商独资企业采购和销售进口商品及用人民币进行结算的政策。

佳能适应中国市场的思路很快渗透到服务行业。米泽章 2008 年赴上海担任日航支店长时，上海聚集着大量日企，约有 7 万名常住日本人，是仅次于洛杉矶的第二大海外日本人聚集地。彼时日航主要服务日本客户，销售也都是日本员工。米泽章告诉《环球时报》记者，日企给员工订机票的时候，会先给日航打电话预约，然后派专人带着现金去日航柜台取票，这种做法持续到五六年前。

随着中国人赴日游持续升温，2014 年前后，米泽章发现公司的主要客户成了中国人。"以前日本客人约占整体的 55%，中国客人约占

45%，到 2016 年日中客人数量已经互换位置。"对于这种变化，米泽章欣然接受，日航也开始新尝试，机内广播、标识等字样全部配上中文，越来越多的中国员工从事销售、成为空姐。由于中国客户习惯网上购票，现在日航分店里已经没了"交货"柜台。

当然，失败的尝试也有过。采访中，米泽章主动跟《环球时报》记者分享了一件趣事：考虑到有的中国乘客可能不习惯日本料理，有一段时间日航特意提供"中华料理"餐食，其中包括在日本颇受欢迎的"天津饭"，后来才知道那根本不是中国菜……

竞争——双方可以各取所需

很多人都说，2010 年是中日关系的一个重要节点，那年中国的 GDP 超过日本，成为全球第二大经济体。7 年后，访日中国大陆游客达到令人吃惊的 735 万人次，为日本 GDP 做出巨大贡献。

曾经"救济"过的"穷国"现在反过来"救济"自己，日本似乎难以适应这种角色转变。对于一些日本企业来说同样如此，从两国在东南亚竞争高铁项目便可窥见一二。这也给一些人带来未来两国企业，究竟是竞争对手还是双赢伙伴的困惑。

米泽章告诉《环球时报》记者，日航和其他中国航空公司之间当然存在竞争关系，但双赢成分更多。迄今为止日航最大的收获之一就是和东航、南航等中国公司共享航班代码，这样一来每周往返中日之间的航班数从约 100 架次提升至超过 1000 架次。"中国同行可以告诉我们中国客人的喜好，我们也可以教给他们日式服务，双方一起提高服务品质，才能共同扩大市场份额。"

"双赢太理想了，实际情况是竞争面更大。"在中国工作 30 多年的日本某商社员工接受《环球时报》记者采访时说，"中日实力相当，要怎么合作呢？比如说前阵子中国获得印尼高铁项目，日本很想一起参与，但中国凭借一己之力完全可以搞定，没有跟日本合作的必要。"这名员工表示："两国的风险承受能力不同，中国想做的事情在日本看来往往风险较大，谈合作共赢绝非易事。"

在郝忠明看来，中国在改革开放过程中虽然与很多外企有过合作，但后者并未真正和中国分享过技术信息，日企也一样。中国的技术水平后来居上，很大程度上靠的是自身努力。"据我长年观察，日本惦记的始终是中国的廉价劳动力和广阔的市场，不想让中国成为平起平坐的合作伙伴，更别说是竞争对手了。即便如此，二者还是有很强互补性，例如中国人赴日旅游、购物、满足生活需求，日本提供良好服务赚取经济利益等，双方仍然可以各取所需。"

郝忠明说，"不管怎样，中国的命运始终掌握在自己手中，其他国家只能起辅助作用。因此，回望过去 40 年，尽管在华日企发生 4 次明显的角色转变，但其配角身份从未变过。"

（记者：邢晓婧　《环球时报》2018 年 9 月 6 日）

英国剑桥大学政治与国际关系学院资深研究员马丁·雅克

善于学习的中国必须与众不同

2009 年，英国学者马丁·雅克在其著作《当中国统治世界》中，提出一个鲜明观点：世界上实现现代性的方式绝非只有西方模式。那是世界大反思的一年。2016 年，他出版新书《大国雄心：一个永不褪色的大国梦》，继续探讨中国未来走向以及会对世界产生的影响。那一年，逆全球化潮流在西方凸显，国际竞争和分化趋势愈加明显。今年是改革开放 40 周年，正是改革开放使得中国在过去几十年快速发展和积累，从而成为热门话题，而马丁·雅克在书中提出的观点和思考的问题在当下依然具有强烈的现实意义。10 月 16 日，在英国剑桥大学政治与国际关系学院资深研究员马丁·雅克的家中，《环球时报》记者对他进行了专访。

改革开放其实是一场知识分子革命

环球时报：今年是中国改革开放 40 周年。能否简单概括一下改革开放对中国实现翻天覆地变化的作用?

　　雅克：我不认为中国的转型始于 1978 年，我认为它始于 1949 年，但毫无疑问，1978 年中国经济开始以非凡的方式起飞，我认为当时的问题在于弄清楚该怎么做。邓小平是个天才，他当时所提出的方针可以说非常激进，他说了两件事：第一，社会主义不是国家和国家计划的代名词，社会主义必须将国家和市场结合起来；第二，中国需要成为世界的一部分，这个世界包括资本主义世界。中国不得不与资本主义世界一起存在并与之竞争，而不仅仅是社会主义世界。

　　我认为这实际上是一场知识分子革命，它要求一场彻底的反思，并释放出巨大能量，因为它需要有深刻的理解。这个过程开启了中国漫长的转型过程。所以改革开放实际上是一个伟大时刻，1978 年是 20 世纪最重要的年份之一，它预示了 21 世纪：中国的转型以及接下来世界的改变。

　　环球时报：眼下中国已成长为一个真正的大国，但对于中国扩大开放，外部有不同声音，有人视之为机遇，也有人看作威胁，该怎样看待这些声音?

　　雅克：1978 年以来的改革开放之所以伟大，是因为中国总是在思考，总是在试验，总是在学习，而且总是在试图解决问题：在中国当时所面临的不断变化的环境中，最佳方式是什么? 当时中国对于"去哪里"以及"如何做"有一个大概想法，但没有如何做到的指南，而是"摸着石头过河"。中国人将一套原则与强烈的实用主义相结合。

　　现在的情形显然更复杂，因为中国的经济规模比之前大了很多倍，对世界的影响也很大，中国在国际国内都需要考虑更多因素。中国与旧的苏联模式和西方都有着截然不同的特点，中国在向西方学习，但中国仍然与西方不同。维持这一点非常重要。我认为，中国成功的原因之一是它能够从不同的地方、不同的经历、不同的传统中吸取不同的元素，然后以一种非常独特的中国方式将它们结合起来。

当然，有些人希望中国应该更像美国，在如今的国际环境下我会反问一句："真的吗？"从长远看，美国正陷入严重的衰退，国内社会有很大的麻烦，这也是特朗普当选的部分原因。不，中国必须与众不同。中国需要将从西方学习的元素与社会主义和中国传统相结合。

现在的美国领导人不了解中国是怎么转型的

环球时报：年初您撰文说，改革开放 40 周年不仅是中国庆祝的时刻，也是全世界反思的良好契机。能否具体说说该反思什么？

雅克：1978 年的决定带来了叹为观止的经济转型，是一个非常重要、值得研究的事件，这比美国在 19 世纪 60 年代到 1914 年之间的转变要显著得多。然而现在的西方并没有从这些层面来思考 1978 年，因为它们并不真正理解这一点，西方对中国的态度很无知。

我想说，改革开放最初改变了中国，然后从大约 20 世纪 90 年代起，开始改变世界。由于中国的影响，现在的世界与当时的世界截然不同。因此，自 1978 年以来，中国一直是世界上最重要变革的引擎。每个国家都应该了解中国和中国的经验。这不是要说中国是一个楷模，但中国确实是一个值得学习的有趣且重要的范例。很多发展中国家理解这一点，但西方仍然存有偏见，有时候甚至完全否认。

环球时报：就在前不久，美国副总统彭斯在演讲中称"美国重建了中国"。您对这样的说法意外吗？

雅克：不是很意外。不得不说，包括美国副总统彭斯在内的特朗普政府在很多方面都很无知，他们对美国衰落的反应是重申民族主义，并欺负别的国家。"美国是过去25年中国转型的主要原因"，说出这样的话等于告诉我们美国领导人并不了解中国的转型，这显然只是廉价、服务自我的宣传。美国是否为中国崛起做出了贡献？是的，我不否认这一点。但我更想说中国受益于全球化，而这个全球化的形成，美国扮演了关键角色。

环球时报：几十年过去，西方一些人对中国发展之路和政治制度的看法好像仍在原点。是这样吗？

雅克：我认为美国发生了非常大的政治转变。不仅仅是共和党人，民主党人也转向更加反华的立场。现在的问题是为什么这样，这是中国人自己需要思考的问题。

从1972年尼克松访华到约2010年之前，美国对中国相对温和。在这一两国关系相对稳定的时期，有两个假设支撑了美国人的对华态度：一是中国的经济崛起永远不会挑战美国的经济霸权，二是中国会变得和西方一样。为什么？因为他们相信，除非你变得更美国，否则你的经济发展不可持续，政治也不会稳定，因此永远不会真正成功。从1972年到2008年金融危机爆发，中美关系是不平等的，美国是大国，中国是较小的合作伙伴。

然而到2010年左右，人们越来越清楚地发现，上述两个假设是错误的。首先，中国的经济转型在继续其成功之路，2014年按照购买力平价衡量的GDP超过了美国。其次，很明显中国的政治制度不会变得和美国一样。此外，中国不会接受美国的全球领导，也不会什么事都听命于美国。有两件事很戏剧性：一是2008年的西方金融危机，这是自1931年以来西方最严重的金融危机，西方突然陷入困境；

与此同时，中国并没有陷入困境，崛起仍在继续。这动摇了西方的信心，而美国并没有真正意识到自己已处于衰退状态。特朗普是这种新的不确定性，是焦虑、失望以及愤怒和沮丧情绪日益增强的产物和表达。这从历史视角解释了美国对中国态度的转变。

"一个时代已经结束"

环球时报：高举"美国优先"大旗，对与其他国家的贸易往来、技术交流和人员往来等构筑起壁垒，美国的举动是否会加剧逆全球化趋势？

雅克：我绝对认为新自由主义的时代已经结束。当然，这里有很多元素和维度。对于全球化，西方在作出反应。西方的意识形态，即新自由主义处于危机之中，特朗普的上台就是针对性的反应。这一时期西方意识形态的超级全球化或极端全球化已经触底了。

此外，自第二次世界大战结束以来，美国社会整体对自身的看法和定位也已宣告结束。我认为世界不可能简单回归到美国领导的多边主义那个时代，那个时代已经结束。我也不认为我们应该对此感到惊讶。如果你观察更长时期的美国历史，例如从美国独立战争到1939年，它主要是由美国民族主义和孤立主义主导。而1945年之后直到2016年特朗普当选期间，美国参与多边机构，打造广泛联盟，并发挥领导作用。这是一段很特殊的时期。

二战之前，美国总是考虑自身，很民族主义，在那块大陆上奉行孤立主义，以自己的方式思考。从历史看，美国非常有侵略性，它建立在以奴隶制和战争为基础的暴力之上，比如反对印第安人、英国、西班牙、墨西哥的战争，一步步扩张。

　　所以美国发展的最新时期是一个特殊的时期。特朗普属于古老的传统。他正在反对 1945 年之后的时期，回归过去。他这样做是为了让美国再次变得伟大，使美国成为过去。当然他不可能成功。时代已经发生深刻变化。

　　我认为特朗普时代不会是短暂的。这个时期可能持续二十年，或三十年，这是对西方极端全球化的反应。全球化本身不会逆转，但可能会遇到挫折，甚至某些方面发生逆转。与此同时，世界正在发生一场不同的全球化，这就是我所说的中国式全球化，它以"一带一路"为最显著的特征。我们正进入一个更加复杂的时期，将会有一个更加分裂和碎片化的世界。在此背景下，彭斯的演讲非常不祥，措辞像是在冷战中发表的演讲，是对中国的全面攻击和妖魔化。虽然不会和冷战一样，但有一些相似之处。

　　环球时报：这是否意味着国家治理问题在全球发展到了新的阶段？

　　雅克：现在西方显然存在非常严重的政治危机，这是由 2008 年金融危机引发的，导致了对执政精英和管理机构支持的部分解体。在美国，人们选了特朗普；在意大利，人们对这种情况有一种非常种族主义的反应，责怪外国人和移民等；在英国，则是"脱欧"。这是一个非常不稳定的情况，它导致新自由主义受到影响。

　　中国的崛起和西方形成对比，对于理解西方内部危机非常重要。西方非常自信，认为自己是其他所有人的模板，但那个时代已经结束。发展中国家不再像 20 年前那样，一切朝西方看。

　　环球时报：几十年来，中国从全球化及多边贸易机制中受益良多，面对如今的形势，您对中国有什么建议？

　　雅克：中国领导人目前的关注重点应是如何应对美国的变化，如

何做到理解美国的变化，以及怎么同它打交道。我认为纪念改革开放
40 周年提醒我们不该忘记一些事情。邓小平的智慧：保持沟通畅通，
保持对世界的好奇心，尽可能多地结交朋友。我认为这些依然是好
建议。

（记者：孙薇《环球时报》 2018 年 10 月 19 日）

美国资深外交官傅立民接受《环球时报》专访

我亲历中国变革，但低估了速度

"看上去很偶然的一件事会让人豁然开朗——一个中国个体户卖的面条让我意识到，中国的改革开放是真的！"曾在尼克松总统访华时担任首席中文翻译的美国资深外交官傅立民（Charles Freeman）说起中国40年的变迁如数家珍。傅立民曾出任美国驻华公使和助理国防部长，他还是美国布朗大学沃森国际与公共事务研究所高级研究员。他近日在接受《环球时报》记者专访时，不仅脱口而出提到与改革开放有关的历史事件，还会蹦出"党八股""实事求是"等中文表述。在这位"中国通"看来，中国的改革开放惠及全球，其中也包括美国。因此，美国要调整好心态，认真面对中国的发展，这对美国来说也是新的考验。

个体户卖面条就是一场革命

环球时报：您是什么时候意识到中国的改革开放已经拉开序

幕的？

傅立民：谈中国的改革开放，不得不提及邓小平。我很崇拜他。1978 年 12 月 16 日，中美两国发表联合公报，宣布从 1979 年 1 月 1 日起正式建交。两天后，即 12 月 18 日，中国共产党十一届三中全会召开。那相当于一场革命。邓小平非常清楚在做什么，他打算通过美国来让中国向世界开放，并扫清旧有的苏联对中国体制的影响，代之以中国特有的、按中国人意愿规划的美好未来。但当时，美国还无人相信这一变化的来临，因为很多对中国感兴趣的美国人认为，三中全会可能就是又一个"党八股"，因此并没有太在意。我 1979 年时在美国务院负责中美关系事务，有一次到北京出差。有一个周六，我沿着南池子散步，快走到长安街时看到角落里有人推着小车在卖面条。我买了一大碗，边用筷子吃边问他："你是哪个单位的？"他说："我是个体户。"我马上意识到：这是一场革命。

回到华盛顿后，我告诉大家中国真的在发生改变，但他们认为我很荒唐。1980 年 2 月，约有 15 位来自政府、智库及大学的美国"中国通"在华盛顿特区的史密森尼城堡搞过一次学术会议，主题是《2000 年的中国会是什么样子》。记得当时我是唯一一位说："邓小平改变了一切！我们应用新的眼光审视中国。美国要遵守对中国的承诺，否则，我们对美中关系的判断就是错误的。"在座的人都不同意我的观点，有的还嘲笑我。年轻气盛的我当晚骑着摩托车来到在国务院的办公室，通宵写出一篇《中国在 2000 年》的"备忘录"，预测中国将发生巨大变化。当我将"备忘录"发给国务院及美国在香港的外交官时，很多人仍认为我"高估了中国"。如果说我错了的话，现在看来，我当时还是低估了中国后来的发展，没想到中国能以最快速度发生着最大的改变。我当时还预测苏联 2000 年时仍会存在，其他人也是如此，所以我们都错了。

环球时报：您怎么评价中国改革开放 40 年来的成就？

傅立民：中国改革开放 40 年的成就巨大，我们应正视这一点。中国今天是行动者、参与者，由弱变强。美国对此很难调整好心态，但又不得不调整。

我最初了解的中国还处在"文革"时期。当时，我眼中的中国没有生气，比如女性的穿着都一样，没有流行式样。但改革开放就像激活了中国一样，仿佛一夜之间，色彩、化妆、美好的东西都出现了。在市场上，人们不再"等、靠、要"，而是变得主动。共产党在制定政策后，就放手让人们做他们想要做的事情。"解放思想，实事求是""摸着石头过河""不管黑猫白猫抓着耗子就是好猫"……这些都表明中国在寻求一切行之有效的方法。中国改革开放的成功还在于解放了人们的思想。

改革消除了中国人民的恐惧心理，使他们拥有更多的幸福感和快乐感。当然，中国也出现了交通堵塞，出现大量流动人口。在城市中，各家各户都装上安全门、防护窗，还出现了我以前没有听说过的雾霾。开放给中国带来世界的多元文化。中国引进美国大片、韩剧，而当年我记得只能看阿尔巴尼亚和朝鲜的电影。"老外"已不再成为被中国人围观的对象，而我刚到北京时，有人问我："你的头发是在哪儿烫的？"

改革继续，中国会更好

环球时报：中国国家主席习近平在首届中国国际进口博览会开幕式上讲话说："经历了 5000 多年的艰难困苦，中国依旧在这儿！面向未来，中国将永远在这儿！"您对这番话怎么看？

傅立民：中国领导人的讲话告诉世人：中国人有自己的历史传统，有自己的未来理念。我认为，苏联解体这样的事情不会发生在中国身上，而且也没有任何国家比中国更期待统一。过去40年，改革开放给中国带来巨大成功。未来的中国会不会更好？我认为改革仍是进行时，我相信中国能获得更大的成功。

环球时报：您的家族中学习中文，或喜爱中国文化的人多吗？

傅立民：上世纪60年代，我在哈佛法学院学习时就对中文、对中国感兴趣，后来我才知道我的家族与中国的渊源竟然长达近两个世纪。我的先辈中有的曾为孙中山先生工作，有的曾帮助北京大学建立最早的社会学科……我1969年1月2日开始学中文，一个背景是考虑到当时不稳定的地缘政治：美苏处于冷战，中苏关系也恶化，那时的美国必须向中国伸出双臂，并对向中国开放做准备。我想让自己身在其中，成为亲历者。受我的影响，我的孩子从小就对中文感兴趣。他们都有自己的中文名字，儿子叫傅瑞伟，女儿叫傅瑞真。儿子子承父业，无论是担任美国对华贸易谈判代表，还是顶尖智库中国项目主任或当前的美国商会亚洲区总代表，均与中国有关。女儿则是约翰·霍普金斯大学学者，中美关系是她的强项。

不断犯错的美国给了中国动力

环球时报：您提到美国对中国发展的心态，这对中美关系会有什么影响？

傅立民：当前美中关系紧张，这是荒唐的，因为我们有许多共同利益。我认为，中国已从美国为主创建的国际秩序中受益无数。同样，美国从美中关系中得到巨大好处。某种程度上说，美国曾用台湾问题遏制中国，也曾用中国来遏制苏联。此外，中国通过改革开放使大量人口脱贫，这对世界来说也是大好事。中国还为包括美国在内的国家创造出巨大的劳动力市场。当美国经济不景气时，中国出口到美国的商品价格很低。现在还有很多中国家庭将孩子送到美国留学。他们并不都喜欢美国，但他们学到许多东西，更为准确地了解美国和西方。

美中目前处于很糟糕的阶段，甚至是比"战略竞争者"的提法还要糟糕的阶段。但我认为，美中关系还会回暖。美国副总统彭斯最近说，美中当前是"冷战"。我并不相信冷战。我告诉你为什么：因为历史不会重演。而且，美国正在失去盟友。如果美国与中国开战，美国的那些盟友无人愿战，他们更愿袖手旁观。长此以往，美国将会失去其势力范围。中国已完全融入全球经济体系，供应链遍布各地。中国离不开世界，世界也离不开中国，你不可能孤立中国。

也许可从两个方面看美中关系：一方面如果美中对峙，中国的改革会变得很难，因为从政治上来说，中国不能向美国让步；另一方面，来自美国的压力对中国来说是件好事，成为一种动力。如果我是一家中国公司，我会从中美贸易战中学到什么？我学到的是：美国是不可靠的，所以要尽己所能发展自己的产品，或寻求另外的合作资源，如欧洲、日本等国的产品，前者更为上策。尽管美国发动贸易战的目的是打压中国，但结果却适得其反——因为中国现在被激励起来发展自己的技术。美国这样做是搬起石头砸自己的脚。所以，我不喜欢彭斯的讲话，他讲的大部分内容不正确，比如他说"美国总是帮助中国"。美国是想帮助中国，但有的时候美国并没有做到。

环球时报：在这种情况下，您对中国未来发展有什么建议？

傅立民：这很简单。中国首先需要保持冷静的头脑，不要"动怒"，继续让大门敞开。等现任美国政府结束后，中国与美国又将建立新的关系。美国和中国最终将在同一星球上共存。我们不得不这样做，因为美中双方谁也离不开谁。记得 1995 年当我从政府部门退休后，曾随一个美国代表团访问北京，并与军科院数位研究苏联和俄罗斯问题的中国学者座谈。他们非常明智，在讲到中国对外政策和国家利益时表示，虽然苏联解体了，但俄罗斯仍会"回归"，而一旦俄罗斯回归，我们想让他们成为朋友而不是敌人。对于美国，中国也需要非常谨慎小心。因为尽管我们关系时有恶化，美国会做些自毁前程的事情，但美国终会"回归"。当美国回归时，我希望中国一切准备就绪，双方恢复更多的合作。

环球时报：在中国强调要继续全面深化改革、全面扩大开放的同时，为什么美国却在退出各种国际组织和条约？

傅立民：美国没有树立一个好的榜样。我希望中国为国际社会树立好的榜样。如果美国执意退出，OK，这是美国所犯的错误。拿破仑说过："当你的敌人犯错误时，千万不要打扰他。"所以，美国要是犯了错误，中国何必纠正和阻止它呢？当然，以中国创建亚洲基础设施投资银行为例，中国使国际规则和秩序得以延伸，但中国并没有破坏规则。中国需要改革，中国并不完美，自身发展也存在不少的问题。而世界变得更加复杂化。美国不能继续说了算。美国应习惯于这一点，不能强迫别人按照你愿意做的事来做。那样的做法不是外交的做法。让中国放弃"中国制造 2025"是不合理的，中国有权发展。美国需要有新的政策，我有信心美国能做到这一点。这对美国来说是新的考验。

（记者：温燕 《环球时报》2018 年 12 月 17 日）

秘鲁共产党秘书长布雷尼亚感慨：

整个世界都在倾听中国的声音

"中国在共产党的领导下成为强国，并赢得世界尊重。"秘鲁共产党秘书长罗兰多·布雷尼亚·潘托哈近日在和《环球时报》记者交谈时，对中国的发展成就和中国共产党的执政理念十分赞赏。在布雷尼亚的办公桌上，放着《习近平谈治国理政》等书刊，不管秘鲁和中国的距离多么遥远，他都在"倾听中国的声音"，关注着中国的发展，感悟着中国人民的智慧。

秘鲁共产党（前身为1928年创建的秘鲁社会党）总部位于利马市中心老城区。一进入总部大门，映入眼帘的是秘共创始人何塞·卡洛斯·马里亚特吉的生平介绍。据一位秘共老党员介绍，总部建筑已有两百多年历史，建于西班牙殖民时期，面积1200多平方米，是秘鲁共产党20年前买下的党产。因为是历史文物，市政府要求保持原有风貌，只能修缮，不能改建。在颇具历史沧桑感的秘共总部中，有党部、图书馆、青年部、妇女部、大小不一的会议室，以及一个容纳几百人的露天剧场，每周举办 3 次活动，如放映电影和纪录片。

《环球时报》记者来时正赶上一个会议结束，院子里显得有点热闹，几个上了年纪的人三三两两聚在一起聊天。记者每走进一间办公室，都会有人上前热情地握手寒暄。有的办公室墙上还贴着已经发黄的宣传画《延安精神永放光芒》。二楼一间刚散会的大会议室内，墙上挂着秘鲁共产党创始人以及马克思、毛泽东等人的画像。

《环球时报》记者应邀走进秘鲁共产党秘书长布雷尼亚的办公室，看到室内 3 张桌子上都摆满书，其中一张桌子上还摆着几张他同卡斯特罗、阿拉法特和金日成的合影。布雷尼亚上世纪 60 年代就访问过中国，中国改革开放初期和 6 年前又去过两次。谈起对中国的认识，70 多岁的布雷尼亚有很多感触。第一次访华时看到中国城市街头全是自行车流，第二次来时发现街道拓宽，现代化高楼林立，自行车少了，汽车多了。最近一次，他更是目睹了中国经济跳跃式的发展。

布雷尼亚说，他对毛泽东领导的中国革命、周恩来的外交风采和邓小平开启的中国现代化改革都非常佩服。布雷尼亚十分钦佩邓小平坚毅的品格，知道他在政坛上多次起伏，但从来没有失去信仰。谈到中国的改革开放，布雷尼亚说："邓小平创造出新的开放性的理念，带领中国进行经济建设，他很好地理解了中国是世界一部分，必须要与世界一起发展，不可能独善其身。"

布雷尼亚的桌子上摆放着有关今日中国发展的书刊和中国领导人的著作。布雷尼亚告诉《环球时报》记者，他不仅读《习近平谈治国理政》，而且读过习主席以前的文章。他认为，中国领导人充满智慧、年富力强，在治国理政方面吸收不同国家的经验并融合自身特色，发展新时代中国特色社会主义。布雷尼亚体会最深的是中国这几年的发展，涉及方方面面的改革，包括党、政、军的改革。他说：

"现在中国共产党集合了老中青三代人，在治理国家方面有丰富的经验和专业性。"

谈到中国的成功经验，布雷尼亚用赞赏的口吻说："现在哪个国家不买中国的产品？中国现在的科技水平可以与欧美发达国家媲美。中国取得这么大成就也与发展教育分不开，中国拥有大量人才来支撑国家经济发展。"他还强调："中国现在是世界上举足轻重的国家之一，有越来越多的国家需要倾听中国的声音。中国奉行的是和平、友好的外交政策和经济政策，不会侵略别国，不会发起战争，更不会派兵去攻打别的国家。中国提出和平发展的理念，即使有争端也主张通过对话和协商解决。有中国特色的社会主义是由中国人民自己探索出来的，体现了中国人民的智慧。"

尽管布雷尼亚没有明确告诉《环球时报》记者秘共党员的数量，但据了解，仅秘鲁工人、教师等工会组织中信奉共产主义的左派人士就有二三十万人。当记者离开秘鲁共产党总部时，布雷尼亚又一次感慨说："整个世界都在倾听中国的声音，这些都是建立在中国不侵犯其他国家基础上的。而中国不像某些老牌的帝国主义国家，通过战争、威胁别国来达到自己的目的。"

（记者：孟可心　《环球时报》2018 年 3 月 30 日）

乌克兰"强国梦",离不开中国

"中国领导人提出的理念实际上给乌克兰也带来了希望。"这是乌克兰前总理、现乌克兰祖国党主席季莫申科读《习近平谈治国理政》英文版的深刻感触。1960 年出生的季莫申科近日在祖国党总部接受《环球时报》特约记者专访时,穿一件紫红色上衣,精力充沛,始终保持着挺拔的姿态。在她的办公室里,挂着古基辅地图,陈列着中国瓷器,办公桌对面墙上油画描绘的是风浪中的帆船,作者是被普希金称为"大海的热情歌手"的俄罗斯 19 世纪著名画家艾瓦佐夫斯基。作为一个"名女人",季莫申科的从政之路充满坎坷,她当过总理,也做过阶下囚。凭借着在乌克兰国内的民望,决定参加明年春季总统大选的季莫申科对"新的乌克兰"充满期待。

中国理念适用于乌克兰

环球时报:中国共产党第十九次全国代表大会召开时,您以乌克兰祖国党主席的身份表示热烈祝贺。今天，我看您带来《习近平谈治国理政》，您认为这本书对乌克兰的国家发展有什么借鉴意义？

季莫申科：实际上这本书是我私人图书馆的藏书，我逐字逐句阅读该书，发现中国领导人提出的很多战略及办法实际上可以适用于全世界各个国家的发展，包括发展经济、维护稳定等。因为有着苏联的背景，乌克兰曾经也和中国一样是社会主义国家。现在的乌克兰正处于转型过程中。中国领导人在书中提到的一些中国转型时期的战略，比如如何把社会主义的一些成果、一些可利用的模式赋予新的活力，如何在转型中保持经济发展，并使它适应新的管理制度。看完这本书，我发现书里的一些理念实际上给乌克兰和其他从苏联独立出来的国家带来了希望，证明这些国家也能成为更强大的国家。

中国领导人提出现在需要恢复中华民族优秀传统习惯和文化。乌克兰也同样面临复兴文化的重任。乌克兰和中国一样，拥有非常悠久的历史。乌克兰是欧洲和区域文明的发源地之一。乌克兰是欧洲第一个允许女人学习的国家。在科技领域，无论过去还是现在，乌克兰都作出了非常重要的贡献，乌克兰的火箭技术和遗传学为世界打下了良好基础。

环球时报：您怎么看乌克兰的未来？

季莫申科：正如我刚才所说，乌克兰有非常深厚的文化根基，特别重视家庭，这一点和中国非常相似。在乌克兰文化中，家庭的地位很高，家庭成员关系尤为重要，加上多年来我们的科技发展和成果，证明乌克兰无论是历史上还是现在都是一个伟大国家，只不过我们现在面临困境。

由于乌克兰在社会主义制度转型时期没有像中国那样，以柔和的方式转变为市场化的中国特色社会主义制度，所以在我们转型过程中发生了很多悲剧。首当其冲的就是我们在转型中丧失了工业基础。现在有一些歧视乌克兰的说法和不尊重乌克兰人民的人，我们不必在意，他们的目的是削弱乌克兰的伟大，抹黑乌克兰历史，破坏乌克兰在世界上的形象。我们最了解自己的历史和优势，现在需要的是慢慢发展自己，恢复或者说变成欧洲的一个强国。在成为强国的过程中，乌克兰离不开与中国的合作，就像古丝绸之路一样，"一带一路"倡议意义重大，乌克兰也应在这个倡议中找到适合自己的位置，并作出相应贡献。我的人生目标，就是使乌克兰能成为一个伟大的国家，我相信，我们这一代人可以目睹一个伟大乌克兰的诞生。

贪腐阻碍了乌克兰的发展

环球时报：拿破仑当年就说过："占领基辅就等于抓住了俄国的双脚。"而美国前国家安全事务助理布热津斯基也曾直言："乌克兰是欧亚棋盘上的重要地带……没有乌克兰，俄罗斯就不再是一个欧亚帝国，其地缘战略选择将受到极大限制。"您认为未来乌克兰如何在俄罗斯和西方之间保持平衡？

季莫申科：乌克兰是一个伟大的、独立的并且独具特色的国家。我们有很好的资源条件，足以让我们在国际上享有独立的理念、独立的贸易、独立的外交。我们认为，保持平衡更大程度上是西方与俄罗斯的问题。乌克兰一直以来都是一个爱好和平的国家，我们会以和平、和谐的方式与每个国家保持外交关系。2017 年 9 月，乌克兰与欧盟联系国协定生效，这个协议体现了我们与欧盟、与西方合作的战略。

我认为，乌克兰和中国之间也可以用类似协议作为合作基础，以战略合作伙伴关系原则推动两国合作和双边关系发展。乌克兰和其他国家应充分认识到，未来新的世界格局中将不会存在霸权主义国家，世界的发展将一定是以友谊为基础的。我非常佩服和支持习近平主席富有哲学思想的主张，即构建人类命运共同体，作为一位伟大的领导人，他不仅为自己的民族，更是为构建人类命运共同体作出了伟大的贡献。

环球时报：从领土面积来看，乌克兰是欧洲的大国，但很多人认为乌克兰实际上的政治、经济地位并不与之相符。您认为，哪些因素阻碍了乌克兰发展？

季莫申科：乌克兰确实是一个前途无量的国家。首先，我们的黑土地占全球 1/3，够养活近 3 亿人。这是我们非常强大的资源，发展跨国农业合作有着广阔前景和机遇。其次，乌克兰处于东西方之间，有着独特的地理位置优势。第三，乌克兰科技实力雄厚。我本人出生在第聂伯罗彼得罗夫斯克市，这个城市曾是苏联时期的航天中心，我的第一份工作就是在这个领域。

至于乌克兰发展的阻力，我认为是乌克兰国内的贪腐行为，这些也构成乌克兰与其他国家发展关系的障碍。我相信未来这些重大问题都会得到解决。乌克兰人民一直以来都有良好的文化素质和智慧，所以老百姓不能忍受高层贪腐、欺压人民的行为，这就是为什么独立以来我们经历了 2004 年岁末到 2005 年年初的革命和 2014 年的革命。两次革命都是为了反抗贪腐、反抗家族势力、反抗寡头政治等等。很遗憾，两次革命的结果都没有让乌克兰找到一个对腐败分子毫不留情的领导人。

但正是老百姓的努力，让乌克兰终于有了多个独立的反腐机构，例如总检察院、国家反腐委员会、国家预防腐败委员会。当这些机构互相恶性竞争时，老百姓再次要求政府设立新的反腐法院，其成员应由人民独立选择，无论总统是谁。人民的努力使乌克兰政治黑社会家族影响力式微，或不得不离开乌克兰，这都是两次革命的结果。下次大选和议会选举，将促使我们彻底改变老旧体制，那将是我们新发展的开始。

乌克兰实际上是比较弱的国家，乌克兰自愿放弃了核武器，俄美英等国签署《布达佩斯协议》，承诺保障乌克兰领土完整，我认为这些国家应该尽到保护乌克兰领土完整的责任。如果这个世界上的国际条约、国际担保都失效，这个世界将一片混乱，结果不可想象。

女性从政能带来新的平衡

环球时报：您和您所在的祖国党最近两年对乌克兰天然气价格、养老金、医疗改革以及土地市场等问题非常关注。您怎么看乌克兰明年的总统选举？

季莫申科：我们一定会参加2019年举行的总统大选和议会选举。我们的政党有一整套可靠的文化、农业、工业发展的战略，并且我们也有一套完整的乌克兰现代化方案。我们正在做乌克兰宪法修改的准备，我们的宪法一定会在议会通过并得到老百姓的支持，新的宪法将成为新制度、新改革的基础。现在祖国党有着最高的支持率，在近几次地方选举中都取得胜利，我相信我们一定能和人民一起建设新的乌克兰。

环球时报：从您的经历看，政治对女性来说是否过于残酷？如果能重新选择，您还会从政吗？

季莫申科：有一位女王说过这样一句话，"男人把王冠戴在头上，女人把王冠戴在心上"。这句话非常形象，因为政治不同于其他事情，它需要有男人和女人共同参与，国家治理就像一个家庭，既需要父亲也需要母亲。女人从来不会发动战争，也不会做出伤害别人的决定，女人无论做任何事都具有母性的光辉，她对孩子的宽容和宠爱将渗透进她所做的每一件事。我认为，现今的政治特别需要女性的参与，而恰恰是女人能够为这个世界带来新的平衡、新的理解、新的博爱。如选择了一条正确的道路，女人和男人一样，都应该坚决落实自己的想法，要文明，不要软弱，要公平，不要饥饿，我认为这就是政治。

（记者：张浩　《环球时报》2018 年 5 月 21 日）

篇 二

走遍世界看中国
影响力

中国，的确与众不同

五年，哈萨克斯坦变了多少

西汉张骞出使西域，使得"丝绸之路"成为东西方交流的重要通道，并让这条古道的沿线城市因此繁荣。2000 多年后，"一带一路"倡议再续丝路前缘，引来世界关注。2013 年 9 月 7 日，在哈萨克斯坦首都阿斯塔纳，中国国家主席习近平提出共建"丝绸之路经济带"的倡议。2014 年，哈萨克斯坦总统纳扎尔巴耶夫宣布实施"光明之路"新经济政策，加强与中方发展规划的对接。今年 9 月，在"一带一路"倡议提出 5 周年之际，《环球时报》记者走进哈萨克斯坦，调研这个首倡之地的变化，实地感受中哈合作结出的累累果实。

这座城市进入"'带路'时间"

9 月 7 日，"一带一路"倡议提出的正日子。当天，哈萨克斯坦—中国商务论坛在阿斯塔纳雷克索斯饭店举行，中哈元首分别通过视频发表贺词，习主席亲切地称纳扎尔巴耶夫总统为"好朋友"。

同一时间，两公里外的北京大厦里，由环球网和中国公共外交协会共同举办的"一带一路"中哈智库媒体人交流论坛拉开帷幕。中国公共外交协会副会长胡正跃、中国前驻哈萨克斯坦大使张喜云、哈萨克斯坦前驻华大使库阿内什、哈萨克斯坦国际关系委员会主席卡林等两国重量级政商学界代表出席，参会人数约为130位。

"同时举办两场大规模外事活动的情况并不多见"，一名哈萨克斯坦记者在和《环球时报》记者交流时感叹说："今天中哈主流媒体基本都到齐了，两个活动来回跑，哪个都非常重要。"

在"一带一路"中哈智库媒体人交流论坛上，卡林主席发言称，过去5年，哈中两国高层会面18次（也有统计是17次——编者注），在两国领导人积极引领下，5年间取得不少成绩。他说，长期以来，中国和中亚国家的合作多限于安全领域，"一带一路"倡议则赋予该区域新意义，也使哈萨克斯坦与欧亚之间的联系攀升至新境界。

"世上本没有路，走的人多了，也便成了路"，中国公共外交协会副会长胡正跃引用了著名作家鲁迅的话。他表示，"一带一路"是一项全新的国际合作事业，只要携手合作，就一定能闯出一条互利共赢的光明之路。

曾在中国工作6年的库阿内什，回顾了1992年1月3日哈中两国建交时的一幕：因为找不到会说中文的哈萨克斯坦人，最后只好请了哈萨克族中国人当翻译。在接受《环球时报》记者采访时，库阿内什说，"'一带一路'可为相关国家创造20余万个工作岗位，意味着更多机会和选择。哈萨克斯坦已经掀起'汉语热'，目前有1.4万余青年在华留学。"

《环球时报》记者在采访期间发现，哈萨克斯坦举国上下对"一带一路"充满期待：年轻人想趁着政策利好去中国留学工作；商人想引进中国电视剧版权、保健产品；学者想邀请中国同行一起研究……有消息说，哈萨克斯坦计划在 9 月设立"带路周"，这更让"带路"气息在阿斯塔纳的街头巷尾弥漫。

哈萨克斯坦媒体对"一带一路"的关注度非常高。哈萨克斯坦国家电视台报道称，本国在能源、运输等领域可以发挥巨大作用。哈通社用中哈俄三个语种对"一带一路"中哈智库媒体人交流论坛做了报道。在"31"电视台、《主权哈萨克斯坦报》、努尔新闻网等媒体上，"一带一路"相关内容轮番上阵。这种氛围下，第一次来哈萨克斯坦的《环球时报》记者一不小心在当地电视上亮了相，也就不奇怪了。一名经常访问哈萨克斯坦的学者对记者说，"一带一路"已然成为这里最流行的外来热词。

听哈萨克斯坦人说 5 年巨变

中国驻哈大使馆经商参处对 5 年来的中哈贸易作过统计，截至目前，双边贸易总额已接近 1000 亿美元。中国是哈第二大贸易伙伴国，也是哈第二大出口目的地国和进口来源国。中方多家机构累计向哈提供贷款超过 500 亿美元，中国成为哈最大商业贷款来源国。中欧货运班列 2017 年过境哈逾 1800 次，较前年增长 50%，中哈段发运货值达 1.2 亿美元。此外，双方互设 5 所孔子学院和 5 个哈萨克斯坦语言文化中心，并在本币结算、货币互换等领域开展合作。

这样的互动密度在 5 年前是难以想象的。哈萨克斯坦欧亚大学国际关系学院教授麦克对《环球时报》记者说，一直以来，哈萨克斯坦受到俄罗斯巨大影响，2013 年底乌克兰危机爆发后，坚戈随卢布大幅贬值，经济发展迅速倒退。而"一带一路"倡议让这个一度陷入困境的国家重新焕发勃勃生机。

哈萨克斯坦小伙耶尔纳今年 23 岁，两个月前结束在西安外国语大学的留学生涯，回到阿斯塔纳。此时，他已离乡 3 年。他对《环球时报》记者讲述了首都的变化：公交车上能刷卡了，可以下载打车软件叫出租车，除必须现金支付外，平时用车很方便；以前阿斯塔纳从不堵车，现在开始出现交通拥堵情况；网络银行逐渐普及。前不久，耶尔纳贷款在旧城区买了一套 40 平米的房子，价格合人民币每平米 6000 元，这让他感到负担颇重，但他认为这体现了当地的经济发展，未来房价必然会更高。

熟悉情况的人士告诉《环球时报》记者，2008 年金融危机后，阿斯塔纳的基建基本暂停，在中哈进行合作后，该市基建增多，特别是以轻轨为标志的产能合作。中国人民大学重阳金融研究院执行院长王文向《环球时报》记者回忆说，3 年前他来阿斯塔纳，从机场到市区沿途十分荒凉，北京大厦周围没有其他建筑，孤零零地矗立着。这几年新建筑拔地而起，感觉整座城市拓宽了 20% 到 30%。

官方统计显示，经过 5 年的发展，中国对哈投资存量截至目前超过 290 亿美元。作为中国在"一带一路"相关区域的最大投资目的地，哈萨克斯坦已成为中企"走出去"的新宠。记者了解到，在哈注册的中企约有 2600 家，实际开展业务的约 600 家。

9 月 4 日，中国中草药健康产业的领军企业无限极，在哈萨克斯坦的分支机构得到哈政府的正式批准，迈出了开拓中亚市场的重要一步。无限极（中国）有限公司全球行政总裁俞江林在接受《环球时报》记者采访时称，中哈两国 5 年来在"一带一路"框架下取得的合作成绩，让我们看到新一轮发展机会。特别是有着数千年历史的中医在哈萨克斯坦广受欢迎，预示着健康产业将迎来巨大发展空间。

"东方瑞士"的抱负

哈萨克斯坦并非小国，它是世界上最大的内陆国，国土面积位列世界第九。今年上半年，哈 GDP 增速为 4.1%，工业生产同比增长 5.2%。整体看，哈经济发展态势良好。

这为哈萨克斯坦施展外交抱负提供了基础。仅过去一年，叙利亚问题阿斯塔纳和谈进程第四轮高级别国际会谈、上海合作组织成员国元首理事会第十七次会议及阿斯塔纳专项世博会等国际盛事，在哈萨克斯坦轮番登场。这一地处欧亚大陆腹地的国家在国际舞台上崭露头角，聚光灯下，有媒体甚至将其称作"东方瑞士"。

哈萨克斯坦发生的变化，对共建"一带一路"产生着积极影响。实际上，哈高层领导人有着浓浓的中国情结。纳扎尔巴耶夫曾 18 次访华，是现任外国领导人中的"冠军"。哈国家安全委员会主席、前总理马西莫夫曾先后在北京语言大学和武汉大学留学，说一口流利的汉语，写一手漂亮的中国字，可谓名副其实的"中国通"。

尽管潜力巨大，中哈未来的合作也存在风险。王文告诉《环球时报》记者，首先，政府间交流还应更多落实到基层，民间交流如何加强是急需解决的问题；其次，同存在强人政治的多数独联体国家一样，哈国未来的政治局势有不确定性；第三，中哈语言人才不足，一定程度上给交流活动带来阻碍。另外还存在签证办理不便、哈国腐败等突出问题。但整体看，哈萨克斯坦是"一带一路"框架下最有前景的国家之一。

阿斯塔纳确实给《环球时报》记者一种活力感。记者发现，整座城市犹如一个大型施工现场，工程围挡设施随处可见。一位当地媒体人告诉记者，阿斯塔纳是一个年轻的首都，也是一座新城，基建从未停过，城市规模不断扩大，外人每次去都会发现它在变化。

在北京大厦对面，是未来的中亚第一高楼——阿布扎比大厦，大厦将在 2020 年完工。坐在北京大厦 23 层旋转餐厅窗边，前面是中亚第一高楼，向下俯瞰整个阿斯塔纳，《环球时报》记者思绪万千：前后花费 13 年时间出使西域的张骞，他料想得到现在从北京前往阿斯塔纳只需 5 小时 15 分钟吗？若干年后，"一带一路"和"光明之路"对接下的哈萨克斯坦又会有哪些巨变？

（本报赴哈萨克斯坦特派记者：邢晓婧

《环球时报》2018 年 9 月 12 日）

将创造百万就业机会　已带来实实在在好处

听"巴铁"谈中巴经济走廊

在中国，民众将巴基斯坦称为"巴铁"；而在巴基斯坦，人们说中巴友谊比喜马拉雅山还高。但近年来外媒频繁炒作"'一带一路'让巴基斯坦负债累累"之类的话题，加上巴基斯坦前不久举行大选，在巴国内面临很大经济压力的情况下，对中巴关系是否还"铁"的质疑声突然被放大。大选刚刚结束，《环球时报》记者就赴巴采访，虽只有短短数天，巴各界人士表现出的热情和真诚吹散了记者心中的疑虑。通过实地观察以及同巴外交与经贸官员、智库专家和媒体同仁交流，记者明显感受到巴方对进一步加强与中国关系的迫切心情。

"你必须明白，中巴合作超越所有政府"

在《环球时报》记者来到巴基斯坦前几天，由前国际知名板球球星伊姆兰·汗领导的巴基斯坦正义运动党，在选举中获得大胜。不出意外，伊姆兰·汗将成为巴基斯坦下一任总理。巴基斯坦这次选举受到巴国内外高度关注，特别是国内各党派间竞争激烈，选举初步结果出来后甚至有党派表示不认可，但在伊斯兰堡和卡拉奇，记者看到社会秩序一切如常，此前媒体所报道的一些混乱场面并没有再出现。如果不看报纸或电视新闻，甚至不敢相信这里刚举行过大选。

媒体对选举后的一系列程序，包括伊姆兰·汗的正义运动党是否能获得其他党派的支持以建立新一届政府等高度关注。当然，也有不少媒体开始关注伊姆兰·汗上台后的巴内政外交会有什么变化，特别是新一届政府的对华政策。由于伊姆兰·汗在竞选过程中着重谈论巴基斯坦国内的贫困、贪污等问题，大多数西方和印度媒体给这位巴基斯坦前板球队队长贴上"民族主义者"的标签，并根据其党内部分人对中巴经济走廊项目在巴分布不均等质疑声，臆断伊姆兰·汗可能不再重视对华关系。

"很明显，因为中巴两国的亲密关系，外面很多人不喜欢看到中巴这种亲密度，所以他们试图阻挠中巴进一步合作"，巴基斯坦外交国务秘书塔米娜对《环球时报》记者说。她表示，巴新一届政府已经明确表达了将进一步加强与中国关系的意愿。

其实，大选后伊姆兰·汗在多个场合已经强调了他对巴中关系的高度重视。在胜选演讲中，伊姆兰·汗表示，中国的发展模式非常成功，有很多地方值得巴基斯坦学习。在 7 月 30 日会见中国驻巴基斯坦大使姚敬时，他表示，正义运动党上台后，将与中方全面对接，推动两国关系持续深入向前发展。

"你必须明白，中巴合作超越所有政府。"伊斯兰堡战略研究院院长、巴基斯坦前驻美大使艾扎兹·艾哈迈德·乔杜里表示,之前的历届中巴政府,都一直支持发展两国关系,"在我看来,没有任何理由担心中巴关系会降温。事实上,两国关系会进一步升温。"他说,鉴于目前美国已经为抑制中国而从战略上偏向印度,中巴需要在很多方面包括经济和安全领域进一步加强合作。

"我们和美国的关系不同于我们和中国的关系。中巴关系就是一条稳定的上升直线,而巴美关系则像坐过山车一样跌宕起伏。"乔杜里说:"我们目前和美国的关系不是特别好。"

"CPEC",一个在巴基斯坦众所皆知的名词

在巴基斯坦前驻华大使哈利德·默罕默德看来,中巴经济走廊是将巴中两国亲密关系转化为实质性经济合作,让巴民众切实感受到两国合作带来好处的标志性例子。他说,中巴经济走廊在巴基斯坦是得到广泛支持的。

"你可以在巴基斯坦问任何党派、任何社会组织、任何人,无论是接受过教育或者没有接受过教育的,生活在农村的或者城市里的,他们可能在很多方面持有不同见解,但对中巴经济走廊的重视程度,大家都是一致的",哈利德·默罕默德告诉《环球时报》记者。

在巴基斯坦,中巴经济走廊的英文名称缩写"CPEC",已经成为一个众所皆知的名词,即使有些人对它的含义有不同理解。《环球时报》记者在乘车出行时,问一名叫阿卜杜拉的司机是否知道"中巴经济走廊",他马上回答:"CPEC,对对。我在这条道上开过车,道路很平坦,时速120公里没问题。"在卡拉奇一家商场外,当地青年比埃尔告诉《环球时报》记者:"我听说过CPEC,很好的事情。"比埃

尔说，他收购蔬菜水果，然后出口到中东一些国家，眼下正在寻找与中国商人合作的机会。"我应该做什么？我需要学中文吗？你可以教我中文吗？"他问道。

不管是将中巴经济走廊简单理解成高速公路，还是寻找参与项目建设的机会，有巴官员对《环球时报》记者说，"CPEC"已经为巴民众带来实实在在的好处。"所有这些基本上都是能源和基建项目，怎么可能对当地民众没有好处呢？"乔杜里反问道。

据巴基斯坦规划发展和改革部中巴经济走廊新闻负责人肖卡特·哈塔克介绍，中巴经济走廊已经帮助巴基斯坦很多地方解决了电力供应不足的问题，新修好的道路和港口也带动了周边经济活动，整个中巴经济走廊将为巴基斯坦创造 100 万个就业机会。

肖卡特·哈塔克说，与那些称中巴经济走廊项目给巴带来巨大债务的质疑声相反，"中巴经济走廊目前已经显现的实实在在的好处来源于很低的成本"。他说，自这一项目开始后，巴方累计贷款 60 亿美元。这些都是政府间优惠贷款，且 5 年以后才需要开始偿还，偿还期为 25 年。至于巴基斯坦将如何偿还债务，哈利德·默罕默德表示，中巴经济走廊推动的商业活动将帮巴偿还债务。

此外，中巴经济走廊为巴基斯坦企业甚至跨国企业带来巨大商机。"外面有一种误解，认为中巴经济走廊的项目只提供给中国企业，但这是不符合事实的，非中国企业同样有很多机会。"巴基斯坦海外投资者协会理事长阿卜杜·阿莱姆对《环球时报》记者说。

阿卜杜·阿莱姆还提到，虽然中巴经济走廊项目如火如荼，很多大型中国国企甚至外国企业参与进来，但中国私营企业较少。"我们代表 200 多家外国企业，但这里面只有 3 家中国企业。我们不知道为什么中国私营企业不来投资，可能是因为他们比较害羞？"

迫切希望全方位的合作

《环球时报》记者此次赴巴采访，初入巴境内时，并没有觉得这里与中国的关联有多大。从机场到旅店再到商场，没有看到太多中国元素：标识牌是英文和乌尔都语，街上的车靠左行驶，汽车大多是日本品牌，甚至在其他国家比如印度大街小巷经常看到的中国企业广告，在这里也屈指可数。但真正接触到当地人之后，几天下来，记者感受到了两国关系之"铁"。

在伊斯兰堡，巴外交官和专家会说，他们对中巴友谊的认可不分政党、宗教、阶层；在卡拉奇，不太会讲英文的餐厅服务员会竖起拇指对你说一声：兄弟。与此同时，《环球时报》记者还切身感受到巴各界对与中国扩大合作领域的迫切心情，除安全、政治、商业外，巴方也想在文化、教育、科研等方面与中国加强合作。在与巴方人士交流期间，记者经常被问及：中国为什么不在某某方面与巴基斯坦开展更多合作？

在位于卡拉奇的佐勒菲卡尔·阿里·布托科技学院，多名学院领导和老师表示，目前两国关系虽然紧密，但在语言、文化和学术交流方面存在很大不足。"比如，在中国几乎没有人会乌尔都语，在巴基斯坦，虽然很多人开始学习中文，但能说中文的很少。目前没有很好的渠道申请共同学术研究项目。"学院社会科学项目负责人赛义德·穆罕默德·阿里·沙对记者表示。

"我们是关系亲密的朋友，但两国民众间的沟通并不是特别多。"学院院长沙赫纳兹·维齐尔·阿里问道："你们能否帮我们与中国的大学建立联系？"

不少巴基斯坦官员和专家认为，目前中国来巴基斯坦旅游的游客也不是很多，可能是因为缺乏了解，还有对巴国内安全形势的担忧。确实，在伊斯兰堡和卡拉奇的大街小巷里，很难看到中国人面孔。虽然在去巴基斯坦的航班上记者看到不少中国人，但了解得知，很多人是前去出差或工作，旅游者极少。

"民间交流肯定是双方需要进一步加强的一个方面"，巴基斯坦外交国务秘书塔米娜表示，"我们现在的安全形势已经非常好了，你看这次选举，虽然发生了一起事件，但总体稳定，你在外面应该能感受到。"在伊斯兰堡和卡拉奇，虽然路边持枪巡逻的警察比较多，商城和旅馆的安保也相当严，但人们的工作生活一切如常。在卡拉奇，深夜拖家带口来商城购物的人很多。

（记者：王聪 《环球时报》2018 年 8 月 7 日）

地标建筑正拔地而起　偏僻渔村成领跑"龙头"

在"斯里兰卡速度"中看中国印记

　　登上施工电梯，升至42层，几十秒里，《环球时报》记者眼前的科伦坡从一座熙熙攘攘的大都会变成一幅海天为底、楼宇为体的简笔素描：一座座高楼拔地而起，不断攀升的天际线与科伦坡绵延百里的海岸线交映生辉……因中央省康提地区发生佛教徒与穆斯林之间的冲突，斯里兰卡6日起进入紧急状态，但7日依然有针对穆斯林的纵火事件发生。2011年前，斯里兰卡曾因内战实施过近30年的紧急状态法，而之后的和平给斯里兰卡带来巨大红利，以至于这个走上快速发展之路的岛国在整体不太发达的南亚显得有些"另类"。"科伦坡高楼建设在加速，百米高楼不鲜见，其中不少都是中资建设"，中航国际斯里兰卡地产项目经理张波说。在他看来，摩天大楼不仅是中企助力斯里兰卡建设的案例，也是看好当地发展的证明。然而，在一些西方媒体眼中，这种发展"问题"很多："发展'超前'了""中国'绑架式发展'令斯里兰卡'债台高筑'"——与近日美国国务卿妄称中国投资"造成非洲的依赖性"如出一辙。"斯里兰卡式发展"到底有何玄机？《环球时报》记者去探了个究竟。

"高楼热"是标杆，也是"刚需"

张波所参与的阿斯托里亚公寓项目，地处寸土寸金的科伦坡三区。站在尚未完工的大楼楼顶，他颇为自豪地对《环球时报》记者说："我们有幸抢到这个区最后一块永久产权用地。"的确，这里原本就是科伦坡基础条件最好的区域，而且毗邻港口城，那里将在未来20年创造8.3万个就业岗位，多座高级酒店、写字楼及购物中心汇聚于此。

顺着张波手指方向，记者看到多座在建高楼"比拼"似的涌现在科伦坡海岸。最高的是中国港湾工程有限公司承建的香格里拉公寓二期，两座塔楼高198米。还有中天建设承建的丽思卡尔顿酒店综合体，主体建筑超过50层。印度、巴基斯坦以及多国联合承包的高楼项目也初具规模。在斯里兰卡的规划中，科伦坡还拟建一座600多米的超高大楼。

科伦坡人口只有200万，对高端住宅有多大需求？科伦坡肯斯迪地产经纪公司杜伊女士分析说，高层公寓是斯里兰卡近年来涌现的新型住宅模式，它满足了该国部分富裕阶层的现代化住宿需求，而且随着港口城项目的展开，大量外国投资看好这里的区位优势，科伦坡地产价值正在释放。张波表示，现有的科伦坡在建高层住宅大约5000套，封顶的香格里拉公寓二期售价高达每平米5000美元，但已然售罄。

在科伦坡不断升温的"高楼热"中，中国建设方与同行相比，无论是技术还是资金都最有保障。据记者了解，海岸高楼建设的特点之一是避免沉降，因此中方从设计到施工都有严格质量保证。相比之下，某印度施工方负责的高楼在建设了过百米后才发现地基有超过10厘米沉降，不得不采取补救措施。"中国承建的项目不仅质量高，外形也很美，从莲花电视塔到莲花大剧院，都称得上科伦坡地标建筑"，杜伊女士说。

　　杜伊女士的褒奖并不为过，这里面除了工程因素，也有城市发展需要的因素。《环球时报》记者走访南亚多国，发现科伦坡是基础条件最好、潜力最大的城市之一。以当地出租车为例，早有超过 2/3 实现混合动力，日本丰田混合动力"普锐斯"已沦为"老旧款"，各种精致、小巧的新能源车成为这座城市的别样风景。此外，斯里兰卡是南亚最早开通 4G 网络的国家，在科伦坡至南部城市加勒的火车上，记者体验过视频直播，其流畅度不亚于中国一线城市。

听老工程师忆今昔 10 年

　　告别繁华初现的科伦坡，《环球时报》记者前往另一重点发展的城市——汉班托塔。听说记者要来，汉班托塔深水港建设的总工程师夏林早早等在项目部门外。这位退休返聘的高级工程师见到记者后心生感慨，他回忆起 10 年前，当该地深水港建设正式立项时，有国内记者也曾风尘仆仆地赶来，不过那时还没有中国承建的高速公路，该记者几经辗转走了一天才到，到了第一句话是："您这儿有吃的吗？"

　　如今的汉班托塔早已不是当年偏居一隅的小渔村，而是斯里兰卡西南海岸具有龙头意义的领跑者。夏林指着远处停泊着万吨滚装船的码头说，经过两期港口建设，共有 8 个 10 万吨级码头和两个 1 万吨级码头可投入使用，不久前中国招商局港口有限公司接手港口运营，汉班托塔港已开花结果。

从建设到运营，中方接手汉班托塔港的过程并不平静，"当地民众的示威游行"一再被西方媒体放大。这些示威者多系原汉班托塔港务局的工作人员，他们担心被辞退，也有人不满意自己得到的安置及补偿。记者了解到，此类事件中国公司在其他海外市场也曾遇到并妥善处理，没有必要过度解读。

一个新兴港口从建设完工到运营成熟有至少 3 到 5 年的培育期，目前中方公司的当务之急是尽快展开业务，让汉港的吞吐转运能力得以释放。该项目对就业的促进作用是明显的，当地政府及斯里兰卡政界高层对此都很清楚。

作为工程建设方，夏林所在的公司业已完工，但他不想离开。回忆起当年数百台挖掘机、三四千名斯里兰卡和中方工程人员一同奋战的场景，夏林说："从规划伊始，我们就考虑到港口发展的长期性，因此采用借助泻湖内挖式的建设方案，挖出的沙石还增建了人工岛用于商业开发。"在他看来，中国港湾公司之前是建设者，如今要当好守望者，因为汉班托塔未来 10 年值得期待。依照整体规划，以汉班托塔港为依托的工业园建设已经启动，从科伦坡到汉班托塔最后一段高速路建设也将展开，斯里兰卡南部铁路也将与这里连通，再加上汉班托塔国际机场，一个集港口贸易、来料加工、货物集散以及旅游服务于一体的现代化汉班托塔正在显现。

对于汉班托塔的变化，与记者同行的斯里兰卡司机科里特感慨地说，隔一段时间不来就认不清这里的路了，新建的立交桥复杂程度比科伦坡更甚。更令他高兴的是，大规模建设并没有影响这里的自然之美，高速路边孔雀剪影的警示牌证明，这里仍不时有孔雀飞过。

"贷款帝国主义"？莫须有

斯里兰卡的快速发展，中企无疑出了一份力，但对于中国在当地的存在，西方异议声不少。"世界报业辛迪加"网站前不久的一篇文章称，中国在施行"贷款帝国主义"，好似当年欧洲列强的炮舰政策，新兴的帝国巨人正通过"债务捆绑"剥夺这个印度洋岛国的天然资产及国家主权。

英国《金融时报》去年刊文称，过去 7 年，耗资 13 亿美元建设的汉班托塔港仅停靠过屈指可数的几艘小拖船，花两亿多美元建设的汉班托塔国际机场，一天的运营量也就一两个航班。

上世纪 70 年代，斯里兰卡一度成为新加坡追赶的对象，在经历了近 30 年内战纷扰之后，国家建设终于重回正轨。但没有哪个国家在发展过程中能完全避免问题，当然，最关键的是"发展"。即便发展很快，在"车好""网快"的科伦坡，多年来却一直没有大型商厦或旅游、餐饮综合体，这也是为何近年来科伦坡重点高楼建筑均是酒店综合体项目。

张波对《环球时报》记者说，西方舆论所指摘的"中资建设令斯里兰卡债台高筑"的说法至少在地产项目上不存在，目前斯里兰卡房屋贷款并未完全放开，贷款利率较高，加之买家多为中高收入阶层及海外置业者，他们多以全款购买，国家及社会承担的债务风险较低。

《环球时报》记者此次也去了汉班托塔国际机场，在记者探查当天，确实只有一个迪拜航空的航班起降。中国援建的机场真的有名无实？机场值班经理斯坦布里给出解释："此前我们的国内航空业务还是较繁忙的，但作为一个新机场，运营团队内部出了分歧，所以国内主营这一航段的斯里兰卡航空停飞了。"一位中方公司负责人表示，该机场对保证斯里兰卡航空安全及拉动地方经济都将起到至关重要作用，斯里兰卡不可能没有一个科伦坡之外的备降机场。

在不久前汉班托塔港经营权移交仪式上，斯里兰卡港务局主席帕拉克拉玛表示，汉班托塔港将成为科伦坡之外又一个经济中心，中国公司的资本和管理是汉班托塔港稳步发展的保障和动力。中国招商局集团负责人则表示，计划以"蛇口模式"推动汉班托塔发展，即通过港口开发带动园区，再带动城市发展。

从某种意义上讲，斯里兰卡在南亚具备最佳投资地的潜力。但据记者了解，受国内外多种因素影响，斯里兰卡一些重点项目在运营、税务、劳务等方面的政策还不够稳定，在吸引海外投资者的策略上也有待放开。

中国是斯里兰卡最大贸易国、最大基础建设合作及投资方，多年来为斯里兰卡贡献了超过 10 万个工作岗位。在这一合作基础之上，扎根斯里兰卡发展的中资企业看好当地发展前景的同时，也呼唤更为稳定和开放的营商环境。

（本报驻斯里兰卡特派记者：邹松

《环球时报》2018 年 3 月 8 日）

中企诚意收获村民信任　外部势力再难搅动是非

走进风雨过后的缅甸莱比塘铜矿

提起莱比塘铜矿，很多中国人并不陌生。这一总投资达到 11 亿美元的中缅合资项目几乎成为这些年中缅两国关系的一个缩影。自 2012 年 3 月奠基以来，该项目面临着缅甸民主化转型过程中带来的种种考验。从 2012 年年底开始，一些当地激进村民在外部反华势力的鼓动下，因项目用地等问题不断举行游行抗议，甚至曾与维持秩序的警察发生激烈冲突。其间，莱比塘铜矿经历了停工、复工的坎坷命途。风雨过后，莱比塘铜矿 2016 年 3 月顺利实现投产。这两年项目发展得是否顺利？铜矿与当地民众的关系相处得如何？带着这些疑问，《环球时报》记者日前走进莱比塘铜矿一探究竟。

路障只有几个，没有抗议人群

从缅甸最大城市仰光出发，《环球时报》记者先乘坐一小时飞机到达该国第二大城市曼德勒。从曼德勒机场到莱比塘铜矿有 130 多公里，一般情况下，车辆行驶需要约 3 小时，因为全程没有高速，几乎都是双向两车道。

抵达项目现场后，《环球时报》记者注意到公司大门口周围干净整洁，想象中排列密密麻麻的路障设施实际上只有几个，脑海中抗议人群的身影也根本没有看到。身着保安制服的缅甸小伙着装整洁、训练有素，记者车辆进入大门的一瞬间，他五指并拢敬了一个礼。

莱比塘铜矿位于缅甸实皆省蒙育瓦市尹玛彬县沙林吉镇，隶属于中国兵器集团下属北方公司的万宝矿产有限公司。根据签署的产品分成协议，万宝矿产（缅甸）铜业有限公司是中方业主，缅甸合作方是缅甸经济控股有限公司和 ME1（缅甸矿业部第一矿业公司）。

万宝矿产（缅甸）铜业有限公司联合党委书记罗大庆是个老军工，走路健步如飞，说话声若洪钟，大家都叫他老罗。烈日当头，罗大庆首先带着记者来到采坑现场，这里是一派热火朝天的忙碌景象：300 多米深的巨大矿坑中，额定载重 235 吨、轮胎比人还高的 NTE260 重型矿用卡车来回穿梭，卡车身上的"中国包头"四个大字分外显眼。罗大庆对记者说，除了国际上的先进技术和设备，中国的技术和设备在莱比塘项目中应用也十分广泛，因为"中国制造"本身越来越有国际竞争力。

罗大庆告诉《环球时报》记者，投产后，2016 年产铜 2 万吨，2017 年产量 6 万吨，2018 年计划产 10 万吨阴极铜。从技术水平、项目面积、产品质量等方面看，莱比塘铜矿亚洲排名第一应不为过。这些高纯阴极铜，含铜量 99.9935% 以上，符合国家 GB/T467-2010 高纯阴极铜标准，与伦敦金属交易所（LME）注册阴极铜 A 级标准等同，主要用于铜产品加工，主要销售地是东南亚地区。由于近年铜价上涨，铜矿利润相对较好。在缅甸人最关心的环保问题上，莱比塘铜矿顺利通过环境评估。

种菜养鸡，想方设法为当地提供发展途径

离开矿坑，《环球时报》记者穿过如同长城般的堆浸场，参观了现代化程度很高的加工厂。之后来到项目与村庄的交界处，这里竖立着钢铁隔离护栏（围挡）。罗大庆指着这些护栏，语气沉重地说，当年在项目用地问题上，虽然有合同，也有当地缅甸政府的支持，但一些当地激进村民在反华势力的背后鼓动下，不断进行游行抗议，让莱比塘铜矿生产搁置许久。为了架设护栏，公司付出巨大努力。他指着附近的一个三层瞭望哨塔说，这是公司修建的瞭望哨塔，缅籍保安三班倒执勤，主要用于警戒观察，防止违法犯罪分子进入矿区、盗窃、破坏内部物资及设施等。

莱比塘项目在缅甸引发争议后，昂山素季领导的调查委员会于2013 年 3 月发布报告说，"从经济、社会、环保和国际关系等各个角度综合考虑，建议采取整改措施，继续实施莱比塘铜矿项目"。缅甸英语媒体"密祖玛"网站曾报道说，调查委员会提出该项目应该能为缅甸政府创造更多利益，为当地村民提供更多补偿，中企对此建议非常重视，甚至将其作为该企业制作的一部 20 分钟短片的主题。

为给当地村民谋求更好的发展和就业途径，万宝公司建造了蔬菜大棚和养鸡场。这一蛋鸡养殖场是缅甸最大的养鸡场之一，里面共有7.5 万只鸡，从养鸡下蛋到鸡粪变肥，全部实现自动化。令人惊奇的是，鸡舍并没有浓重的鸡粪味，干净整洁，还有巨型风扇和自动水幕给鸡舍降温。在鸡粪堆肥现场，员工拿了一块经过处理的鸡粪送到记者手里，并没有闻到特别难闻的味道。为保证养鸡场的健康发展，万

宝不仅从国内请来一位畜牧硕士负责培训及管理，还请来附近村里毕业于缅甸航空航天大学的硕士生负责日常运营和生产。由于技术先进、管理科学，该养鸡场生产的鸡蛋成为当地最热销的鸡蛋，在市场上供不应求。

至于蔬菜大棚，罗大庆告诉《环球时报》记者，这里的部分菜种来自北京新发地市场，是他利用出差机会一次次背回来的，在大规模推广前，还先进行了实验性的试种。

"缅甸政府没想到，中企能做得这么细"

罗大庆在莱比塘铜矿已工作 8 年，这个项目就像他的孩子一样。在他看来，莱比塘铜矿能有今天，"党建"和"企业社会责任"这两大抓手缺一不可。他回忆说，当年架设围挡（护栏），一部分激进村民受外部势力鼓动反应激烈。项目生死存亡之际，在总公司党委的指示下，在海外党组织的帮助下，万宝矿产（缅甸）党委带领党员发挥带头作用，冲在一线，最终成功。罗大庆强调，在"一带一路"倡议全面推进的今天，中国海外企业加强党建工作十分必要，缅甸远离祖国和家人，中国员工面对各种信息和危急情况的冲击，"不抓思想工作容易出事"。从某种程度上说，加强党建是推进"一带一路"的重要保障之一，"人心齐才能泰山移"。

全面落实企业社会责任在莱比塘也不是一句空话。万宝总结前几年项目遇阻的经验教训，想方设法加强对当地村民的帮扶，解决他们的生活发展问题。据介绍，截至今年 4 月底，莱比塘铜矿雇用缅籍员工 3449 人，占员工总数的 87%。像前面提到的养鸡场，除了几名中国员工，其他 50 多人都是当地村民，而且利润都归他们所有，铜矿不拿一分。

为掌握周边因项目失去土地的村民情况，万宝曾组织 8 支队伍深入家家户户，挨个了解困难。罗大庆说，这种做法不仅感动了当地人，在项目恢复生产上获得 92% 的支持率，也震撼了缅甸政府，"他们没想到中企能做得这么细"。

认真细致的沟通态度之外，公司也投入真金白银。根据万宝公司与缅方签订的合同，项目建设期内，万宝公司每年为附近的 33 个村子投入 100 万美元用于企业社会责任和社区帮扶项目，项目投产进入运营期后，合作各方还要为此拿出净利润的 2%。

《环球时报》记者在莱比塘还参观了公司为当地村民修建的"移民新村"，这些房屋样式整齐，还保留了缅甸的民族风格。罗大庆说，"授人以鱼不如授人以渔"，除了经济上的帮扶，还要培养他们掌握劳动技术。为此，万宝矿产（缅甸）铜业有限公司与云南民族大学合作，结合当地和项目的实际情况，计划为缅甸当地村民建立技校，培养技术人才。毕业生不仅铜矿项目可以聘用，还可以为缅甸其他企业服务。罗大庆表示，"找到饭碗，收到诚意"极大安定了周边村民的情绪，同时也增强了村民对万宝公司的信任，甚至有了"命运共同体"的感觉，外部势力目前很难再鼓动起像样的反对铜矿的游行示威。

中企的付出获得当地媒体的肯定。"密祖玛"网站评价说，"莱比塘铜矿或许能成为中缅经济关系翻开新篇章的重要标志"。对于项目的未来，罗大庆坚定地认为，随着工作深入和生产稳定，项目的反对声音越来越小，支持的力量越来越大。缅甸政府和民众会逐步感受到项目带来的实惠，他真心希望中缅"命运共同体"的感觉越来越实在。

（记者：谢戎彬　辛木　《环球时报》2018 年 5 月 30 日）

尼泊尔总理奥利接受《环球时报》采访时表示

中国是最受欢迎的投资方

尼泊尔总理奥利 19 日至 24 日对中国进行正式访问。17 日，奥利总理在启程前接受《环球时报》特约记者采访，谈到尼中友谊十分激动，对"敏感话题"毫不回避，讲起晦涩难懂的政治理论又滔滔不绝。今年 5 月中旬，尼共（联合马列）和尼共（毛主义中心）完成合并，在这样的大背景下，能到总理府听奥利总理谈尼泊尔的发展之梦是难得的机会。相较于任何一个夹缝都塞满房子的加德满都谷地来说，绿草如茵的总理府显得很开阔，而奥利总理本人更是和蔼可亲，他像老朋友一样与记者热情握手，并鼓励《环球时报》继续报道全球和地区要闻，为发展变化的全球事态提供崭新的视角。

"友谊拥抱一切，敌视失去所有"

环球时报：《今日印度》杂志去年底刊登名为"尼泊尔登上左翼

名单"的文章，其中提到"印度对左翼联盟的出现感到不快，极有可能成为下届总理的尼共（联合马列）领导人奥利之前是德里方面亲密的盟友，但在2015年至2016年其上一次担任总理时双方关系出现分化"。请问这篇文章说的是事实吗？

奥利：我不想跟着这样或那样的媒体走。媒体可以刊登很多事情，真真假假。我们需要知道，左翼联盟并不是什么新概念。多年来，尼泊尔人民渴望出现一个强大且团结的左翼力量并赢得大选，从而建立一个公正、稳定的政府，并加速国家发展。之前，由于左翼力量是分裂的，所以这个渴望很难成为现实。

此次，我们面对的是国家历史上最为关键的时刻。在制定出新宪法后，我们希望结束持续多年的、痛苦的、遏制国家发展的政治转型，不希望看到每年都有一个新政府产生。正是由于这种历史性的民族需求，我们在选前组成左翼联盟并在近期最终完成了两党合并。出现这历史性一幕的最深层次原因是我们民族的需求，而非外部力量的影响。

自从新政府组建以来，尼泊尔加强了与中印两个邻国的关系。在短短数月内，我们实现尼印两国总理互访，现在我也马上就要访问中国。我们很明确地表示，尼泊尔寻求独立的外交政策，并在平等、公正、相互尊重、互利、互不干涉内政的基础上寻求与各国的关系。在外交关系上，中印两个邻国自然占有最重要的地位，都与我们有着广泛、包容且多元的关系。尼泊尔希望与中国和印度加强互联互通、经贸往来。我们认为尼泊尔的未来与良好的、友善的、合作的邻国关系息息相关。毫无疑问，我们的外交政策导向将以此为基础。

环球时报：您认为尼泊尔是中印之间的"角力场"还是"合作之桥"呢？

奥利：尼泊尔有史以来一直是一个主权独立的国家，始终信奉"友谊拥抱一切，敌视失去所有"的外交格言。我们坚决承诺不让我们的领土被用来伤害我们邻国的主权利益。我们有决心做到这一点，自然也期望我们的邻居有类似的保证。鉴于这一指导原则以及邻国及其人民对尼泊尔的善意，我认为我们三国之间合作前景良好。

尼泊尔的发展需求是巨大的，只有通过与邻国互利的经贸伙伴关系，才能实现发展与繁荣的梦想。对我们来说幸运的是，邻居们的全球地位都在上升，发展迅速，并且能够支持尼泊尔的发展。尼泊尔可以成为中印两个邻国之间的桥梁。事实上，我们希望通过发展跨境互联互通，从"内陆闭塞"的国家转变为"陆地相连"的国家。我们与邻国的友谊使我们在实现这一目标时处于有利地位。我们认为两个邻国可以在尼泊尔的经济繁荣中相互补充。我们不认为我们的邻国在尼泊尔为了地缘政治利益而相互竞争，如果有任何竞争，那也应该是为了友谊和发展。

经过深思熟虑的社会转型

环球时报：我接触到的尼泊尔人也在谈论"具有中国特色的社会主义"，尼泊尔人是否也在思考"具有尼泊尔特色的社会主义"？

奥利：中国空前的进步和成就震惊了世界。中国按照自己的需要和实际情况选择了发展道路。中国的社会主义道路在其自身实际和特点的基础上展现出一种成功的社会主义模式。作为历史上长期友好合作的邻邦，我们对中国这些年来取得的诸多成就感到由衷的羡慕和赞叹。我们可以从中国令人印象深刻的进步、发展与繁荣中受益良多。

我们认为，对于不同的社会、经济以及文化现实，不存在包治百病的灵丹妙药。社会发展和进步的决定性力量是内因。盲目的模仿而与一个国家的实际情况脱节会产生灾难性的结果。所以，一个国家的基本现实决定了一个国家的发展目标和道路的选择。我们的目标是发展具有尼泊尔特色的社会主义，我们的宪法已经对此作出了指引，那就是"社会主义导向的联邦民主共和国"。

环球时报：您如何看待当前的国际共产主义运动？尼泊尔共产党可以对国际共产主义运动作出哪些贡献？

奥利：当前，国际共产主义运动在世界范围内不同国家和地区有起有落。令人高兴的是，尼泊尔的共产主义运动取得令人满意的进步。作为一个内因主导的独立运动，我们发展我们自己的政治道路，并在世界范围内为提升国际共产主义运动的理念和形象做着贡献。我们发展出一条新的"政治—意识形态"道路并取得了成功。在一些国家，共产主义运动失败了，虽然有着这样或那样的原因，但最关键问题是政策失误。因此作为最新成功的例子，我们的经验是在全球化的当今时代，社会转型、社会治理之前需要经过充分认真的讨论。

或许有些人对待"左"这个词存在一些误解。"左派"是指对现状不满并希望向积极方向改变的人。作为左派，我们尼泊尔人拒绝教条主义，不愿意陷入照本宣科的虚无主义。我们是实用主义的左派。我们按照人民的意愿推动我们的政策，领导经济、政治和社会转型。

中国是最受欢迎的投资方

环球时报：您如何看中国的"一带一路"倡议？

奥利：这是一项由习近平总书记提出的重要倡议，致力于促进域内外国家的合作与互联互通。同样重要的是，中国领导人还提出"人类命运共同体"的概念。我们相信"一带一路"倡议会让所有参与国获益，尼泊尔希望在此倡议下获益的同时也能为国际社会做出自己的贡献。

环球时报：这个问题或许有些敏感：有一些国际媒体报道，"在去年尼泊尔前政府取消与中国企业建设尼泊尔最大水电站项目的备忘录后，现政府又取消与中国企业建设尼第二大水电站的合作"。这些报道是真实的吗？尼泊尔政府受到了外部力量的影响吗？您怎么看中尼两国水电合作的未来？

奥利：毫无疑问，尼泊尔现政府的工作不受外部影响和压力。我们追求独立自主的外交政策，自主决策。在主权和独立的问题上我们不会有任何妥协。

西塞提水电站项目由尼泊尔投资委员会审议，目前仍未有定论，一个特别工作组正在研究，将会就这个项目的可行性向委员会提出一份恰当的意见报告，这需要一些时间。尼泊尔投资委员会和财政部关于这个事情的声明已代表政府的意见。所以，这个合作项目到目前为止并没有取消。

西塞提水电站是国家重点工程，我们会以最符合我们利益的角度去做出决定，不受外部力量的影响。我想借此机会再次重申，现政府追求独立自主的外交政策，并有能力做出符合国家利益的决定。所以，我们必须小心，有时候媒体会产生误导。

尼中两国可以就水电建设开展广泛合作。通过大量的海外能源项目建设，中国公司积累了足够的经验，水电技术也处于世界前沿。中国是最受尼泊尔欢迎的投资方。我们将为中国投资方创造良好的投资环境，我们拥有宝贵的资源但没有能力开发，这种情况必须被改变。

环球时报：您怎么看中尼两国的合作前景？在哪些地方，还可以进一步加强？中国的青藏铁路有可能延伸到尼泊尔吗？

奥利：我对尼中进一步提升合作充满期待。尼泊尔解决政治问题后，社会经济转型是我们的首要任务。经济的发展离不开对基础设施建设以及制造业的投资。互联互通成为经济发展的重中之重。对此，我们的友好邻邦中国可以给尼泊尔提供诸多帮助。中国有能力、有资源帮助尼泊尔实现发展目标。我们要做的是进一步完善合作的机制，从而促进合作共赢。

对我们而言，基础设施、道路、铁路网、农业、能源、电网以及扩大贸易，提升健康医疗水平、信息技术水平，促进旅游业、教育、人力资源发展是优先方面。我们相信与中国在这些领域的合作能让我们受益。水电的发展为这一切提供基础，我们邀请中国在这一领域和其他制造业领域对尼投资。

跨境互联互通也是重中之重。双方正在就发展一个多元化的跨喜马拉雅山互联互通网进行讨论。这将会提升两国间的全方位互联互通。

我们两国正在认真就修建跨境铁路的计划进行研究。从中国的吉隆口岸，到热索瓦—加德满都—博克拉—蓝毗尼的铁路工程是我们国家期待的重点工程。一旦完工，将会开启尼中互联互通的新时代，为贸易、投资、旅游以及人与人的交流提供更多的机会。

（本报驻尼泊尔特约记者：陈剑扬

《环球时报》2018 年 6 月 20 日）

中国游客数量远超印度　印度工程项目紧邻中企

在马尔代夫感受中印"和平共存"

　　马尔代夫是世界上看海的好地方，也是中国游客眼中的天堂。随着马新总统萨利赫正式就职、印度总理莫迪首次访马，有关"马国政党轮替、领导人从'亲华'变'亲印'""印度欢呼夺回马尔代夫""中印在印度洋展开新竞争"等说法此起彼伏。《环球时报》记者多次赴马尔代夫采访，最近两次分别在 2017 年年中和今年 10 月，实地听到并非这些杞人忧天的说法，马尔代夫人对中国的帮助心存感激。在马尔代夫，能亲身体会到这个"小岛屿国家"的活力与个性，也能感受到中国和印度两国元素在当地的"和平共存"。

友谊大桥带来诸多变化

　　在中国援建的中马友谊大桥今年 8 月 30 日晚开通前，马尔代夫给《环球时报》记者的印象就是"两个世界"：马累等老居民岛相对比较落后，而旅游岛非常现代。首都马累 1.5 平方公里，人口已超过 15 万，道路狭窄，路两边停满汽车和摩托车，加上居民建筑间距很小，很多货车司机说"卸货都是个大难题"。人多地少让马累的房价贵得出奇，一个单人间的租金加上水电费每月 1000 美元左右。此外，大部分商品和蔬菜、水果因需要进口，价格也比较高。水果基本按个卖，一个苹果约合 3 元人民币，一公斤豆角竟约合 50 元人民币。相关数据显示，2017 年马人均国内生产总值达到 9671.3 美元，而印度约为 1600 美元。据当地中国人介绍，马尔代夫人基本不会从事体力劳动，大部分劳工来自孟加拉国或印度。

中马友谊大桥是马尔代夫首座跨海大桥，也是印度洋上首座跨海大桥，它把马累岛、机场岛和胡鲁马累岛三个相邻岛屿连在一起。马尔代夫人很感谢中国的帮助，甚至有青年把婚礼办到了新大桥上。大桥开通第一天，出租车司机哈桑得知记者来自中国后，边开车边高兴地唱了起来，最后还连声说："伟大的工程！感谢中国政府和中国人民！这回可好了，能直接去机场接人了。"还有当地人说："我第一次感觉到马累变得轻松、顺畅起来，岛上也显得不那么拥挤了。"

随着这项"世纪工程"的竣工和开通，马尔代夫发生了很多变化。中国驻马尔代夫使馆前面的道路原来坑坑洼洼，现在已成了一条柏油马路。胡鲁马累岛上，一栋栋楼房拔地而起。一些住在胡鲁马累岛但在马累上班的人更是高兴，因为不用"很早起床排队坐摆渡"。为缓解马累的拥堵，马尔代夫一直有开发胡鲁马累岛的计划——将其打造成一个能容纳 24 万人口的现代化城市。马就业环境、城市发展甚至都会因为这座跨海大桥而发生改变。

中国游客数量接近马国人口

中国在马尔代夫近些年的印记还体现在旅游上。2002 年，马尔代夫成为中国公民出国旅游目的地国。如今，中国的很多城市同马累开通了直航。在马尔代夫机场候机厅，听到的是不断重复的中文登机提示。据马尔代夫旅游局旅游开发执行主管哈里斯透露，中国已连续 8 年位居马旅游客源国第一位，2017 年有 30 万人次来马旅游，而马尔代夫人口才 35 万。在马旅游局，《环球时报》记者看到巨大展板上印着马尔代夫 2017 年客源国排名榜：中国排首位，其次是德国（9.1 万人次）、英国、意大利，印度（6.3 万人次）、日本和韩国分列第五、第八和第十。在马尔代夫，记者在一些建设项目上看到过印度工人，在马累岛能见到印度游客，而在几个旅游岛上却没看到印度人的身影。

马尔代夫目前运营 130 个旅游度假岛，到今年年底还将新增 30 个。据从事旅游和商贸的盈泰（马尔代夫）有限公司总经理陈君斌介绍，度假岛平均 30% 的客流量来自中国。马旅游产业协会董事祖莱卡告诉《环球时报》记者，马非常重视中国旅游市场，目前在大多数饭店都配有中文翻译，连自助餐区的菜品介绍都是只有英文和中文两种文字。

从马尔代夫呼拉岛坐快艇，只需半小时就能到马累。该岛常住居民 1000 多人，还有 1000 多个外来打工者，基本都是服务于旅游业。曾入选马尔代夫国家足球队的阿卜杜已年近六旬，他在呼拉岛上开了海边餐厅和特色民宿。但有一阵子政府将租给他的地收回，这让他的生意一落千丈。阿卜杜说："是中国游客帮我挺过这一关。"他告诉《环球时报》记者:"我 2012 年第一次接待来岛上旅游的中国人,当时只有 8 个人,但此后中国游客越来越多。"两年之后,他建起夕阳客栈,雇了 7 个当地人和外国人。阿卜杜说,客栈的中国游客最多时能占一半。为此,他也用上微信,和中国游客联系,他说:"不会中文就用翻译软件,总之,与中国人在一起我很高兴。我最看重中国。"为吸引中国客源,阿卜杜动了很多脑筋,最体贴的是改良出"马尔代夫式中餐"。下一步,他想建一座 7 层楼的饭店,让它成为呼拉岛上的地标性建筑。

历史和地理上的"印度优先"

除了旅游,中国海军"和平方舟"医院船、"光明行"医疗小组都到过马尔代夫,为当地民众提供医疗服务。过去 10 年,赴马演出的中国文艺团组也越来越多。尽管近几年中国在马留下的印记越来越深,但印度对该国的传统影响依旧明显。在马尔代夫,长期生活的印度人超过 2 万。据说马尔代夫约 1/4 的教师是印度人。在文化领域,马尔代夫人也看印度的电影和电视剧。

在胡鲁马累岛上,中国建筑公司一处工地旁边就有印度人建的市政工程项目。据了解,类似的印度工程在马尔代夫还有不少,但相比中国项目而言,印度建设的工程并不顺利,中建附近的印度工地已停工半年有余。因此,《印度时报》前不久发表评论称,马新总统萨利赫会继续保持与中国的紧密关系,"特别是印度在马基建项目不理想的背景下"。《环球时报》记者从一家中企负责人那里了解到,印方的这个市政工程这几天已开始恢复施工,这也是印马关系"重启"的象征。

印度留给马尔代夫人最深的记忆还是在政治、军事领域。印马曾沦为英国的殖民地和保护国，地理上的接近也让后者遇到问题时"优先"求助于前者。马尔代夫驻华使节今年在接受媒体采访时曾表示，马国并没有"印度优先"的明文规定，这只是基于历史上两国保持的紧密关系。无论是 1988 年受到泰米尔恐怖主义者袭击，还是 2004 年遭遇飓风袭击，印度都曾向马伸出援手。在莫迪出席萨利赫就职典礼前，印度将一艘船改装为海岸警卫队船，迅速交付马尔代夫。

据印度《经济时报》19 日报道，印度正在准备萨利赫的首访。报道援引一位消息人士的话称，"莫迪政府将延续在基础设施方面对萨利赫的支持，满足新总统希望平衡马中关系、减少对中国依赖的急切心情"。对印度而言，也在寻求重启一些停滞不前的印马项目，如马尔代夫武装部队训练学院项目，以及两国专属经济区的划界。在与亚明政府关系冷淡前，印方向马提供 7500 万美元的信用额度，其中 1/3 被使用。

据马尔代夫《独立报》18 日报道，萨利赫就职后公布了雄心勃勃的"百日议程"，其中与国外相关的是第一周日程中的第 9 项——"将就损害国家主权和让国家陷入债务的合同开始重新谈判"，其他都是马尔代夫内政。实际上，中国与马新政府的关系问题并没有印度和西方媒体炒作的那么严重。《马尔代夫时报》19 日报道称，马最大金融援助国实际上是沙特。马尔代夫总统府网站显示，萨利赫在就职后接见中国国家主席特使时表示，"任何事情都阻止不了两国历史性和兄弟般关系"。萨利赫强调中国这些年为马尔代夫做出的贡献，并进一步表达了未来两国合作的信心。对此，《马尔代夫时报》评论称，印度应以更聪明的方式来评判中国在马尔代夫的项目，这意味着不能把中国的存在视为零，印度应充分意识到，中国在马尔代夫存在是不可避免的，两国必须学会共存。

国家虽小，但有个性

马尔代夫前外长杜妮亚·穆蒙今年9月在接受《印度时报》采访时表示，马尔代夫将寻求平衡印中利益，新政府会更多关注印度安全关切，但中国在马尔代夫将依然是一个大角色。她表示，印度是马亲密的朋友，将来也是如此，但印度也要学会尊重马尔代夫这样的小国，不能用欺凌手段。的确，作为"小岛屿国家联盟"主要代表国，马尔代夫国家虽小，却很有"个性"。2016年10月，因受到英联邦不公正待遇，马政府发表声明，决定退出英联邦。

尽管马尔代夫执政联盟中的民主党领导人纳希德表示要退出与中国的自由贸易协议，但在马尔代夫工作的中国人大多认为，马新政府会对中国政策做一些调整，幅度不一定很大，依据是来自马尔代夫要发展的逻辑。马尔代夫前驻华大使莫芮德是民主党人，他也告诉《环球时报》记者，民主党不是"反华"，只是对前任政府不满。

（记者：苑基荣　《环球时报》2018年11月20日）

《环球时报》记者探访青岛海水稻研发中心迪拜试验基地——

一粒海水稻米背后的"中国智慧"

　　编者按：在"热得流油"的阿联酋种植"幸福沙漠中的海水稻"，这听起来有点像"挑战不可能"的任务，但"世界杂交水稻之父"袁隆平带领的青岛海水稻研发中心团队做到了——他们在阿联酋迪拜滨海沙漠地区的海水稻种植今年已获得成功。在盐碱地、滩涂地种植海水稻，提高盐碱地农业生产力，是提升全球粮食产量、保障粮食安全、改善生态环境的重要举措。按照双方合作计划，未来海水稻种植有望覆盖迪拜面积的10％以上，形成大片"人造绿洲"。如果整个中东地区都能运用中国的这一新技术，不仅有助于提升沙漠地区的粮食产量，还有望改善生态环境。近日，《环球时报》记者走进青岛海水稻研发中心迪拜试验基地，探秘中国农业人是如何在恶劣的自然环境中，用辛勤汗水和不断探索把水稻成功地种植在大漠之中的。

"四维改良法"专治沙漠盐碱地

青岛海水稻研发中心迪拜试验基地隶属迪拜酋长的"皇家领地",进入需要特殊程序审核报批。由迪拜港出发,汽车沿 D63 号公路向东南行驶,城市的繁华和绿色渐渐遁去,越往前,越荒凉。《环球时报》记者隔着车窗,看到的是白茫茫的盐碱地或连绵不断的沙丘,偶尔有几株沙漠植物孤傲地立在黄沙之上。约 1 个多小时后,在沙漠腹地,记者眼前呈现出 6 块绿色的水稻试验田——那就是中国帮助阿联酋种植海水稻的地方。盛夏的迪拜沙漠,酷热难耐,气温将近 50 摄氏度,地表温度高达 60 摄氏度。阳光明晃晃的,热浪扑面而来,在室外待 5 分钟,就全身冒"油",待 1 个小时,擦汗的毛巾就能拧出水来。

烈日下,好几垄水稻刚收割完。青岛海水稻研发中心迪拜试验基地项目生产队长张树臣正在稻田里检查,为下一步扩种事宜忙碌着。在聊到每天工作状态时,张树臣告诉《环球时报》记者:"每次做田间调查时都是浑身湿透,身上的汗水真的像淋了雨水一样往下淌。太阳也灼得人睁不开眼。双脚被厚实的胶鞋捂出疮,裤子经不住每天三洗三换的折腾,洗坏了好几条。每天光喝水,不上厕所。调查簿也像被水浸泡过一样,全湿。"说罢,他拿出调查簿,凹凸不平的纸张上满是被汗渍浸润褪了色的文字记录。在张树臣的手臂上,还有被蚊虫叮咬的伤痕。

迪拜沙漠种水稻缘起于一份跨国的邀请。阿联酋副总统兼总理、迪拜酋长穆罕默德·本·拉希德·阿勒马克图姆 2017 年得知袁隆平领导的海水稻团队在中国取得测产成功后,委派工作人员迅速与海水稻团队取得联系，并于同年 11 月通过其私人办公室，邀请袁隆平海水稻团队赴当地沙漠开展水稻试验种植。采访中，青岛海水稻研发中心副主任张国栋坦言："刚接到邀请时真有点不敢相信，后来经过多方核实，才证实确有此事。与酋长直接合作的消息非常振奋人心，但兴奋之余，也有些许担忧。毕竟迪拜的土地状况、气候条件和中国有太多的不同，当时对试验种植成功心里没底，但抱着'就算我们失败了，依然还是人类水稻栽培史上的一次重要尝试'的态度，我们的团队欣然接受邀请，毅然前往。"

在沙漠种海水稻，难度可想而知。迪拜沙漠地处赤道附近，在这里种植水稻，存在诸多不利于生长的因素，其中包括极端昼夜温差、地下高盐度水位、低湿度、缺乏淡水、沙尘暴、缺乏土壤团粒结构、缺乏种植资源等。迪拜最热的时候，据说"鸡蛋放在地上 3 分钟就能熟"。此外，昼夜温差最大可达 30 摄氏度以上，沙漠地下七八米即为盐度高达 1.6% 的咸水，土地表层为细沙，地下 50 厘米到 80 厘米即为风化岩石结构。张树臣告诉《环球时报》记者："因被高温灼伤，水稻一出穗就出白色小穗，如不及时降温将前功尽弃。这意味着国内的一整套成熟的水稻种植技术在这里很多都变得不管用，得按照当地实际，重新摸索新的方法。"

"有着急上火的时候，有心情烦躁的时候，但最终还是会走到田间地头，想办法解决问题，农业这个行当糊弄不了，都是实打实的，因为最终产量放在那里。"张树臣说。在实际困难面前，中国团队没有轻言放弃，一个方案被推翻就再想一个，逐渐摸出点门道。除选育出适应于当地积温带的水稻耐盐碱品种外，项目团队还采用一种被称为"四维改良法"的沙漠盐碱地改良技术。张国栋告诉《环球时报》记者，"四维改良法"是由"要素物联网系统"、土壤定向调节剂、植物生长调节素及抗逆性作物四大要素系统组合而成。其中，土壤定向调节剂可改善土壤盐碱度，植物生长调节素能增加有机质，"海水稻"是抗逆性作物的一种，它们作用在一起，能让土壤尽快由生土变成活土。而"要素物联网系统"扮演着地下管网灌排的角色：一种埋在地下半米左右，把植物生长调节素和水源以滴灌方式精准传输到水稻根部；一种埋在地下 1.8 米左右，如果感知到盐碱水下渗或更深层的盐碱水上升，管道就会开启，将它们收集并排走，降低土壤盐碱度、阻止土壤返碱。如此循环，只要符合一定条件，盐碱地可以在两到三年内被改造成良田。在张国栋看来，"即便是淡化海水也并非召之即来、挥之即去的资源"，项目团队独创的"四维改良法"虽然已取得重大突破，但仍面临如何大规模节水、降低人工成本、精准栽培等亟待解决的现实性问题。

"幸福沙漠中的海水稻"

由国际水稻研究所和印度、埃及、阿联酋、中国等国专家组成的国际联合测产专家组 5 月 26 日对迪拜试验基地首批成熟的品种进行了测产。国际水稻所的专家组长叶国友宣布，编号为 YCLJ59、YCYJ48、YCRN4H、YCSTU9712 和 YCLJ58 的五个品种测产产量分别为：7.8041 吨 / 公顷、7.4106 吨 / 公顷、7.3076 吨 / 公顷、5.952 吨 / 公顷和 4.8266 吨 / 公顷，这些品种都超出全世界水稻 4.539 吨 / 公顷的平均亩产量（来自 2014 年 FAO 统计数据）。在随后一段时间内，海水稻团队又分别对逐渐成熟的品种进行了测产，获得超过全世界平均亩产量的 4 个品种。这标志着海水稻团队在迪拜沙漠地区的海水稻试验种植取得阶段性成功。相关专家表示，"在淡水资源匮乏的大背景下，海水稻种植技术推广或可解燃眉之急"。

"海水稻的试种成功对滨海沙漠地区是一大福音。"阿联酋阿布扎比酋长国西部发展委员会委员穆罕默里告诉《环球时报》记者，为改变本地区经济发展相对滞后的现状，该委员会的重心原来放在通过优惠政策吸引国内外投资者购买房地产、促进休闲度假业发展上，但海水稻的试种成功证明，沙漠内发展现代生态农业产业链并非不可能。穆罕默里对海水稻的远期规划——发展绿色地产，有着浓厚的兴趣，表示将密切关注该项目的进展。

为纪念这一历史性突破，迪拜方面将收获的海水稻加工制成精美的沙漠海水稻纪念品，准备赠送给尊贵的客人。在试验基地一间只有几平方米大小的休息室，《环球时报》记者在样品大米盒封面看到中文、阿拉伯文和英文"幸福沙漠中的海水稻""中阿合作　友谊长存""绿色迪拜　酋长出品"等字样。项目组盛情邀请记者尝尝这些特殊的大米，蒸饭过程中，整个房间都"飘"着一种特有的稻米芳香。记者品尝蒸熟的海水稻米，回味无穷。

据《环球时报》记者了解，中方团队人数最多时约20人，从事土地整理、田间基础建设、种植栽培等，农业科技专家还在插秧、拔节、抽穗扬花期等水稻生长的不同阶段前来实地解决问题。从2018年1月赴迪拜起，不会阿拉伯语和英语的张树臣就忍受着远离妻儿的孤寂，当被问及"这段时光是否感到煎熬"时，他毫不犹豫地说："不煎熬，自己只是一心想把工作干好，趁着现在还有精力，给后人提供点基础数据，挺值的。特别是在其他国家尝试无果后，我们中国人干成了，很骄傲。亲身参与，让我们为全球粮食安全作出'中国贡献'，我觉得就不辜负这段光阴。"搞农业30年、种植水稻已20年的张树臣把袁隆平当成偶像，他说，"袁老直到现在，年近九旬，仍坚持在田间操作，让人敬佩"。

在中东，这不是简单一粒稻种

中国农业专家成功地在阿联酋沙漠中种植出水稻，引起世界媒体的高度关系，认为这是中国技术、中国智慧的结晶，更是中国为保障全球粮食安全做出的独特贡献。英国《每日电讯报》前不久报道说，在迪拜郊外的广袤沙漠中，中国科学家正向一块耐旱稻田望去，他们在沙子和稀释海水里种下水稻，"科学家意识到一场长达40年的奋斗终于结出正果"，而中国之所以成功，是基于自己丰富的经验，基于自主的农业科学技术。加纳通讯社评论说，在沙漠中种水稻一直是艰巨的挑战，极端天气、淡水缺乏、适用土壤不足等都制约着这一技术的发展，但中国的袁隆平团队做到了。

"欢迎'杂交水稻之父'来到阿联酋。"阿联酋"斯尼普博客新闻网"的报道盛赞袁隆平是特殊地区发展农业的大救星，认为"海水稻的推广既可增加产量，又有利于荒漠化严重的国家防止水土进一步流失"。阿联酋《海湾时报》称，目前阿联酋八成食品供应来自国外，该国恶劣的气候、匮乏的水源、盐碱化的土壤急需中国技术加以改造。阿联酋网民阿布夏克说："这将大幅提升阿联酋的粮食自给能力，我期待能品尝到海水稻米。"网民沙赫德说："对所有沙漠化国家，尤其是中东和非洲而言，这是个令人振奋的消息。"

埃及《金字塔报》报道称，随着耕地减少、水资源短缺、人口持续膨胀，"确保埃及近亿人口不饿肚子已不是一件简单的事情"，海水稻技术在中东北非地区推广的意义不言而喻，希望埃及能尽快享受到它的红利。"阿拉伯门"网刊文称，中国专家在阿联酋沙漠种植水稻成功堪称奇迹，意义非同凡响，应在中东地区复制，减少这些国家的粮食进口，进而强化中东国家的粮食安全。文章说："尤其值得称道的是，中国慷慨地向中东国家施以援手，体现了爱心和兄弟情谊，更是中国负责任大国的精神和中国智慧的生动体现。"

出于相同的考虑，迪拜酋长方面计划与青岛海水稻研发中心合作建立"袁隆平中东及北非海水杂交稻研究推广中心"，该中心将承担面向中东及北非地区海水稻品种测试、工艺条件优化、技术培训和产业化推广等使命。张国栋强调说："海水稻并不是简单的一粒稻种，未来的合作不只是简单的育种、栽培，而是一项系统性的工程。"

据了解，根据双方达成的"绿色迪拜"合作框架协议，海水稻项目团队将在迪拜开展四个阶段的试验和产业化推广计划。第一个阶段为品种试验，通过试种不同积温带水稻品种，初步掌握水稻在沙漠极端环境下的生长规律和水肥施用条件，摸索水稻各生育期的核心植保措施。在2018年下半年的生产性试验是第二阶段，确定最佳土壤改良工艺参数和水土肥循环模型，降低规模化推广生产成本。到2019年，项目将启动关键的第三阶段——面积为100公顷的"海水稻试验农场"项目。张国栋表示，该阶段之所以关键，在于除验证海水稻大规模试验种植技术以外，将探索利用沙漠地区四季常青的人造绿洲稀缺资源，打造绿色生态地产。他透露说，双方正就这一阶段的合作模式提早谋划。资金方面，初步商定由迪拜方面出土地、自然资源及部分资金，外加包括中国"一带一路"产业资金在内的商业投资，尝试实现项目的商业化运营。运营过程中，不少有着丰富基建经验的中企将加入其中，中阿优势产能将充分对接。"该阶段的完成意味着海水稻种植将进入第四阶段，即全面推广阶段，由单纯的科技试验成果上升至产业层面，还标志着海水稻产业形成独特的商业模式，实现不依赖补贴的自主发展，这对于现代农业产业化具有开创性意义。"张国栋强调，双方共同愿景是利用海水稻及其带动的产业链体系，从2020年开始迅速扩大海水稻种植面积，将海水稻人造绿洲覆盖迪拜面积的10%以上，并结合周边配套的市政基础设施，再辐射近50%的地方，打造绿色迪拜和生态迪拜。

（记者：景玥　黄培昭　曲翔宇

《环球时报》2018年8月14日）

一个埃及特级橙子的中国之旅

　　"法老王眷恋的美味"——埃及橙子，你是否品尝过？埃及与中国相距遥远，但当世界拥有了开放与合作，距离便不再是问题。在国内购物网站的宣传画上写着，埃及橙子还得到"非洲阳光的眷顾"，昼暖夜凉让其累积更多养分，而埃及的母亲河——尼罗河又为橙子生长提供了丰富水源。这些或许让埃及的水果商有十足的把握做到"出口中国的鲜橙都是特级和 A 类产品"。首届中国国际进口博览会前夕，《环球时报》记者走访埃及水果出口商、尼罗河国际贸易公司的包装厂，看一个个小小的埃及橙子如何经过精挑细选，最终搭上"一带一路"的巨轮，漂洋过海走进中国人的家庭。而谈起中国进博会的意义，开罗大学经济学教授拉沙德·阿卜杜表示："中国主动向世界开放市场，与国际社会分享发展机遇的做法值得点赞，进博会将为发展中国家提供实实在在的出口市场、发展机会和就业机会，是一个深得人心的创举。"

量身定制"特级和A类"橙子

因为距离和航运的限制，埃及橙出口商、尼罗河国际贸易公司负责人阿什拉夫·阿达维几年前从未想过能把自家的橙子出口到中国。如今，中国市场对他来说，从遥不可及到日趋牢固。2015 年，阿什拉夫参加在香港举行的亚洲国际水果蔬菜展览会时了解到，中国市场极具发展空间，而且埃及橙也获得中国市场的准入，于是他开始考虑打入中国市场。"我原以为进入中国市场是件不太容易的事，没想到过程非常顺利。中国市场的开放度超出我的想象，办理手续一点都不繁琐，只要各方面质量达标，中国愿意向世界敞开大门。"同《环球时报》记者聊起埃及橙子的中国之旅，阿什拉夫有很多感慨："我们在做市场调研时，也在中国的水果市场看到不同国家的水果，如菲律宾香蕉、越南火龙果、新西兰猕猴桃、智利车厘子等等，我们感受到中国对外开放的诚意。"

3 年前，虽然对中国市场有所期待，但当时只想"试试水"的阿什拉夫对中国客户的需求一无所知。他知道中国市场潜力巨大，但和很多埃及同行一样，一开始还不敢全力投入。阿什拉夫回忆说："质量和信任是我们起初碰到的最大难题，因为我们彼此不了解，所以起步还是有点艰难。"

对埃及橙出口商来说，还有一个标准的问题。埃及橙皮薄肉厚，汁水充足，口味甜中微带酸，仔细品，会有一股独特的橙香。但由于地处沙漠地带，橙子的表皮可能没有那么光滑，个头也是大小各异，但中国市场对果品要求非常高。据阿什拉夫介绍，中国海关针对尺寸、形状和品相严格制定标准，次品率不得高于 5%。在他们的产品中，起初只有不到一半的橙子符合标准。

　　阿什拉夫随后为出口至中国市场的橙子开辟专门的果园，从种植技术上进行改进，严控产品质量，力求做到保证农药残留度、品相、酸甜度、成色等各方面都符合中国标准。他夫告诉《环球时报》记者："在检测环节，我们更是从法国购买专业设备严格分拣，保证出口中国的鲜橙都是特级和 A 类产品，安全、好看且可口。"

　　为了解橙子采摘后到包装的全过程，《环球时报》记者来到尼罗河国际贸易公司位于开罗北部的包装厂。包装厂车间窗明几净，几台大型流水线正在依次进行消毒、冲洗、烘干、分拣等工序。金黄的橙子在消毒冲洗后，表皮光滑，色泽鲜亮。在进入分拣程序时，不合标准的橙子会被自动弹出，"闯关"成功的便进入人工分拣环节，工作人员会再次将不合标准的橙子挑出。经过层层筛选的优质橙才能进入包装装箱环节，并被送到冷库，等待运往港口。目前，从埃及出口至中国的橙子只需 22 天的货运时间。阿什拉夫还说："我们还为出口至中国市场的埃及橙专门采购了具有先进冷藏技术的冷库，这些都是为了保证供给中国客户最优质的产品，赢得口碑与信任。"

中国是埃及果农的"福地"

　　因为橙子，阿什拉夫与中国的缘分越来越深，他每年至少到中国实地调研 3 次，走访北京、上海、广州、郑州等销量较好地区的水果市场，了解客户反馈。他兴奋地告诉《环球时报》记者："如今埃及橙在中国很受欢迎，相比美国橙和澳大利亚橙，埃及橙物美价廉，出口量逐年上升。我们公司出口到中国的橙子从 2016 年的 960 吨到今年的 9600 吨。两国人民也通过橙子加深认识，我现在可以说是半个'中国通'，中国客户也因为橙子想要了解埃及，橙子让两国紧密相拥。"

不仅如此，为满足中国客户的需求，阿什拉夫果园的橙子种植面积近两年也不断扩大，雇埃及当地果农、包装工人的数量每年都有20%到30%的增长。因为出口量大，工作量增加，果农和工人的收入自然也是水涨船高。据记者了解，一个包装厂工人每月收入3000埃镑（约合人民币1200元），这在埃及当地已算不错。包装厂工人艾哈迈德由衷感叹："中国是我的福地！我的生活因中国进口埃及橙子而改变。"

埃及是个传统的农业国家，全国有超过1/3的人口从事农业。埃及园艺产品出口促进协会主席贝勒塔吉曾表示："埃及有不少农村人口生活依然贫困，每年的农产品供应过剩，如果有国际市场支持，可以帮助埃及促进就业，提高贫困人口的收入。"该协会统计显示，中国2015年进口埃及橙子约2.4万吨，2016年提升到3.7万吨，2017年猛增至10.1万吨。即使10万吨的数量，也只是尼罗河三角洲一家橙子果园的年产量。不过，从出口额来看，埃及2017年对华鲜橙出口额达8000多万美元，成为中国进口鲜橙第三大来源地，仅次于南非和美国。

进博会是平衡贸易的绝好机会

尼罗河国际贸易公司的橙子出口故事只是中埃贸易畅通的一个缩影，也是"一带一路"倡议下合作共赢的生动写照。阿什拉夫同时很清楚，中国是开放的市场，也是竞争非常激烈的市场。上国内购物网站浏览，可以看到多个品牌的埃及鲜橙有售。从购物者的评价留言看，埃及橙子的口碑都不错。一些有品牌意识的埃及水果出口商想得更为长远："只要口感好，中国不是特别在意水果的原产国，但我们还是希望能打造让中国人认可的橙子品牌。"

谈到首届中国国际进口博览会，阿什拉夫告诉《环球时报》记者："这是一个非常棒的展示与交流平台，为埃及产品走进中国提供了绝佳机会，也让我们更深入地了解中国市场。"开罗大学经济学教授拉沙德·阿卜杜在接受记者采访时表示："举办进博会是非常好的创举，是坚持经济全球化和构建人类命运共同体的典型示范，不仅有助于实现埃中贸易的互利共赢，也有助于促进两国文化交融、民心相通和不同文明的互鉴与学习。埃中一直存在贸易逆差，进口博览会契合我们的需求，是埃及扩大出口、平衡双边贸易的绝好机会。埃及拥有不少优质商品，如棉纺织品、农产品、手工艺品等，出口企业应抓住机遇。"

（记者：景玥　《环球时报》2018 年 11 月 6 日）

今日中国工程上了流通纸币　昔日"友邦"凉亭已成孤独一景

马拉维，"红旗飘飘"十年间

利比里亚、塞内加尔、乍得、马拉维、冈比亚、圣多美和普林西比、布基纳法索，过去 15 年，台湾在非洲连失"邦交国"，如今只剩下斯威士兰一个所谓的"友邦"。马拉维 2007 年 12 月 28 日与中华人民共和国建交，10 年过去了，这个东南部非洲的内陆小国发生了哪些变化？笔者近几年两次赴马拉维调研，并与当地中资机构和华人华侨保持着广泛接触。中马建交后，中国援建的项目被印在纸币上，中国企业把订单农业复制到当地棉花产业、中国的医疗成果帮助当地人摆脱疟疾噩梦，甚至中国乡村式大喇叭广播也受到马拉维人的欢迎。

中国援建，印在当地纸币上

马拉维，面积同我国的福建省差不多，人口 1800 万。与国家同名的湖——马拉维湖是非洲第三大湖，风光秀美。马拉维首都利隆圭，人口只有百万，方正的四条主干道将老城、商业中心、高档住宅区和政务区依次连接，城区面积相对不大，视野很好，很容易找到议会大厦、国家体育场等地标性建筑。

　　2016 年 11 月，笔者第一次到利隆圭，坐着自行车"的士"去看中国援建的议会大厦。利隆圭有来往穿梭的小巴，但因为油价高，据说，有车一族也很少加满油箱，因此，自行车不仅成了主要的交通工具，还是一些人谋生的工具。一些靠骑自行车拉活的人，会在后座加装软垫，体现出马拉维人细致的一面。笔者搭乘自行车"的士"来到议会大厦门口，红色中国结加"CHINA AID（中国援助）"字样的标识十分醒目。马拉维面额 200 克瓦查（1 美元约合 715 克瓦查）纸币上的主图就是 2010 年投入使用的新议会大厦。此外，中国援建的马拉维科技大学也被印在面额 2000 克瓦查的纸币上。

　　离议会大厦不远处，有一家中餐馆，经营多年的华人庄总看到笔者就问："是不是刚来马拉维？"看到笔者很吃惊，庄总连忙说："当地华人还不多，以福建籍和安徽籍为主，基本都是中马建交后从邻近的赞比亚和津巴布韦过来的，约两三千人。首都利隆圭和经济中心布兰太尔差不多各一半，逢年过节大家聚会，因此比较面熟，新来的中国人会很容易被认出来。"在餐馆吃饭的华人则向笔者描述议会大厦落成典礼那天的场面有多大，有马拉维总统、政府全体内阁成员、多个非洲国家议会领导人、英联邦议会联盟代表以及当地各界人士近万人出席。

　　自行车"的士司机"又把笔者送到中国援建的国际会议中心，该中心一角有一座古色古香的中式小凉亭。仔细打听才知道，这座凉亭据说是当年台湾地区某领导人访问期间留下的建筑，也是现在屈指可数的见证那段"邦交"历史的"遗迹"。笔者在当地了解到，普通马拉维民众对和台湾"邦交"的历史并不太在意，只有一些受到良好教育的人和政府官员能说上几句。如今，凉亭已成为整个会议中心的一个点缀。此前台湾派来的农技队和医疗队也大多离开，只有在马拉维北部还有些许台湾人从事咖啡种植。

记得在会议中心翻看当地《民族报》时，有一则消息说：马拉维希望中国明年（2017 年）初派足球队和马拉维国家足球队举行友谊赛，作为中国援建的宾古国家体育场正式启用的系列活动之一，同时庆祝两国建交九周年。听说笔者要去看一下体育场，热情的当地人纷纷帮忙指路，原来在对足球狂热的马拉维人看来，这座由中国援建的体育场不仅是本国历史上第一座现代化体育场，更是他们国家队的主场。有当地青年人说："中国的足球队什么时候来马拉维？我们很期待啊。"2017 年 1 月 28 日，中国广州富力俱乐部足球队和马拉维国家足球队火焰队在宾古体育场进行友谊赛，有的球迷凌晨 5 时就走路去球场，还有外地球迷花钱搭长途车赶过来。比赛当天，能容纳 4 万人的球场座无虚席，马拉维总统到场观看助威，当地多家媒体进行现场直播。赛前文艺表演时，还请在马拉维工作的中国人高歌一曲《红旗飘飘》。

棉花扶贫，奖品还要接地气

邻国赞比亚的人口和马拉维差不多，但国土面积却是马拉维的 6 倍。马拉维 90% 的人口都是靠土地吃饭。人均国内生产总值只有 300 多美元的马拉维，很关注中国农业发展和扶贫的经验。今年 4 月，马拉维《国民报》专门刊文介绍"来自中国的经验"，还转引了复旦大学教授张维为有关中国民生发展和政府治理的文章。

　　在赞比亚和马拉维都生活工作过的孟先生告诉笔者，相比之下，马拉维人种地更勤奋。当地人喜食用白玉米面熬煮而成的食物"希马"，马拉维人多地少，很多人会在有限的土地上先种玉米，玉米收获后会马上种烟草。地多点儿的还会种点棉花和向日葵。在马拉维教育部任职的安德鲁告诉笔者，玉米是马拉维家家户户的主粮，没有玉米就要挨饿，种点烟叶卖钱则主要是补贴家用。此前，台湾农耕队在马拉维湖畔的萨利马种植当地人很少食用的水稻。如今，来自山东的青岛瑞昌科技产业有限公司引进新的棉花生产模式，给贫穷的马拉维种植户带来脱贫致富的希望。

　　笔者了解到，马拉维种植棉花的主力军是二三十万小农户，棉花不仅是这些人的主要收入，还是马拉维出口物资之一。青岛瑞昌早年在赞比亚棉花种植和加工建立的订单农业和分级管理非常成功，不仅吸引马拉维的关注，国家开发银行和中非发展基金还专门支持，组建了中非棉业发展有限公司。2007 年中马建交后，两国签署的合作协议中，马拉维政府主动提出将这种模式复制到当地。2008 年 3 月马拉维总统访华时专门提出由中国企业在马建设棉花加工企业，将棉花种植加工业作为国家主要发展方向。

　　位于马拉维湖畔萨利马的中国援马拉维农业技术示范中心由青岛瑞昌科技产业有限公司承建。过去，无力购买种子和化肥，收获后又担心棉花卖不出去等问题一直困扰着马拉维的小农户，而中国企业联合中非基金等成立中非棉业马拉维公司，尝试把国内流行的订单农业推广到马拉维。公司将管理服务划分成地区、县和村三级，雇当地人做经理，负责与农户签订合同，然后将种子、农具先赊账"卖"给签约的农户，从种植开始提供技术指导等到棉花收获时上门现金结算收棉。这种"订单农业"模式提高了个体农户种棉的积极性，也帮他们增加了收入。

收获的棉花主要加工成皮棉出口，留下的棉籽也得到充分利用。笔者早先在当地农家吃饭，明显的感觉就是油水不足。现在，棉籽可以脱壳后榨油，改善了部分人的生活。为鼓励种棉大户，企业专门设立几个奖项，有自行车、耕牛、农机具和摩托车等"接地气"的奖品。关于奖品，青岛瑞昌科技产业有限公司副总经理刘艳波还讲了个有趣的故事。刚设立奖项时，大奖是拖拉机，不过当地老百姓开回家后又都开了回来，说"拖拉机虽好，但农村没加油站，还是送牛、农具和自行车来得实在"。

因气候等原因，马拉维棉花今年大幅减产，很多棉农收入减少。对此，刘艳波表示将通过提高皮棉加工质量，做好销售方案，从深加工的收益上挽回损失。

靠天吃饭的马拉维农户很关心天气的变化。这些年，中国国内农村广播站的做法也复制到了马拉维——很多村头安装"大喇叭"，用简单有效的大广播给全村人播放天气预报，同时还可以给农户提供实用有效的农业技术知识，讲解农业政策。

消灭疟疾，中国经验遇瓶颈

在中国政府支持下，广州中医药大学协同广东新南方集团在科摩罗推行"复方青蒿素快速灭疟项目"，从 2007 年实施到 2014 年，已帮助这个备受疟疾折磨的岛国实现疟疾零死亡，发病人数减少 98%。同样的模式也在每年有四五百万疟疾病例的马拉维复制。广州中医药大学的余正杰告诉笔者，中马两国签署合作谅解备忘录，开展灭疟项目。去年 7 月，中方还向马拉维萨利马地区的医院捐赠复方青蒿素抗疟药品，以帮助遏制疟疾在滨湖地区的快速增长。

与中国政府给马拉维带来的很多实质性改变相比，青蒿素治疟的项目推进有些缓慢，笔者调研后发现，这涉及一些外国援助机构的利益问题。在财政依赖外援的马拉维，随处可见某某国援助的标识，如欧美援助多是和政府合作在村庄开展项目，日本主要是打水井，搞清洁饮水项目。美国开发计划署等机构每年数百万美元的抗疟经费，多数支付给在马的援助组织，用于采购杀虫剂和蚊帐等。如果全民灭疟疾项目减少疟疾病例，等于是动了一些人数百万美元援助款的蛋糕。因此，中国团队在马拉维推进灭疟项目还任重而道远。

中马建交以来，在农业、医疗、体育、文化以及基础设施等方面的成果有目共睹。今年是中非合作大年，9 月将迎来中非合作论坛峰会。借着产能合作和减贫经验分享的东风，中马合作的领域会更加宽广。

（作者：沈诗伟，察哈尔学会研究员、前中资企业常驻非洲政府与商务总助 《环球时报》2018 年 6 月 14 日）

两条铁轨"相距百年" "授人以渔"任重道远

走蒙内铁路，看中国印记

编者按：6月24日至26日，中国驻肯尼亚大使馆与肯尼亚交通部、非洲经济研究所共同主办的"中非基础设施建设合作成效与经验——以蒙内铁路为例"研讨会，在肯尼亚首都内罗毕举行，本文作者受邀参与此次研讨会，随团乘坐了蒙内铁路内罗毕至阿西河段，并参观蒙内铁路调度指挥中心、运营维护基地和集装箱内陆港，将此行的感受与思考付诸笔端，形成此文。

凌晨从北京出发，辗转15个小时，经亚的斯亚贝巴转机后抵达内罗毕的那一刻，我睡意全无，第一次踏上非洲大陆的兴奋激动着实难以抑制。由于之前曾做过非洲安全事务以及中非安全合作方面的粗浅研究，我脑海里的非洲大陆总是与"21世纪最不安全地区""维和任务集中地""暴力冲突"等联系在一起。但此次肯尼亚之行，打碎了我的这些刻板印象，也让我重新思考未来这片大陆的发展路径。这一切要从一条铁路说起。

从先进的列车到赴陕西深造的女司机

走进内罗毕车站时，我无论如何不会想到，自己居然会因乘坐一趟火车而如此兴奋。高大壮观的车站主体建筑，宽敞、明亮、干净的候车大厅，现代化的先进列车……一切都与中国国内别无二致，只有当地列车员和铁路工人的存在时刻提醒我，这是在肯尼亚，在非洲。

肯尼亚虽然是非洲发展水平较高的国家，但基础设施依然是其软肋。内罗毕市区道路狭窄、时常堵车，即使是中心商务区，情况也不比周边好多少。就是在这样一个城市道路基础设施都极不完善的国家，却成功建成通车一条高标准的现代化铁路，的确有些令人难以置信。

列车徐徐开出站台。车厢内，宽敞舒适的座椅可前后旋转；车厢外不远处，殖民时期修建的米轨铁路与崭新的标轨铁路并行。两条铁轨"相距"百年，开启着迥然相异的历史篇章。

蒙内铁路连接内罗毕和蒙巴萨港，主线全长472公里，客车时速120公里/小时，货车80公里/小时。2017年5月31日客运线通车、2018年1月1日货运线通车至今，累计开通客运1026列，运送旅客约122.5万人次；货运471列，货运量64.6万吨。为当地创造26076个就业岗位，378家当地企业参与工程分包合作。

对肯尼亚人而言，蒙内铁路的意义绝不止上面那串数字。参观蒙内铁路位于内罗毕的运营维护中心时，蒙内铁路首批8位肯方女司机之一肯西莉亚，就列车运行、保养、维护等为我们做介绍。除了她讲述的内容，给我留下更深刻印象的，是她自信大方的笑容。去年1月，包括肯西莉亚在内的8名肯方女司机，赴中国陕西宝鸡铁路技师学院学习火车驾驶理论知识和技术，接受驾驶、检修、维护等标准程序培训。去年5月31日蒙内铁路正式通车时，肯西莉亚顺利驾驶了肯雅塔总统试乘的列车。

蒙内铁路建设过程中，累计为当地提供4.6万个工作岗位，培训当地管理人才5000人。目前，铁路运营公司雇用肯方员工1597人，占职工总数的69.8%。客运列车乘务员全部是肯尼亚当地人，这些漂亮姑娘和帅小伙儿已成为蒙内铁路上最动人的风景。女乘务员身着红衣黑裙套装，系金色丝巾；男乘务员穿深蓝色制服，系红、黑、绿三色领带。乍看上去与中国高铁乘务员很像，但红、黑、绿是肯尼亚国旗的颜色，这样的搭配独具肯尼亚特色。除乘务员外，铁路沿途随处可见承担铁道巡查等工作的肯方员工身影。

非方学者的疑问：调度室里为何都是中国人？

在内罗毕参观铁路调度指挥中心时，一个现象——调度室里都是中国人——引发议论。不少人，特别是参观团中的非方学者产生疑问，之后的研讨会上，这也是他们关心的重点问题之一。

这正是接下来有关蒙内铁路的一个核心问题，即中国企业如何通过15年的运营，完成全套的技术转移，为肯方培养能够胜任火车驾驶、调度、运营管理的专业人才。说实话，完成全套技术转移的过程艰难且充满挑战，目前肯方员工确实还不具备操作火车调度指挥系统的能力。不过，据中国路桥公司介绍，今年7月首批3名肯方员工将进入调度室学习。

肯尼亚自身尚未形成完整的铁路工业体系，其高校也没有完整的铁路工程技术人才培养体系，要想完成火车驾驶、调度、指挥运行，以及铁路建设、检修、养护等全套专业技术转移困难重重。现在，这个进程已经迈出第一步。中国路桥与肯尼亚政府达成协议，3 年内分3 批次全额资助 100 名肯尼亚高中毕业生赴中国进行为期 4 年的铁路相关专业本科学习。前两批共 60 名留学生目前正在北京交通大学学习，第三批 40 人也于今年 4 月底启程来中国。

然而，从长远看，能否实现全套技术转移的关键在肯尼亚自己，而不是中国企业。目前，除上文提及的留学生项目外，中国企业培训肯方技术工种多为短期项目，这种模式能够让肯尼亚员工尽快掌握一项或若干项实操技能，但无法成体系地为肯尼亚培养成熟的铁路技术人才。肯尼亚需要在改革自身教育体系方面做出切实努力，建立完整的铁路工程技术专业学科体系。只有当肯尼亚的青年学生真正有意愿、有条件学习相关专业时，实现技术转移才成为可能。

远超铁路本身的示范效应

作为中非"一带一路"合作的旗舰项目，蒙内铁路的示范效应远不止铁路本身，更重要的是刺激区域经济发展的造血功能。作为东非第一大港，蒙巴萨中转运输的集装箱覆盖乌干达、南苏丹、卢旺达、布隆迪等多国。承建蒙内铁路的中国路桥，早在 2010 年就承建了蒙巴萨港的第 19 号泊位，该泊位 2013 年 8 月正式启用。而蒙内铁路的开通进一步促进了"港铁联运"战略的实施，巩固了肯尼亚东非经济领头羊的地位。

为缓解蒙巴萨港的压力，肯尼亚港务局在内罗毕建了东非最大的集装箱内陆港，部分从乌干达方向运往蒙巴萨的货物可以在此完成清关。这也是我们此行的重要一站。该港于 2017 年 12 月 31 日正式启用，第二天蒙内铁路货运线开通。未来，内罗毕有望成为东非新的物流集散中心。

"蒙内铁路的影响不局限于肯尼亚，它是整个区域发展的里程碑"，在我们与非方进行的研讨会开幕式上，肯尼亚交通与基础设施建设部部长马查里亚如是说。

的确，肯尼亚乃至整个东非建设区域联通铁路网的雄心不止于此。按照规划，蒙内铁路将继续向北延伸，连接纳瓦沙工业园，经基苏木到达肯尼亚西北边境的马拉巴，然后与乌干达、南苏丹和卢旺达的铁路网互联互通。肯尼亚北部还有 LAPSSET 项目，即连接拉穆港、南苏丹和埃塞俄比亚的交通走廊。在铁路对沿线地区经济带动的效益影响下，东非经济一体化的进程将被迅速推进。

在此过程中，中企的角色也在变，不再局限于以往单纯的基建项目"承包商"，而是以基建为契机，不断拓展投资领域，将铁路建设与投资产业园、制造业、房地产、物流、港口等融为一体。例如，去年 7 月，肯尼亚西部城市埃尔多雷特开工建设该国第一个经济特区，该特区以"珠江"命名，由广东新南方集团与肯尼亚公司合作建设，项目一期将进行 700 亩工业园区的建设。

要让基础设施建设更好地带动区域经济发展，对非洲国家而言，需要在相关愿景、战略、政策等宏观蓝图基础上，出台详细、可操作的方案。而中国国企和民企也应在基建投资与产能合作方面发挥各自优势，进行组合式投资，避免恶性竞争和资源重复投入。

蒙内铁路的成功，离不开中肯两国政府和高层合作共识的达成。目前蒙内铁路运营情况良好，客运列车上座率达到 95% 以上。铁路既是经济发展不可或缺的大型基础设施，又具备公共产品特性，投资周期长、风险大、收益见效慢，因此世界各国的铁路建设都离不开政府的大力扶持。指责铁路项目无法获得眼前的收益，是短视且不公正的。

　　未来中肯、中非基建合作难免遇到各类问题和挑战，但蒙内铁路已经将肯尼亚带上崭新的发展轨道。这块古老大陆不断焕发生机的前景很值得期待。

（作者：姚乐，人大重阳金融研究院助理研究员

《环球时报》2018年7月4日）

在吉布提看"世界兵营"的转型渴望

从领土面积与人口数量来看，吉布提是名副其实的非洲小国——在 2.32 万平方公里的土地上，居民不足百万。与此同时，这也是任何一个大国无法忽视的国家——它扼守红海进入印度洋的战略要道、有着"海上咽喉"之称的曼德海峡。拥有重要的地理位置，加上相对平稳的政局、不结盟的外交政策，吉布提的领土上因此聚集着美国、日本、法国等国家的驻外军事基地。去年，中国解放军第一个海外保障基地在吉布提投入使用，国际媒体将该国盯得更紧了，因为这里似乎成为中美博弈的另一个舞台。但对于吉布提人而言，"世界兵营"的称号无法与国家走上真正独立自主的发展道路相比；对中国人与中企来说，这里并非是"战略资产部署地"，只是一个渴望进步、需要帮助的地方。中国是这么想的，也是这么做的。在《环球时报》记者走访吉布提的 4 天时间里，从中企当地员工口中听到最多的话就是：吉布提真正的发展是从最近 5 年开始的，是从中企前来大规模投资项目开始的。

外国军人随处可见

在吉布提，你能感受到当地人生活得简单又惬意：每天清晨，三五成群的当地人悠闲地在海水里泡着；公路边的黄土地上，非洲少年奔跑在阳光与尘土飞扬下只有一个球门的足球场上。

在吉布提，你也能感受到它在大国博弈下的微妙处境。飞机在吉布提安伯里国际机场降落时，《环球时报》记者透过窗户看到美军基地的部分设施与人员。据了解，美军基地与安伯里机场相连并共用跑道，常驻人员大约 4000 名。

在首都吉布提市，《环球时报》记者经常看到被遗弃的军事装备或设施，比如飞机、炮台。各国军人时常出没于酒店、餐厅等各类公共场所，他们身穿军装十分引人注目，很少与人攀谈。据当地人介绍，一些外国驻军基地官兵偶尔会住在高档酒店里，作为一种"补偿或者奖励"；另外一些没有固定驻地的外国军人也会在执行护航或维和任务途中入住酒店。有数据显示，人口不足百万的吉布提，外国驻军人员有 1 万。

吉布提建有美国、中国、日本等国家的军事设施。相比于外界"多国在这里较量"的论调，来自也门一家跨国公司的总经理阿尔哈赫迪认为，这是一种"双赢"的局面。"这说明，吉布提今后将保持长期稳定。"他对记者说。

与美国的军事基地相比，中国解放军保障基地显得更为低调，它庄重而肃穆地伫立在这片土地上，尽责地履行使命。在 7 月初吉布提国际自贸区举行的开园仪式上，《环球时报》记者有幸一睹中国解放军保障基地军人的风采。近 40 摄氏度的气温、不断吹起的大风考验着到场 700 名嘉宾的体力与耐力，而中国军人始终身姿挺拔，端坐如钟。

"近一年来，吉布提的中国商人与中国项目数量明显增加，"吉布提东非银行投资与市场部雇员艾哈迈德·穆罕默德告诉《环球时报》记者，"中国客户知道中国有基地在这里，他们是有保障的。而我们也因此更加安心，更有信心与底气与中国商人打交道。"

对中国基地抱有期待的不仅是两国人民。联合国吉布提驻地协调员芭芭拉·曼孜告诉《环球时报》记者，如果周边地区有灾难发生，联合国期待各国充分调动在吉布提的资源资产，"希望中国未来能更多地参与人道主义救援"。

3000 人的工程团队，中国员工只有五六人

吉布提的经济发展面临巨大挑战。中国驻吉布提使馆经商处 2015 年的数据显示，当地公务员平均月收入是 726 美元，保安为 176 美元。与工资水平不高相对应的是，吉布提的物价水平颇高。《环球时报》记者在吉布提市一家超市里看到，新鲜水果属稀有商品，食品和生活用品很少有当地自产品牌，售价比国内同等商品高出大约 1/3。

吉布提的失业率大约为 40%，贫民窟在市区的公路旁随处可见。贫民窟房屋大多由铁皮或者土块支撑，每间房大约 3 至 5 平方米。让人意外的是，这些房屋外墙都喷上浅蓝、浅粉、浅绿等色彩，彰显居住者对生活的热爱与向往。

以前，吉布提的经济活力更多依赖西方国家的资本，然而，这些投资鲜见能为百姓的生活带来实质性变化。中国企业不一样，它们带

来的不仅是投资与项目，还有这个国家在漫长的被耽误的工业化过程中，亟须跟上的基础设施建设，以及适合发展中国家的先进发展模式与管理经验。

在吉布提市街道与通往内陆城市的公路上，经常能看到中国企业的投资项目，"过程精品，质量重于泰山""细节决定成败""重信守诺，感恩回报；自强奋进，永争第一"等标语十分醒目。

虽然中企的项目规模大，但中国员工很少。在某中方主导的工程中，整个团队大约3000人，中国员工只有五六人。这样的运作模式不仅为企业节省用工成本，也拉动当地就业，让当地劳动力能在最大程度上得到锻炼与提升。

一名在吉布提国际自贸区工作的建筑监工告诉《环球时报》记者，他的月工资为22万吉布提法郎（约合人民币8250元），在当地已属于高收入，这让他非常开心。这名年约40岁的吉布提人对中国赞不绝口，他对记者不断强调，"中国人是在真正地帮助吉布提发展"。

天津师范大学自由经济区研究所所长孟广文对《环球时报》记者说，很多老牌资本主义国家现在还是把吉布提当作一个"包袱"，把对吉布提的投资视为一种"施舍"，与真心愿意帮助吉布提发展的中国不一样。吉布提人对中方的投资更容易接受与认可，因为他们看到中国日益强大的经济实力，感受到中国企业惠及当地的经商理念，对中国不干涉他国内政的外交政策也有体会。

在中企员工眼中，开展吉布提的投资项目可能意味着一切从零开始。"两年前，我们员工看到这里一片荒芜，心都凉了一截。"吉布提国际工业园区运营有限公司的张川对《环球时报》记者说。2016年8月，招商局集团派驻到吉布提考察自贸区项目的员工来到项目现场发现，夹杂着大小石块的戈壁地貌，需要将地挖到一两米将石块翻出来才能开始整修道路。不仅如此，他们还要经受高温、大风、沙尘的考验。考察员工在项目现场走了一个小时，鞋底就被滚烫的地表烤化了。如今，园区已经初具雏形，颇有风范。张川对记者感慨道："就像你的孩子一样，你看着这些项目从无到有，从看似不可能到慢慢建成，你会感到由衷的自豪。"

前进的路

截至 2017 年底，在吉布提的中资企业已有 20 多家，多数为大型国企。在吉布提生活的华人大约有 2000 名，主要集中在首都吉布提市。

对于中国商人来说，投资吉布提是一个明智的选择吗？在不利的自然条件、不够完善的基础设施以及还未成熟的商业环境下，投资项目会不会成为"白象"项目——花费巨大换来一个只是"看起来很好"、但实际得不到经济回报的项目？

吉布提官员和本地商人对此问题持乐观态度。他们认为，吉布提的战略位置优势不会消失，而且该国吸引外资的环境正逐渐变好，在免税政策、金融环境、外汇管制措施以及社会治安等方面都有所改善。

中国商人与学者则持谨慎乐观看法。孟广文对《环球时报》记者说，投资吉布提的风险在于该国政策的不确定性。美国、日本、法国等国在吉布提都设有军事基地，很难保证该国在制定经济政策时，以及涉及多国利益的话题上，能顶住来自外部的政治、外交与军事压力。

面对这样的担忧，吉布提港口与自贸区管理局战略规划总监达维特告诉《环球时报》记者，吉布提是一个独立的主权国家，各国基地和吉布提仅仅是土地所有者与租户的关系。吉布提一直在谋求以服务业为主导的经济发展方式，各国军事基地不会、也不可能左右该国的经济决策和发展方向。

孟广文认为，"世界军营"的定位对吉布提自身发展而言也是不可持续的。收取各国驻军基地的租金是固定、有限的，吉方还要受到驻军国有形无形的影响，况且这些基地的存在本身对经济发展的贡献十分有限。孟广文说，吉布提要想真正走向工业化、提高人民生活水平，其发展应该依托于经济领域来实现。"吉布提要想发挥区位优势，聚集资金、人员与物流，须通过自贸区等项目，让贸易便利化与自由化得到政策与制度的支持。"孟广文说，只有这样，吉布提才能成为非洲商贸与物流中心，才能朝着"非洲迪拜"的方向前进。

（本报赴吉布提特派记者：李若菡

《环球时报》2018 年 7 月 18 日）

走进曾经的"黄金海岸"

加纳，对于"淘金者"来说，这个位于非洲西部的国家矿产丰富，曾有"黄金海岸"之称；对于足球迷们来说，加纳国家队因在非洲国家杯甚至世界杯上有着不错的战绩而知名。但对于大部分中国人来说，上个月去世的加纳人、联合国前秘书长科菲·安南，或许是他们对这个小国仅有的认知。今年9月中非合作论坛北京峰会召开前夕，《环球时报》记者走进这个遥远而陌生的国家，却发现无论是文化交流还是经贸往来，加中两国间的关系都比想象中的密切。

《西游记》流行，中国人被追着喊"师父"

"加纳是世界的中心！"在加纳最大城市、首都阿克拉，当听到不少当地民众自豪地说出这句话时，《环球时报》记者有些吃惊和疑惑。进一步了解发现，这其实并不是个夸张说法，因为从地理位置看，在本初子午线经过的国家中，加纳是离赤道最近的。

　　和诸多邻国一样，加纳面临着发展问题。该国面积和中国广西差不多大，人口 2800 多万。靠着黄金、可可、木材三大传统出口产品，加纳成为西非经济不错的国家，2017 年人均 GDP 为 1600 多美元。但走在阿克拉街头，还是能感受到其经济欠发达：市中心四车道的马路已经有些年头；出租车大多是二手的；道路两侧既有高楼大厦（多是金融和政府机构），也有低矮住房甚至铁皮棚。

　　与中国人对加纳的陌生不同，加纳人早就在生活中接触中国。在阿克拉市中心，一座由三个巨大白色立方体切割组合而成的建筑显得与众不同。这是靠中国提供贷款，并由中国建筑师设计建设的加纳国家剧院。时至今日，这座上世纪 90 年代落成的建筑，仍是与独立广场并称的阿克拉景点。在采访中，不少加纳人主动向记者提起它。在机场附近，阿克拉的另一标志性建筑是中国政府援建的加纳外交部办公楼，气派庄重。

　　"你好！"在超市、酒店甚至路边摊，记者都曾碰到加纳人热情地用中文打招呼。"中文热"是这里又一个浓重的中国印记。加纳大学孔子学院的志愿者阮老师告诉《环球时报》记者，加纳大学的学生们追中国电视剧就像国内一些人追美剧一样。由于《西游记》特别出名，她曾被班里的小学生追着叫"师父"。在机场，记者也受到同样的"礼遇"。边检人员看到记者的中国护照，立即请教"passport"用中文怎么说。

　　来加纳之前，记者难以想象会有如此多的人热衷于中国文化。据中国驻加纳大使王世廷介绍，目前有 6500 名加纳学子在中国留学，连续 4 年成为非洲在华留学人数最多的国家。加纳大学拥有该国两所孔子学院之一，有 3500 多名学生。《环球时报》记者走进这所学院时，恰逢学校放假，但走廊里还张贴着加纳学生的剪纸、京剧脸谱作品和中文作文。名为邓肯的学生在作文中写道："中国是个很好的国家，我爱中国。"

但在加纳第一大报《每日写真报》的金斯利·因科看来，加纳人对中国人的印象其实有点"复杂"。该报每周至少有两篇与中国有关的报道。金斯利说，10多年前，在加纳偏远山村很难看到中国人，现在却随处可见。他们大部分的涉华报道是关于贸易和商业。但最近两年"非法采矿"成为一个非常大的问题，当地人因此对中国人产生了一些不太好的印象。但他强调说："中国政府在加纳有着非常好的形象。"

"我不同意！我不同意！"

在阿克拉行车，只要一停下来，等在路边、头顶商品的小贩就立即涌过来。他们叫卖的商品从花生、柠檬、袋装水到风扇、车胎、运动鞋，应有尽有。当一名小贩隔着车窗卖力推销一个便携吸尘器时，记者看到外包装上用中文写着"最大功率，质量上乘"。

加纳工业基础薄弱，市场对进口产品依赖性大。根据加纳工业协会2017年公布的统计数据，该国市场上74%的商品来源于进口，中国产小商品和日常用品占据较大份额。用金斯利·因科的话说，来自中国的价格低廉的商品让很多加纳人都买得起。

事实上，中国带给加纳人生活质量的变化远比这多。在加纳，谈到中加合作，布维水电站总会被提到，它被认为是中加合作的典范。承建布维水电站的中国电建集团国际工程有限公司加纳代表处首席代表黄光辉向《环球时报》记者回忆说，加纳之前缺电严重，水电站开建时施工地区连手机信号都没有。他们不仅在山顶建起通信基站，还修了道路、桥梁和 300 公里高压输变电线路，改善了整个加纳北部的基础设施。2013 年底竣工后，布维水电站成为加纳第二大水电站，年发电量 10 亿千瓦时，占该国电量的 1/5。布维水电站还像学校一样，前后培训万余当地人成为技术工人和水电管理人才。

目前，中国是加纳最大的贸易伙伴，双方合作几乎涵盖该国经济所有领域。加纳外长博奇韦接受《环球时报》记者采访时说，截至 2017 年，中国在加纳投资或参与的项目多达 752 个，当年两国贸易额近 70 亿美元，为近年来之最。加纳财长肯恩·奥福里·阿塔颇有几分自豪地告诉记者，加纳 2017 年的 GDP 增速约为 8.5%，前一年这一数字仅为 3.7%。根据世界银行预测，今年加纳将成为世界经济增长最快的国家之一。

然而，从"新殖民主义"到"债务陷阱"，中加互利双赢的合作却面临着西方舆论越来越多的指责和恶炒。当《环球时报》记者提到这些西方论调时，加纳促进投资中心 CEO 约菲·格兰特连说两次"我不同意！"他说："为什么我们要担心所谓债务陷阱？我们从中国获得援助去改善基础设施，然后让经济得以发展，就可以还得上贷款。"外长博奇韦则用"完全反对"回应"新殖民主义"论调。"他们说殖民主义是什么意思呢？我们就是从被殖民的历史中过来的"，博奇韦说："中国愿意倾听非洲的声音。我们有巨大的基础设施建设需求，我们发现中国是能够提供帮助的可信赖伙伴。中国帮助我们的同时，我们也在帮助中国。这并非是单向的。"

《环球时报》记者在加纳采访的感受，印证了博奇韦的说法。南非华人庄瑞明告诉记者，10 年前，他考察了非洲十几个国家，最终决定落脚加纳，并先后投资 2 亿多元人民币。为什么选择加纳？因为加纳是非洲治安较好的国家，政局也比较稳定，法律体系健全，民众性格平和，又有重视教育的传统，总体而言"投资环境好，有发展潜力"。

"如果朋友已经蹚出一条路，向他学习是最好的办法"

"向中国学习"，在加纳国际媒体中心进行的交流中，《环球时报》记者听到最多的就是这句话。约菲·格兰特已经去过中国超过10次，他如数家珍般列举访问过的城市：北京、广州、成都、上海……当记者赞叹他来华的次数可真不少时，格兰特认真地说："中国这样的国家，去10次远远不够，我还要去更多次。"

在不少加纳人看来，向中国学习是因为加中两国有着相似的经历。1957年，加纳宣布独立，成为撒哈拉以南非洲第一个摆脱西方殖民统治的国家。"加纳和中国一样，都通过努力斗争获得独立自主，并投身改革之中"，约菲·格兰特说，"但中国的改革比我们彻底得多，也快得多。中国是我们的好榜样"。博奇韦向《环球时报》记者表达了类似看法："如果在你成功之前，你有朋友已经蹚出一条路，那么就不需要白费力气做重复的事，向他学习是最好的办法。"

今年6月，来自加纳的20名官员参加在西南交通大学举办的"加纳铁路发展官员研修班"。在对加纳铁路发展部部长乔·加蒂的采访中，他主动向《环球时报》记者提及此事，并说这样的活动每年举行，现在已有40名官员参加过培训，"他们带回了中国经验"。

整体来看，加纳的基础设施较差，建设效率也不高。在阿克拉到港口城市艾玛的高速路上，40岁的当地人谢尔曼对《环球时报》记者说，这条路从他出生时就开始建，直到上届总统任上才通车。不过，乔·加蒂指着一张铁路发展蓝图说，加纳将修建总计长达4000

多公里的全国铁路网，其中 2000 多公里将在未来几年投入建设。目前，已经有两家中国公司参与其中。另外一条铁路项目的 10 多家竞标者中，有 4 家中国公司。

采访期间，不少加纳政要提到中非合作论坛北京峰会，在他们看来，这是一个向中国学习的好机会。博奇韦对记者说，非洲需要朋友，中国正是向非洲伸出援手的真正朋友，"这是个很好的峰会，没有人会浪费（这个机会）"。

（本报赴加纳特派记者：郭芳　《环球时报》2018 年 9 月 10 日）

谁是"帝国主义列强"，听拉美人说中美

编者按：2018 年既是巴西、墨西哥、哥伦比亚等拉美国家的"大选年"，也是美国与拉美重塑关系的"元年"。4 月秘鲁首都利马将举行美洲国家峰会，预计美国总统特朗普将与大多数拉美国家元首首次"面对面"。而 2 月初，美国国务卿蒂勒森已"打前站"到访拉美 5 国，他在开启拉美之行前发表演讲，警告拉美国家不要过度依赖与中国的经贸联系，称中国很可能成为该地区的"新帝国主义列强"。美国人发出的警告很快遭到拉美人的回击，如秘鲁外贸和旅游部长就直言"中国是一个很好的贸易伙伴"。还有拉美国家的学者表示：拉美国家需要的是平等相待的朋友，而非咄咄逼人的"主人"。

"门罗主义"在复活吗？

拉美国家各界对于美国近期的一系列举动并不感冒，有媒体和学

者更将美国的所作所为视作"复活的门罗主义"。对蒂勒森的言论，古巴外交部强调，美国会发现拉美不再像过去那样容易被操纵，因为"美洲已经醒来"。

墨西哥《每日报》日前发表题为"蒂勒森在墨西哥：初级的殖民主义"的评论文章称，美国指责别国"插手"拉美事务，将自己摆在"利于（美拉）双边关系多维发展"的位置上，殊不知，对某些拉美国家施以经济制裁或军事压力的正是美国，几个世纪以来，联合寡头政府打压拉美社会的刽子手也是美国，而非别的国家。《每日报》还刊文说，美国在"9·11"事件后失去了对拉美的兴趣，转而将注意力放在对中东的战争上，在特朗普开启保护主义、反对自由贸易和国际合作后，拉美国家对外交往与合作的意愿更需通过加强与别国的联系来实现。美国向来认为北布拉沃河以南的土地都是其"后花园"，而罔顾拉美寻求政治、经济、科技、文化等交往多元化的需求。文章还说，蒂勒森就像一个"美国占有欲"的代言人，美国"门罗主义"所谓的"美洲是美洲人的美洲"在今天看来更像是"拉美是美国人的拉美"。

在阿根廷—中国商会执行主席塔博阿达看来，这次美国国务卿来拉美的最主要话题就是希望拉美国家一同制裁委内瑞拉，但同时也反映出美国对中国在拉美快速发展的焦虑。塔博阿达说："如果美国觉得中国在拉美的发展是危险的，那可能对某些国家来说，美国的发展也是危险的。这是一种没什么根据的政治说法。阿根廷几乎和所有国家都有不错的外交关系。我们非常欢迎中国各类企业来阿，国企和私企都欢迎。中拉经济总体上是互补的，绝不是竞争关系。基本上，拉美国家都是原材料的出口国。"

"在拉美，美国就是想拉拢一些国家，打击一些国家，牵制一些国家。"墨西哥国际问题专家海因茨在接受《环球时报》记者采访时罗列了三个"一些":拉拢的是蒂勒森此次出访的墨西哥、阿根廷、秘鲁、哥伦比亚和牙买加,并想利用一些区域国家组成的"利马集团"来孤立、反对和打击委内瑞拉马杜罗政权以及古巴社会主义政权,同时巩固与美在拉美地区盟友的关系,限制俄罗斯和中国在美洲和西半球的发展。海因茨说,美国对拉美的需求是战略性的,这也是美国对自己眼中的"后花园"(拉美)始终不放手、未来也不可能放手的原因。这不仅涉及移民问题、经贸合作问题,还牵扯到军事、安全、核设施部署、战略资源保障等重要领域。

特朗普爱用推特发文搞外交,委内瑞拉总统马杜罗也不示弱,他19日通过推特发文,隔空喊话特朗普"在加拉斯加还是华盛顿直接对话",并希望他兑现竞选时承诺的"不干涉别国内政"。

客观来说,全球化的今天,美国对拉美国家而言依然重要,拉美国家对美国来说亦是如此。这不仅体现在经贸、文化、科技等方面,还体现在安全、反恐和防务等领域。美国并不愿意看到别人进入自己的"后花园",哪怕是为了栽花栽树。

海因茨表示,美国对拉美放出的言论,诸如抹黑中国试图让拉美经济对其产生依赖、造谣俄罗斯意欲插手墨西哥等国大选等都是无稽之谈。他表示:"美国才是那个干涉拉美国家内政最多的国家,那种丑化他人以期美化自己的手段显得有些幼稚,是害怕自己失去在拉美国家面前的权威地位的表现。美国总是以高人一等的姿态对待拉美国家,告诉他们应该做什么,不应该做什么。但是21世纪的今天,拉美国家需要的是平等相待的朋友,而非咄咄逼人的'主人',更何况这'主人'很多时候只考虑自己的利益。"

墨西哥国立自治大学教授彼得斯告诉《环球时报》记者,拉美国家寻求政治、经济、文化等领域交流合作的多元化是大趋势。他认为，一方面，其他国家的确能提供美国提供不了的东西，并且有帮助拉美国家发展的良好意愿，不像美国那样带有一些附加条件；另一方面，摆脱长期以来对美国的依赖有助于在开展对美关系时掌握更大的主动权，而非像从前那样被迫对美国言听计从。

他们想要的是平等合作

梳理美拉关系的历史，中国社会科学院拉美所学者韩晗告诉《环球时报》记者，历史上，美国和其他拉美国家曾同为欧洲殖民地。提到美国对拉美的政治和经济影响离不开"门罗主义"。1823 年 12 月 2 日，美国时任总统詹姆斯·门罗发表国情咨文，提出欧洲国家如再对北美和南美的土地进行殖民、对其政权进行干预，美国都将视之为"危及我国之和平与安全"。

此后，打着"门罗主义"旗号的美国对拉美国家进行军事干涉、搞政权颠覆，造成当地的社会动荡。在过去一个多世纪里，美国武装入侵过墨西哥、古巴、尼加拉瓜、多米尼加、海地、洪都拉斯、危地马拉等多个拉美国家。20 世纪初，美国煽动巴拿马从哥伦比亚共和国独立，修建并控制巴拿马运河。"门罗主义"也成了美国干涉、扩张和称霸的代名词。

在韩晗看来，拉美国家的反美情绪由来已久。古巴民族英雄何塞·马蒂曾说过："鄙视我们的国家，嚣张和残暴的北方企图吞并我们美洲的国家，这条路必须堵塞，我们正在用鲜血来堵塞。"他在 1891 年还提出"庞大的邻居无视美洲，其傲慢是我们美洲最大的危险"。韩晗还举例说，以反对法西斯主义为名，二战期间时任美国总统富兰克林·罗斯福提出在地区建立多个军事基地,但最终只有巴西接受。

谈到当前的美拉关系,韩晗认为,美国对拉美缺乏战略,双方缺乏互信,导致拉美国家转而更重视地区内拉美国家之间关系发展以及同地区外国家搞好平等外交。因此蒂勒森想让拉美继续靠近美国,不符合国际政治发展逻辑。美国多届政府并未关注拉美国家诉求。自2001年小布什政府上台后,美国与拉美主要国家的关系出现冷淡、降温或恶化,拉美国家的疏美和反美情绪逐渐上升,美国在地区事务的主导权受到挑战。美国总统特朗普执政一年来未曾访问拉美,却对拉美采取了反移民与反贸易的做法。

韩晗告诉《环球时报》记者,快速发展的中拉关系以平等互利为前提,是双方正常往来以及贸易全球化等内外因素共同促成的结果。拉美多国对中国的"一带一路"倡议也很积极,希望共同构建中拉命运共同体。

秘鲁天主教大学教授、秘鲁宪法法院前院长塞萨·兰达在和中国学者的交流中也表示:"历史上,美国长期主导着同拉美国家的关系,无论是过去的贸易行为还是今天的自由贸易协定。特朗普上台后,对拉美国家民众采取的是傲慢和蔑视的态度。近年来,中国成为多个拉美国家的最大贸易伙伴,但是,(与美国不同)中国与拉美国家间的贸易往来是以平等为前提的。"塞萨·兰达说,从19世纪开始,美国这个政治与经济帝国就将拉美视为"美国的后院",而中国才是拉美地区新生的重要伙伴。秘鲁学者认为,虽然广大发展中国家发展进程不同,但国家间的国际经济关系需要以规范、平等为前提。中国与拉美国家的经贸关系不仅体现在商品和服务等领域,也有符合环保标准、以可持续发展为前提的资源开发和投资合作。中国与拉美国家的联系并非近期形成，在一些拉美国家，如秘鲁和古巴，在 19 世纪的移民潮中，千百万的中国劳工来到拉美，从事糖蔗和棉花种植的农业生产。现在，新一代中国移民，在拉美传播中国文化。在秘鲁，有 7000 家中餐馆，这说明当地人民非常认可和接受中国的饮食文化。

谈到美国和拉美国家间存在的问题，塞萨·兰达的总结是：美国不了解拉美现状；美国企业只是想攫取拉美的自然资源；对拉美债务人的贸易和公司融资，都源自美国的贷款；美国对地区进行直接政治干预，通过支持寡头政治和军政府，实现其打压社会革命的目的；美国是规则的直接制定者，如规定国际贸易以美元为结算货币、主导决定自然资源的国际价格。因此，拉美民众对美国一些做法的反对意识仍较为强烈。

塞萨·兰达认为，特朗普就职后，美国对拉美政策日趋恶化。美国国务卿到访的拉美国家都属于外交关系开放型的国家，与中国关系良好，但这些国家与美国的关系存在着一定问题。

历史、愤怒与羡慕

以墨西哥为例，拉美人对美国的心态复杂而矛盾。1821 年墨西哥宣告独立后，美国就开始向时属墨西哥的得克萨斯大量移民，并通过制造动乱等手段，让得克萨斯 1836 年独立。此后，在美国移民极力鼓吹下，得克萨斯 1845 年成为美国的第 28 个州。在 1846 年至 1848 年的美墨战争中，尽管墨西哥军民英勇抗战，但两国实力的差距让墨西哥战败，并签署不平等条约，割让了约为当时一半以上的领土，这是墨西哥人挥之不去的痛。如今，美国为应对非法移民问题，在美墨边界建隔离墙，又将"永远改变一些墨西哥人的生活"。

春节期间,《环球时报》记者走进墨西哥城甘地连锁书店的一家分店。在历史书区,记者看到几本描写美墨战争的书籍,书中用了"美国扩张""墨西哥自卫"等词。谈起这场让墨西哥丢失一半领土的战争,书店工作人员洛德斯表示:"现在大部分墨西哥年轻人已不了解美墨战争的历史了,很遗憾,对于这场战争,可能外国人都要比墨西哥人了解得更多。两国政府似乎都在刻意回避这段历史,美国不愿那段不光彩的扩张史被人时常提起,墨西哥也不愿那段不风光的失败史再次曝光。"

正在教学辅导书区域选书的大学生路易斯告诉记者,墨西哥的小学课本中不会有涉及美墨战争或是其他美墨关系的内容,中学世界史教材中有一些,但没有使用"(美国)侵略"一词。墨西哥中小学生看的历史书籍更多的是墨西哥悠久的历史文化、反抗西班牙殖民统治时的英雄事迹,以及独立后的墨西哥革命。据路易斯介绍,虽然墨西哥有时也会有纪念美墨战争的活动,但根本不能与独立纪念日或独立战争时期一些战役胜利纪念日相提并论。

在墨西哥城查普特佩克公园的博物馆可以找到一些美墨战争的历史文物,而公园里的查普特佩克城堡当年曾是一所军事学校所在地。1847年9月13日,6名13至19岁的墨西哥青少年在这里抗击美军,战斗到最后一刻。墨城市民阿尔图罗告诉本报记者,有些年份的9月13日,查普特佩克公园会为这几位为国捐躯的英雄举行纪念活动。

谈到与美国的关系,墨西哥城市民胡安·卡洛斯说:"现在墨西哥民众对美国的心态十分复杂,一方面推崇和羡慕美国的经济发展水平和美国人的生活,另一方面又对美国歧视墨西哥人的态度感到愤怒。"卡洛斯说,这种矛盾的心态也是很多拉美国家民众的心态。今年 7 月 1 日墨西哥将迎来大选，目前民调领先的墨西哥城前市长、左翼候选人洛佩斯·奥夫拉多尔已明确表示，将阻止美国修建美墨边界隔离墙的计划。

（本报驻墨西哥、巴西特派记者：王晓波
张远南　本报驻秘鲁特约记者：孟可心
《环球时报》2018 年 2 月 22 日）

中国大工程打脸"掠夺拉美"谬论

　　美国总统特朗普取消了赴秘鲁参加美洲峰会的行程。但在数天前，有美国官员称，特朗普将敦促拉美领导人在贸易方面与美国而非中国合作，"中国的贸易政策对美洲没有成效，美国仍是合作伙伴首选"——如今这个任务需要副总统彭斯来完成了。这让人想起不久前美国时任国务卿蒂勒森警告拉美不要过度依赖中国，还说中国是"新帝国主义列强"。美国视拉美为后院，如今拉美却与中国越走越近。但受美国长期影响，加上对中国的认知不足，拉美民众对中国经济活动是有复杂声音的。其实，稍稍算一下账，比如看看中企在该地区推动的几个大工程，就能看清中国在做什么。

世界最南水电工程的曲折故事

　　去年底今年初，阿根廷布宜诺斯艾利斯市和布宜诺斯艾利斯省大部分地区气温高达 39 摄氏度。布市市中心的露西亚家去年最后一天直到 22 时 30 分都没有电，他们甚至准备好用烛光迎接 2018 年。而在距阿总统马克里官邸一公里的一个社区，纳塔利亚一家借助手电筒吃了 2017 年最后一餐烤肉。

试想一下，如果我们大年三十晚上突然停电，心情会如何？不仅仅是过不好年，政府威信也将大打折扣。据阿根廷媒体报道，一名叫安娜的市民遗憾地表示，政府此前的承诺根本没有兑现，可怜那么多为他们投了信任票的人却没能过好年。

缺电是阿根廷面临的一个大问题，但并非不可解决。目前中企参与的圣克鲁斯省水电项目如果并入国家电网，可以提供 49.5 亿度年发电量，占阿根廷目前总电力的 3.6%，势必大大缓解夏冬两季用电高峰期的压力。

时间回到 2017 年 8 月 28 日，那天，阿根廷政府宣布位于圣克鲁斯省的两座水电大坝项目，通过了最终的环境评估。一个多月后，项目禁制令解除，随后项目承建方中国葛洲坝集团开始了紧锣密鼓的复工准备。

这个世界最南端的水电工程，从 2013 年项目确定到现在一直吸引着人们的目光。项目部阿方负责人之一塞巴斯蒂安拥有一家私人电台，他多次联系《环球时报》记者，想聊一聊这项工程，在节目中向当地人宣传这一项目。

这个项目亮点很多：可以创造 5000 个直接岗位、1.5 万个间接岗位，进一步促进当地技术发展和其他相关行业发展（钢铁、混凝土、运输等）。通过输变电线，工程产生的清洁能源可以进入国家电网，缓解用电压力。而有了这些输出的电力，阿根廷政府就可以节省能源或者燃料进口——据称每年可以省下近 11 亿美元外汇。

尽管如此，这个项目还是遇到一些阻力，并在 2016 年暂停施工。

圣克鲁斯省卡拉法特市旅游发展推广经理雅尼娜私下对《环球时报》记者说，所有生活在圣克鲁斯省的居民都非常关心水电工程的建设，当地对投资和发展的需求很大，但他们希望最终的工程确定无害。

面对略显严苛的要求，中方没有抱怨或者不满，而是表示理解并用积极的态度配合联营体、阿根廷拉普拉塔大学以及国际专家的评估工作。葛洲坝集团技术人员进一步修改设计方案，确保无论是施工阶段还是后期运行，不会对当地生态造成影响。

除了南部的水电项目，中国电建在阿根廷北部还承建了南美最大光伏电站，这一项目于 2017 年 10 月开工。而在其他省份，中企承建了不少风力发电设施。比亚迪公司也确定今年会在阿根廷建厂生产电动公交车，填补这一市场空白。可以说，新能源产业正成为中阿合作的重要组成部分。

厄瓜多尔靠它成为"最安全国家"

如果说中企在阿根廷的前述工程所产生的效益仍是预期，在厄瓜多尔则已硕果累累。中企一手承建的拉美历史上最大防洪工程"可尼尔"，直接带动就业 2000 人，间接拉动就业近万人，还为厄瓜多尔培养了一批技术工人。而辛克雷水电站则是目前厄最大水电项目，也是中企在拉美建成的规模最大水电站。类似工程帮助厄瓜多尔调整升级能源和电力结构，让厄瓜多尔从电力进口国摇身一变成为电力出口国。此外，还有著名的 ECU911——厄瓜多尔国家安全指挥控制系统。

"2 月的一个周日晚上，（厄瓜多尔）波托维耶霍市雷阿尔斯·塔马林多大街发生一起交通事故。赶到现场的警方称，一辆出租车与一辆皮卡相撞。同时赶到现场的还有 ECU911 辅助医疗人员，伤者随即被送往附近医疗站。"

这是《厄瓜多尔日报》最近报道的一则新闻，也是 ECU911 日常工作的一个缩影。ECU911 是中国电子进出口总公司和中工国际公司联手为厄瓜多尔打造的国家安全指挥控制系统，它让厄瓜多尔成为拉美地区最安全的国家之一。

在拉美，安全问题一直困扰着当地政府和民众，厄瓜多尔也不例外。"自从安装了 ECU911 系统，哪怕我独自开夜车也不提心吊胆了。因为我不再是单独一个人，而是和国家的安全保障系统连在一起"，厄瓜多尔首都基多的出租车司机维克多说。同是出租车司机的威利安也为 ECU911 系统点赞，他车上副驾和后排位置上方各安装了一个醒目的摄像头，车窗下方则是一个红色按钮。威利安说，只要按下红色按钮，ECU911 指挥中心就会收到求救信号，同时车辆的位置和车内即时影像会显示出来。

在基多 ECU 911 指挥中心大厅，记者看到，监控大屏幕上有着不同地方的画面，百余名接线员不时接听民众的求助热线或是处理着电脑屏幕上民众发来的紧急情况信息。"平台全天候运作，每个接线员每天平均会接到 70 至 200 多通热线"，接线员路易斯告诉记者。

厄瓜多尔内政部长塞萨尔·纳瓦斯（采访时还是安全协调部部长）对《环球时报》记者表示，ECU911 投入使用后，恶性犯罪率大减。通过实时监控，公共安全部门有效预防了一些犯罪事件的发生。更重要的是，厄瓜多尔对于紧急情况的应急处理机制也通过这个综合系统平台得到大大加强。从前，公安、消防、急救、交通事故等部门各有热线电话，而现在民众只需通过 911 便可获得专业全面的紧急服务，这对国家公共安全系统意义重大。

纳瓦斯说，ECU911 让厄瓜多尔的应急处理机制得到大大加强，在地震抢险救灾过程中甚至成为指挥中心。"在看到 ECU 911 系统高效运行且成效显著后，拉美许多国家专程派人到厄瓜多尔观摩这个国家级公共安全系统。"

帮巴西打通"大动脉"

"中国正在买下整个巴西。"在巴西，每当《环球时报》记者介绍自己的身份时，经常引来当地朋友这样调侃。这些调侃中自嘲成分居多。巴西今年刚摆脱经济衰退，中国投资对于巴西而言可谓雪中送炭，而中企参与的基建工程更是帮了巴西大忙。

去年 12 月，由中国国家电网公司与巴西国家电力公司联合中标的巴西 ±800 千伏美丽山特高压直流输电一期工程正式投入运营。作为国家电网公司在海外中标的首个特高压直流输电项目，一期是装机容量 1123 万千瓦的美丽山水电站的第一条送出工程。这条贯穿南北的"电力高速公路"横跨 4 个州，穿越 66 座城市，输送距离 2076 公里，输送容量 400 万千瓦，总投资额达 60 亿雷亚尔（1 雷亚尔约合 2 元人民币）。

巴西幅员辽阔，人口与能源分布不平衡。北部水电资源丰富但人口稀少，东南部人口密集而电能紧缺，"北电南调"一直是巴西"国之大计"。据《环球时报》记者了解，美丽山一期工程能满足 2200 万人口年用电需求。一期建设也带动巴西电源、电工装备、原材料等上下游产业发展，创造就业岗位 3 万多个。

与此同时，由国家电网公司独立投资建设的二期工程也已全面开工。工程由西北到东南，途经 5 州，将新建 2518 公里输电线路及两端换流站，总投资额约 96 亿雷亚尔。项目建成后将成为南美最长的输电线路。

"中国投资巴西基础设施正逢其时，对巴西经济长期发展而言弥足珍贵"，巴西亚太—中国研究所所长塞维利诺·卡布拉尔对《环球时报》记者表示。去年，中企相继实现对巴西机场、电站及港口的收购，中国—巴西扩大产能合作基金也正式启动。伴随着巴西逐渐摆脱衰退，在巴中企走出阶段性困难，也为巴西经济复苏提供了强心剂。

拉美精英共识："未来的生意在中国"

从厄瓜多尔到巴西，中国在拉美的经济活动越来越多，中国已超过美国成为该地区不少国家的头号贸易伙伴。美国对此是焦虑的。由于特朗普缺席美洲峰会，美国"Axios"网站 11 日援引一名美国学者的话说，华盛顿白白将加强与拉美伙伴关系的机会送给中国。报道同时承认，拉美地区不在美国"优先考虑"的名单上已有很多年。

抛开美国的焦虑不说，拉美一些国家和民众对中国的认知较浅，对中拉合作了解不全面，这也是事实。曾常驻南美的媒体人王觉眠对《环球时报》记者说，个别过去经济好的国家对中国的强盛感到心虚自卑，但表现出来的是不屑。当然也有国家跟中国的关系很扎实，比如厄瓜多尔。

王觉眠说，2008 年北京奥运会是一个重要节点，"如果之前只是以美国式思维将中国视为遥远、神秘、落后的国度，那么之后拉美人开始重新认识中国"。但总体上，拉美人主动了解中国的愿望不强烈，他们在观望，看中国是否会一直强大，"主要是美国的影响太深，即使他们偶尔给美国一些脸色，也是做姿态，博取美国关注"。

《人民日报》高级记者丁刚曾常驻巴西，他对《环球时报》记者说，拉美人对中国的看法与"中国制造"有关。大约从 15 年前开始，中国制造的产品越来越多，一些拉美国家的首都和大城市出现了中国商品一条街。那时，质量较差是中国产品的普遍特征。之后，"中国制造"档次持续提升，当地人对中国的印象也在改变。尽管如此，拉美媒体对中国的报道相当大程度上还是转引西方媒体，因此观点和倾向也相似。

丁刚表示，中国在拉美的投资大幅增加是一个巨大变化，也让涉及拉美利益的中国新闻越来越多，而不像过去完全不需要关心中国。可以说，中国经济直接影响拉美。他提到，拉美学者现在谈当地经济发展，常表示已经离不开中国，很多非中国主题的研讨会上也会出现关于中国的话题。

有一个突出现象是，越来越多拉美精英对中国兴趣浓厚，他们热衷于与中国商人见面。在高档商场的试衣间，可以听到上层女性谈论丈夫、儿子怎样见了中国企业家。"未来的生意在中国"成为拉美精英的一个共识，并影响到很多当地中小商人。

最近，《环球时报》驻阿根廷记者在协办一些中拉合作宣传工作。大多数时候，中方还没提及，对方就表示不希望过多拍摄中国风光，而是希望展现现代中国以及中国的现代发展过程。很明显，中国对于拉美民众的吸引力已经不再是传统意义上的文化交流，武术、戏曲等传统符号已经不能满足他们的胃口。

（本报驻巴西、阿根廷、墨西哥特派特约记者：

张远南　刘欣　王骁波　本报记者：赵觉珵

王海林　《环球时报》2018 年 4 月 12 日）

巴拿马和中国，顺风顺水这一年

"巴拿马—中国自贸协定谈判会以一种让两国都满意的成果完成，因为这正是我们要找到的双赢之道。"巴拿马新闻网站"Panama On"6月23日的大胆预测来自巴拿马的决策层，也包含着广泛民意。6月13日，是中国与巴拿马建交一周年的日子，巴拿马总统府通过"推特"回顾去年总统巴雷拉访华时同中国领导人并肩走在红毯上的短视频，并在推文中写道："巴中建交一年，就已在贸易、金融、旅游、海事和航空领域取得许多合作成果。"《巴拿马之星》等巴媒也在回顾两国建交一年来的收获时感慨："与中国建立外交关系将给巴拿马带来巨大的机遇。"近日，《环球时报》记者来到巴拿马城，在有着"世界桥梁"之称的巴拿马运河边，探访巴拿马的新变化，感受着顺风顺水的中巴新关系。

新生活：不再拉闸限电

"与中国建交短短一年，所有取得的成果都令人印象深刻。"巴雷拉总统近日在政府会议上这样说。从巴中两国互设使馆、巴在上海设领事馆到简化签证流程，从总统访华到两国在 23 个领域签署双边协议、北京—巴拿马城开通直航，这一切都是在两国建交后短短 12 个月中完成的，且两国的交流合作还在不断增多。

随着两国在建交一周年之际宣布正式启动中巴自贸协定谈判，巴媒报道说，未来巴拿马的咖啡、牛肉、土豆等有望更顺利地进入庞大的中国市场。在过去一年中，一个名叫"巴拿马中国联合委员会"的机构在北京成立，以加强和推动两国间在经济、贸易和投资领域的合作。

一年前亲历中巴建交的巴拿马驻华使馆参赞林锦珍 13 日在社交媒体上祝福道："庆祝巴拿马和中国建交一周年。巴中关系顺风顺水！"这位巴拿马华裔姑娘还配上去年中巴两国外长签署建交声明的历史性照片。若从 19 世纪中叶第一批华人漂洋过海来到巴拿马修建铁路开始计算，中国与巴拿马之间的交往其实已有 160 多年的历史。中餐馆、华人商店、华人银行……如今巴拿马城和科隆的街头时不时地会闪现带有汉字招牌的建筑。人口仅 400 多万的巴拿马，华人接近 30 万。据了解，巴拿马同台湾断绝官方联系后，台驻巴的办事人员撤得比较彻底，台巴政治联系不存在"藕断丝连"的情况。但此前来自台湾的华人和民企在当地仍有一些影响，如在科隆还有台企使用集装箱港口。中巴建交一年来，巴拿马人对中国有了更直接的认识。许多人如今一提起中国便会竖起大拇指。巴拿马城出租车司机里卡多告诉《环球时报》记者，以前他只知道巴拿马城几家中餐馆的具体位置，而现在他知道，是中国企业让他们告别了夏天的拉闸限电，是中国企业在科隆建造巴拿马最大、最现代化的港口，也是中国企业在巴拿马建造中美洲最大的国际会展中心。

里卡多所说的告别夏季限电要归功于中国金风科技。目前已并网的 2014 年一期（22 台机组）和 2016 年二期（86 台机组）风电场总装机容量达 270 兆瓦，占巴拿马全国总发电量的 8%，约能满足 10 万户家庭的用电需求。两期工程均使用金风科技自主知识产权的设备，一期工程为巴拿马首个风电项目，二期工程为巴拿马体量最大的风电项目，巴拿马两任总统先后亲临竣工仪式并剪彩。金风科技巴拿马服务公司技术主管杨小平告诉《环球时报》记者："巴拿马主要靠水力发电，水电占比达到一半以上，而风电的进入完善了巴拿马的电力结构。当地旱季时，降水少，但风大，风电的优势就凸显出来。风电场在旱季的发电量可达全年的 90%，正好和水电形成互补。"风电场附近一家中餐馆的服务员安东尼奥说："现在我们夏天可以吹上空调了。原来下午连空调都不能开，来吃饭的顾客都是汗流浃背。而自从 4 年多前风电场一期投入使用以来，就不用再限电了。"

中企给巴拿马带来充足电力，也改善了当地不少人的生活。金风科技巴拿马服务公司项目经理助理安娜·亚当斯说，2013 年，金风科技的 14 名外籍雇员中只有 3 人有车，而现在基本人手一车。

新港口：见证中国高效

稳定的高收入让巴拿马人对进入中企工作充满向往，甚至一些人扔掉"铁饭碗"主动跳槽中企。毕业于巴拿马科技大学海事和港口工程专业的达里奥·拉莫斯曾在巴拿马运河管理局任职，监管运河扩建分包项目协议。当得知有机会进入中国岚桥集团投资建设的科隆集装箱港口项目工作后，他毅然从巴拿马人人艳羡的运河管理局岗位跳了槽。拉莫斯说："建造如此大的港口在巴拿马历史上也不是经常有的，这更适合我的专业，也能让我获得在运河管理局没有的经历和磨炼。"

拉莫斯供职的科隆集装箱港口项目对巴拿马来说也是一个具有重大意义的项目。由岚桥集团投资打造的巴拿马科隆集装箱港口（PCCP）于2017年中巴建交前完成收购并正式动工。项目建成后，将拥有4个"超巴拿马型"集装箱船的专用泊位，成为巴拿马唯一可停靠15万吨级"超巴拿马型"集装箱船的港口，预计年吞吐量250万标箱。巴雷拉总统在该项目开工仪式上对参与投资建设的中国企业给予充分肯定和高度评价，认为"该项目开工建设标志着巴中经贸关系进入新阶段"。据了解，该项目将为当地创造至少2000个就业岗位，包括施工建设期间的800个工作岗位和建成运营后的1200个工作岗位。

《环球时报》记者从太平洋一侧的巴拿马城驱车一小时，来到在大西洋一侧的科隆，只见各式巨型货轮穿梭于港口，五颜六色的集装箱被整齐地排列在码头，一派欣欣向荣的景象。而在科隆东北方向一处名为"玛格丽塔岛"的小半岛上，大型履带式起重机、门式起重机、27米长臂挖掘机等大型设备正在忙碌着。正在项目工地干活的工人何塞以前在别的码头工作过，他告诉记者："中国企业的设备和技术不亚于发达国家，项目建设的效率更是令人印象深刻。"

巴拿马运河管理局统计数据显示，目前中国已成为仅次于美国的运河第二大用户。巴中建交一周年之际，巴拿马海事局局长豪尔赫·巴拉卡特也公开表示，航运业是巴拿马的支柱产业，巴中建交后，双方经贸合作进入快速发展期，特别是在航运、港口建设等方面将取得重大进展。

新会展中心：中美洲最大

巴拿马城西南的阿马多尔长堤位于巴拿马运河太平洋一侧出口，地理位置优越。长堤上的一片建筑工地里，建筑工人们正热火朝天地建设巴拿马的新地标——巴拿马国际会展中心。这个由中国建筑工程总公司下属中建美国南美公司承建的项目自 2016 年 9 月开工建设，建筑面积达 7 万平方米，今年下半年竣工后预计每年能为巴拿马带来超过 7 亿美元的收入。建成后，每年一届的巴拿马国际博览会也将从老会展中心迁至新中心举办。

"得益于优越的地理位置和日益完善的海空港建设与航线开拓，国际会展和旅游行业每年都为巴拿马带来不菲的收益，逐渐成为该国的支柱产业。建成区域内最大国际会展中心的意义对巴拿马来说不言而喻。"中建美国南美公司副总裁李俊告诉《环球时报》记者，这个可容纳 2.8 万人的会展中心明年计划举办 100 场展会，平均每场持续两到三天。巴拿马总统巴雷拉两次到新会展中心项目工地视察，可见该项目在巴拿马人心中的分量。谈及中建进入巴拿马的机缘巧合，李俊回忆说，当时中建在巴哈马有一个 40 亿美元的度假村项目，巴雷拉在访问巴哈马时途经度假村，感觉设计建造有模有样，便问是哪家企业建的，然后就有了中建美国南美公司与巴拿马的合作。

据会展中心项目执行经理路易斯·马尔克斯介绍，中美洲地区目前还没有一个如此规模、如此现代化的国际会展中心，巴拿马与中国的建交让更多的中国企业进入巴拿马，带来大量就业机会的同时也将促进双边交流与合作，加速巴拿马的社会经济发展。马尔克斯激动地说："我们将拥有中美洲最大的国际会展中心。项目上的 700 多名当地工人都为建设中美洲最大的会展中心而自豪！"公司设计经理安德雷曾在中国生活 15 年，他告诉《环球时报》记者："我父亲在我去中国前就说，未来的中国充满机会，而中国和拉美的合作前景无限广阔。"安德雷认为，目前在巴拿马能感受到的中国气息日渐浓厚只是一个开始，中国和拉美之间的联系会越来越多，彼此也越来越相互需要。

中建在巴拿马还有一个名为"希望之城"的住宅建设项目，是巴拿马政府积极推动的低收入保障房项目之一，建成后将改善近 1.3 万当地人的居住条件。仅会展中心和住宅项目就给当地带来超过 2000 个就业岗位。难怪巴雷拉总统说："中国在巴拿马经济发展中一直扮演重要角色。"

一年来，"中国热"带动了巴拿马的经济热，而在这个中美洲国家，也出现了"汉语热""中国文化热"。如孔子学院在巴拿马落成、50 名巴拿马学生组团到中国学汉语。据了解，这 50 名学生是从 3000 多名报名的学生中精心遴选出来的。《巴拿马之星》评论说："我们必须让巴拿马民众了解到，'中文热'将使巴拿马成为中国在中美和加勒比海地区最重要的市场。"

（记者：王骁波　白云怡　《环球时报》2018 年 6 月 25 日）

多米尼加，想借力中美联通世界

——这个五百年前哥伦布探险的登陆点，会成为本世纪的地缘政治支点吗

由中国公共外交协会和环球网组织的中国智库媒体代表团 10 月中旬结束了墨西哥、巴拿马和多米尼加 3 个拉美国家之行。我作为成员之一，曾在巴西等拉美国家工作和采访，这次重回旧地，特别走进今年 5 月刚与中国建交的中美洲和加勒比地区最大经济体——多米尼加，感慨良多。几天前，美国国务卿蓬佩奥警告巴拿马等拉美国家和中国做生意要当心，因为中国国企在从事"掠夺性经济活动"，这一表态显示出美国的焦虑——中国人在"美国后院"的影响力上升。20 多年前华盛顿说这样的话可能还管点用，但现在再说，已没那么管用了，原因是拉美在与中国的交往中已获得实实在在的收益。在多米尼加的这几天，可以深切感受这个人口只有千万出头的国家如何期待借力同中美两个大国的合作来获得改变。

合作拉近中多距离：
近期目标基建，中期目标旅游

今年 5 月，多米尼加政府断绝同台湾的所谓"外交关系"、中多建立大使级外交关系时，路透社曾援引一名不愿透露姓名的台湾官员的话称，据初步预估，中国（大陆）至少为多米尼加提供了 31 亿美元的投资、财政援助和低息贷款。这番恶意的抹黑立即受到多米尼加总统梅迪纳的严正驳斥："不！事实并非如此""中多两国建交没有任何附加条件"。他认为，中多两国建立外交关系是以合作原则为基础的，两国广泛的合作将造福两国人民。

在首都圣多明各的一条大街上，当地华人指着一幢白色的两层小楼告诉我，几个月前，那里还是台湾的"大使馆"，但现在人去楼空，黑色的铁栅栏门上挂着房东招租的广告牌。这个小楼的现状是对中多建交方式的一个很好注释。

据了解，早在 2012 年，梅迪纳执政伊始就有了和中国建交的"清晰决定"。从巴拿马建交谈判开始，中方采取了政治与经济分离的方式，即不带附加条件。同时，建议对台湾"外交机构"实行撤牌、撤馆和撤人的全方位清除，不再给其卷土重来的可能，这在内部称为"巴拿马模式"。在巴拿马之后与中国建交的多米尼加、萨尔瓦多都延续了这一模式。

中国与多米尼加、萨尔瓦多和巴拿马三国建交是水到渠成的事情。早在中多建交前，已有中企来多米尼加开拓。华为最新手机的广告出现在当地街头，中交建承包的网络工程项目陆续开工，电器商店里摆放着联想品牌的产品……我们在酒店和机场还碰到来这里签约、考察的中国民用航空局副局长王志清、徐工集团驻加勒比区总经理吴淑新，他们都对推动与多米尼加的合作寄予厚望。

这次拉美行前，我们就了解到，一些中国的旅行社正尝试开通多米尼加的团队游。中方也在与巴拿马、哥斯达黎加和多米尼加三国商谈，以期尽快达成"一签通三国"的协议。一位表示将随梅迪纳总统访华的多米尼加外交官告诉我，吸引更多中国游客并不是他们的近期目标，因为软硬件的配套都需要准备，如有更多的中文导游、扩大酒店和旅游地的接待能力等，但他们近期目标是加快与中方合作推进基建和开发金矿、铜矿等矿产，中期目标才是旅游。

几年前我在拉美地区担任常驻记者时，曾多次到加勒比国家，这次重返，才意识到中国企业在这一地区扩展之快。有外交权在美国手里被称为"第五十一州"的波多黎各也为之动心。波多黎各驻多米尼加商务代表居安·马里西奥对此行的环球网记者说："尽管中美两国之间存在分歧，波多黎各依然希望在人文交流和旅游方面加强与中国的合作，这也在一定程度上反映了加勒比地区对中国的态度。"

加勒比海大联通：
"国家很小，胸怀远大"

多米尼加位于加勒比海大安的列斯群岛中的伊斯帕尼奥拉岛东部，西接海地，南临加勒比海，北濒大西洋。在多米尼加外交部会议大厅举行的"一带一路"研讨会上，多米尼加科学院的爱德华多·克林格教授向近百位参会者展示了多张加勒比地区的联通图。这些图表是他的构想，也是多米尼加人对"一带一路"的期望。

这位熟知加勒比海岛国联通现状的学者，从多米尼加南北铁路规划讲起，设想了多米尼加、海地、波多黎各、古巴、牙买加、巴哈马等数个加勒比海岛国未来联通的可能。克林格没有忽略美国，因为加勒比国家离美国太近，巴哈马距离迈阿密只有200多公里。

克林格设想中的网络联通的另一头就是迈阿密。他不回避这个敏感问题："加勒比地区的联通当然需要美国的支持。"谈到未来发展，克林格显得很兴奋。尽管现在来看，建成这样一个大联通的网络还有很多实际困难：不仅需要修很多铁路、桥梁、隧道和港口，更重要的是，这一网络的建成，终将取决于中美之间的合作，因为加勒比地区一直被美国看成是自己的"后院"。但我们从克林格教授的构想中感受到一种激情、一个梦想，那就是要加速自己国家和整个地区的发展。他说："我们国家很小，但我们胸怀远大。"我们在考察中看到，多米尼加的公路比较陈旧，不少路面坑坑洼洼，雨后积水严重，上网速度很慢。数位当地人士都提到，多米尼加需要更完备的公路和通信网络，需要重建港口，需要建设铁路，以发挥其加勒比海的运输枢纽作用。

多米尼加的政策趋向也与拉美地区政治思潮的变化同步——更加重视民生、就业和减少贫富差距。从表面看，拉美政治出现左翼减弱、右翼上升的势头，但从一些国家的大选和新上台政府的执政方针看，民粹色彩在加重，新提出的未来经济计划或更贴近普通选民。这为中国与这一地区国家的合作提供了机会。

与多米尼加外交、工商界人士交谈，不难体会到这个岛国渴望加快发展的迫切心情。圣多明各自治大学传播学教授拉法叶·帕拉代尔对我说，他一直关注"一带一路"进展，多中建交后为多米尼加创造很多发展机会。帕拉代尔的家族经营可可企业，目前主要向美欧出口。他希望未来能通过与中方合作扩大产量，向中国市场出口在全球市场上有"黄金可可"之称的多米尼加可可。为全面了解中国的发展现状，他正在组织媒体代表团，计划明年 2 月出访中国。

希望建交后多出成果：
用"中国制造"，夸大陆游客

多米尼加的面积不到 5 万平方公里，人口 1000 万出头，黑白混血种人和印欧混血种人占 73%，白人占 16%，黑人占 11%。首都圣多明各的人口有 300 多万。据了解，在美国打工的多米尼加人也有数百万之多，仅在纽约就有 90 多万，很多家庭都依靠侨民汇回的美元生活。多米尼加几乎没有工业，其服装和电子产品制造主要靠美国给予的优惠配额和订单，产品大多返销美国。

中多相距遥远，北京和圣多明各的直线距离约 1.3 万公里。很多中国人知道，这个国家最有吸引力的是美丽的海滩、独一无二的蓝珀和如蓝天白云般的海纹石。这里还有 500 多年前哥伦布探险队的登陆点，圣多明各还保留着当年古迹。听到我们说蓝珀、海纹石，陪同我们的旅游部的官员卡洛斯·维拉兹奎笑着说："我们还有甘蔗、咖啡、可可和雪茄。"虽然中国人的印象中一直是古巴雪茄"全球第一"，但多米尼加人很不服气。维拉兹奎说："他们不过是推广比我们做得好而已。多米尼加雪茄的出口数量是古巴的 3 倍，世界上最贵的雪茄也是多米尼加生产的，一根就要 600 多美元。"不过，维拉兹奎最后强调说："我们与古巴的合作才是决定性的因素。将古巴的烟叶与多米尼加的烟叶混合起来，能制作出质量最好的雪茄。"

多米尼加物价近年来相对稳定。多米尼加民众的工资水平在这一地区属中等，一位软件工程师的月薪在 1000 美元以上。同大多数拉美城市一样，首都圣多明各的高级住宅区与贫民区形成鲜明对照，是这个国家贫富差距的真实体现。市中心富人区的公寓楼大约能卖到两三千美元 1 平方米，最贵的海景房可以达到 5000 美元 1 平方米，但在更便宜的地方，大概只有 400 美元 1 平方米。

多米尼加的华人大多经营贸易、餐馆和杂货店，据估算最多时约有 2 万，也有的说只有数千人。华人数量尚无固定说法，也与近年来由于委内瑞拉经济不好，从那里过来的华人有所增加有关。在首都圣多明各古城附近，有一条不长的"唐人街"，聚集着一些餐馆和店铺。一位圣多明各市民告诉我们，很多人都喜欢到这里来购物和吃饭。

我们的翻译姓梁，祖籍广东恩平。2002 年跟着父亲来这里打拼，曾就读于圣多明各大学法律系，25 岁拿到律师执业证，成为一家律师事务所的合伙人。他告诉我们，多米尼加是加勒比地区的最大经济体，人均国内生产总值 7000 多美元，其经济主要靠侨汇、旅游和出口加工业支撑。

圣多明各的几处小市场和街头商店，摆放着大量中国制造的衣物、箱包、鞋袜、文具等日用生活品。一位开礼品店的小商贩说，他喜欢中国货，因为中国货价廉物美，满足了当地百姓的需求。当被问到他是否知道"台湾"时，他很清楚地表示："台湾是中国的一部分，现在我们的政府与台湾断绝所谓的'外交关系'，与中国建交，我们希望与中国建交能有更多的成果。"

一位捧着盒子沿街兜售海纹石首饰的圣多明各小贩还告诉我们，他是如何区分大陆人与台湾人的。"台湾人来这里旅游不大喜欢购物，有一次来了艘大邮轮，下来很多台湾游客，我一件商品也没卖出去，而大陆人不一样。"他说。城区的一些出售琥珀和工艺品的店主看到我们走过，总会走上前来，用中文喊："琥珀！琥珀！"有的店主甚至还会用中文说出价格。

共跳"美凌格舞"：
中国很热情，美国很焦虑

对中国在加勒比地区影响力的迅速上升，美国十分紧张。多米尼加是以"哥伦布发现新大陆"为标志的西方大扩张的起点，首都圣多明各是欧洲人在新大陆建立的第一个永久殖民地，这个岛国后来又成为美国的"保护国"，它与美国和西方有着深厚的历史联系。

多米尼加位于加勒比海岛国链条的中间，在"美国后院"中的战略地位十分显著。1965 年多米尼加发生动乱，美国担心加勒比地区会再出现一个古巴，出兵数万。中国政府随即发表声明，支持多米尼加人民反对美国武装侵略，北京十万人集会声讨美帝武装侵略多米尼加。

2014 年，美国国会特设的美中经济与安全审查委员会（USCC）发布一份报告，全面讨论中国与加勒比地区国家的关系问题。巴拿马、多米尼加和萨尔瓦多三国与中国建交后，华盛顿一度召回驻三国的使团代表，并威胁尚未与中国建交的国家不要作出同样选择，否则将会受到惩罚。对此，巴拿马总统巴雷拉发表声明，敦促美国尊重该国作为主权国家做出的决策。

美国在这一地区的影响有着历史和传统的原因，在政治、经济和文化等诸多领域都有深厚根基。中国的到来并不会动摇这些根基，中国也从来没有打算在这里替代美国。很多中企来这里发展，是因为贸易和企业发展到一定规模自然而然形成的。

不久前，法国新闻网"Worldcrunch"刊发题为"眼光长远的中国加勒比海战略"的文章。文章称："中国崛起再次提升加勒比地区的重要性，并可能在本世纪内将其变成一个真实的地缘政治支点。"该文的表述同样富有想象力："中国在'美国后院'打造出地缘政治支点？"但此次拉美行的见闻告诉我们，中国在这个"后院"的存在已成常态，但五星红旗出现在这里与星条旗在亚洲、在南海的出现有根本不同——中国人开过去的是货轮，运的是民用的货物，建设的是商业港口，激发的是共同发展的热情。

中国驻多米尼加大使张润用"美凌格舞"来形容中多关系。这种起源于多米尼加的民间舞蹈节奏明快、热情奔放，风靡加勒比地区。张大使说，中国和多米尼加需要站在坚实的政治舞台上，伴着两国友好互动的美丽乐章，跳出最优美的美凌格舞。

（作者：丁刚，人民日报高级记者
《环球时报》2018 年 10 月 25 日）

为"世界大粮仓"开路　帮"潘帕斯雄鹰"充电

从北到南，看中企深耕阿根廷

　　"世界粮仓"阿根廷是拉美地区综合国力较强的国家，但铁路交通滞后、电力不足等问题一直困扰着这只"潘帕斯雄鹰"，导致粮食产品在国际贸易竞争中失去价格优势、百姓日常生活遭遇很多不便。近些年，随着中国在这个距离遥远的国家投资增多，特别是基础设施建设、能源等领域合作项目的推进，当地社会已发生变化。在布宜诺斯艾利斯举办二十国集团领导人峰会期间，《环球时报》记者走访中国企业在阿根廷发展的最新情况。正如阿根廷—中国商会执行理事埃内斯托·塔沃阿达所说，当阿根廷经济不景气、欧美企业在阿投资兴趣下降时，中企参与的项目犹如及时雨，改善当地就业与民生，对经济的拉动作用十分明显。

翻修铁路，打通大动脉

　　在一望无际的潘帕斯大草原上，一列工作车伴随着汽笛声行驶在阿根廷贝尔格拉诺货运铁路（简称"贝铁"）上。几年前，这段几乎被荒废的铁路还残破不堪地掩埋在荒草与土石之间，但今天它变得光亮而崭新，重新迎接轰鸣的列车。乘着列车前行，两侧风光不断变化，辽阔的草甸、碧绿的农田、黄色的沙土，阿根廷独特的地理风貌不断映入眼帘。

贝铁建于 1876 年，从首都布宜诺斯艾利斯向西和向北延伸，是一条连接阿根廷十几个粮食产区和罗萨里奥港的"大动脉"。过去 20 多年，由于阿根廷国家政策调整和经济动荡，贝铁大部分路段渐渐陷于荒废，整个路网全线 7409 公里的货运路段一度仅有 1400 公里勉强营运，火车平均时速不到 30 公里，且事故频发。

让贝铁重焕生机的是一家中企：2013 年 12 月，中国机械设备工程股份有限公司与阿根廷签署贝铁改造项目总承包合同，对其中长达 1500 公里的路段进行翻新整修。该项目经理尹志新告诉《环球时报》记者，自 2014 年 9 月开工以来，贝铁改造项目已完成 500 公里轨道的重铺翻修并交付验收，而全部路段的改造预计将于 2019 年完成。此外，中国提供的 107 辆机车和 3500 节车厢均已到位。尹志新欣慰地说："如今，列车在已交付的 500 公里路段上来来往往。根据我们的设计，贝铁时速可达每小时 80 公里，挂车数量达到每列 100 节车厢。即使在目前信号系统等条件还不完善的情况下，列车也能跑每小时 50 到 60 公里，比原来速度快得多。"

在尹志新这样的中国铁路工程专家看来，贝铁改造工程还带来运力的显著提升：贝铁覆盖的区域都是阿根廷最重要的产粮区，以前铁路不发达时，玉米、大豆等粮食多采取卡车运输的方式，运力小、成本高，导致阿根廷的粮价在国际市场上竞争力不强。他表示："改造后的贝铁将为阿根廷这个农业大国的出口提供一条更有力的运输大通道。"

阿根廷交通部的统计数据或许更为直观：今年 7 月，贝铁共运输货物 180722 吨，为近 20 年来最高值；而 2015 年 7 月仅为 75502 吨。阿交通部长迪特里希说，与中国企业合作以来，阿根廷铁路货运成本降低 40%，很多客户又重新选择铁路运输。

工地上，《环球时报》记者看到一群阿根廷工人正在给土层换土，添加石料并夯实。不远处，另一群工人正有条不紊地进行着钢轨接缝检测和重新焊接。他们清楚，脚下的工程正悄然改变着每个人的生活。由于交通不便导致有货运不出，阿根廷北部许多农场一度荒废，经济社会发展相对落后。铁路升级后，数以万计的生产者将重新融入阿根廷的物流经济体系，并因此获益。这一大动脉的打通也将为阿根廷增加出口创汇、改善贸易平衡创造更多有利条件。

建水电站，破解"大停电"

从布宜诺斯艾利斯向南飞 3 个小时，就是地广人稀的南美"巨足"之地巴塔哥尼亚。500 多年前，随麦哲伦环球旅行的欧洲学者看到当地土著居民脚上穿着笨重的兽皮鞋子，就给这里取了"巨足"这样有趣的名字。巴塔哥尼亚有高寒深远的天空、郁郁葱葱的白桦与松林，还有纯净并宛如钻石的莫雷诺大冰川，仿佛就是"世界的尽头"。即使是夏天，这里的人在户外活动时也要穿厚厚的冲锋衣，以抵御大风。

就在这片遥远的蓝白色之地，也能看到中国企业的足迹。在莫雷诺冰川下游 200 多公里的地方，中国葛洲坝集团与阿根廷企业组成的联营体正积极建设孔多克里夫和拉巴朗科萨两座水电站（简称"孔拉水电站"）。为避免水电站对上游的自然湖泊阿根廷湖产生不利影响，水库蓄水高度比最初的设计低了 2.4 米。此外，水电站还设计了鱼道、生态放水底孔等，以满足当地居民对生态环保的要求。水电站项目常务副总经理袁志雄告诉《环球时报》记者，孔拉水电站是位于世界最南端的水电站，也是中国和拉美合作的最大项目，总投资约 53 亿美元。此外，它还是中国企业目前在海外最大的电力投资项目，是阿根廷在建的最大能源项目，项目建成后可以提升该国电力供应的 6.5%。

电力供应紧缺一直是困扰阿根廷的一大问题。在阿根廷居住过的人大多体验过"缺电"的苦恼——特别是每年 12 月下旬南半球盛夏时，阿根廷都要来上几场"大停电"。居民家里空调停摆，冰淇淋店的雪糕因为冰箱无法使用而融化，就连商场和学校里也常黑洞洞的。在这样的背景下，孔拉水电站建设的意义不言而喻。据袁志雄介绍，项目建成后，预计年平均发电量达 49.5 亿千瓦时，可以满足约 150 万户家庭的日常用电需求，并为阿根廷每年节约燃油进口所需的 11 亿美元外汇。

根据葛洲坝集团与阿根廷合作方的规划，孔拉水电站预计将在 2019 年 4 月进行第一次混凝土浇筑，并在 2022 年 4 月实现首台机组发电。要如期完成这个目标并不容易，在高纬寒冷地带，中方技术人员和阿根廷工人不得不顶着风沙、穿着厚厚的外套和防护帽共同作业，尤其在冬天，极端低温会让施工变得十分艰难。尽管条件艰苦，但承载着阿根廷人的期盼。袁志雄说，施工高峰期需用 5000 名员工，其中超过 80% 来自阿根廷当地，这对该国的就业推动不容小觑。与此同时，施工中钢筋、水泥、柴油等主材与拌和筛分系统设备也均采购自阿根廷本地，给相关产业的发展注入了一剂"强心针"。据他估计，孔拉水电站为当地创造的间接就业岗位能达到 1.5 万个至 2 万个。

规避风险，中企不会选边站

阿根廷民众希望中国参与的铁路、水电站等大型工程能尽快改善他们的生活，但有时项目的推进也会出现一波三折的情况。以孔拉水电站为例，该项目 2013 年正式敲定，但 2015 年末阿新一届政府上台后先是经历合同条款变更谈判，后又因所谓"环保人士及居民质疑"于 2016 年年底被阿最高法院裁决暂停，直到 2017 年 10 月才重启。实际上，孔拉水电站的遭遇是因为被牵连进阿根廷的内部政治争斗：该项目是前总统克里斯蒂娜任内最重要的公共工程项目之一，水电站甚至一度还以克里斯蒂娜已故丈夫、同样担任过总统的基什内尔的名字命名。而当执政党更替后，这些也一度成了项目的"风险因素"。

"政治风险是中国企业在阿根廷经营面临的主要风险之一。"有了解阿根廷等国政治形势的中企人士告诉《环球时报》记者，在一些拉美国家，政治内斗往往十分激烈，用各种手段把反对党打下去，永远是最重要和最惯常的，有时中国企业和相关项目就成了内斗的靶子和牺牲品。新上台的政党不仅重新任命部长等高层官员，还要把政府及国企中层人员"大换血"，甚至更换无党派所属的国务秘书。这些做法会导致国家发展规划缺乏延续性。

让《环球时报》记者印象深刻的是，在和阿根廷—中国商会执行理事埃内斯托·塔沃阿达讨论这个话题时，他连连摆手说："对不起，对不起。项目进展缓慢真的不是中企的错，而是阿根廷传统政治风格的错。"他解释说，自己国家的政治生态比很多人想象得还要复杂，工会、环保组织等都是重要的政治势力，如铁路的修建可能会威胁到卡车工会的利益，这时他们就会找各种理由对政府表示抗议。塔沃阿达建议，中国企业在阿根廷发展比在其他国家更要注意不要在政治上"选边站"，而且要注重项目本身的实际效益。"事实上，目前仍在阿推进的几个项目，都是因为能为双方真的带来实在效益，才能历经各种考验继续存在。"至于阿根廷政府是否会因"亲美"等立场而影响对中国大型工程的态度，塔沃阿达表示："这不是一个问题，因为阿根廷政府'亲美也亲中'，同时和两国保持良好合作关系一直是阿根廷的现实需要。"

另一个被炒作的问题是中国工程在阿根廷的盈利前景和为该国带来的潜在债务问题。对此，袁志雄表示，孔拉水电站建成后每年收益可达 11 亿美元，只要短短几年阿根廷就可收回投资成本，无论是项目本身的盈利前景还是更深远的经济效益都非常乐观。尹志新则认为，贝铁翻修的贷款金额约 30 亿美元，这对阿根廷来说并不是一笔很大的负担。尽管阿根廷面临严峻的经济考验，但程度早已不像 2001 年遭遇金融风暴时那样严重，其经济状况依然比世界上许多国家要好得多，人均 GDP 约 1.4 万美元。依靠粮食出口，阿根廷创汇能力依然较强。

拉美和加勒比经济委员会前顾问恩里克·杜塞尔告诉《环球时报》记者："基建工程耗资巨大，任何国家都不会免费施舍。这就是考验各国战略眼光的时候：到底最需要什么样的基建项目？是华而不实的还是能服务公众和社会的？并且是否已提前做好规划，用不同的方式来偿还债务？"在他看来，决定一个国家债务状况的是该国政府的财政政策，而非来自中国的工程项目。

（记者：白云怡　《环球时报》2018 年 12 月 13 日）

援建南太，中国何以遭"抹黑"？

针对澳大利亚一名官员攻击中国在南太平洋地区的援建"大而无用""为建而建""附加不利的金融条款"等，中国外交部发言人15日再度回应称，发表上述言论的人心态可能有问题，无中生有的指责实际上是不愿看到太平洋岛国实现自主可持续发展。其实，那名官员话音刚落，就有南太媒体劝告澳方先做做功课，萨摩亚总理更是直斥澳官员言论"侮辱太平洋岛国领导人的智力"。作为从事南太研究且刚从斐济、萨摩亚和瓦努阿图等南太国家调研归来的学者，我们也有话说。

建机场大楼，派数学老师，助健康瘦身……
看，这些是我们在南太做的项目

去年11月底，笔者到访"地球上最东边的首都"——萨摩亚首都阿皮亚，在法莱奥洛机场落地。一下飞机，笔者就感受到太平洋的"热情"——实在太热。所谓入境大厅只是一个铁皮房，蒸笼一般。因入境检查全靠手工，整架飞机的乘客不得不在"蒸笼"里排队，这让不少人瞬间萌生"再也不来此地了"的想法。其实，这正是南太岛国薄弱基础设施的普遍情况。

笔者看到，入境大厅旁是由中国公司建设的新候机楼。待一周后笔者离开萨摩亚时，该楼已经启用。大厅宽敞、明亮，通风设施好，有吊顶电扇和空调（显然是中国品牌）。登机与出境手续都是电脑完成。整个离境过程轻松惬意，完全让人忘记了入境时的狼狈不堪。法莱奥洛机场负责人对笔者表示，新候机楼投入运营后，将极大改善游客体验，有助于吸引更多游客来萨摩亚度假。

无独有偶，就在今年 1 月 11 日，由中国援建的位于斐济首都苏瓦市中心的斯丁森桥和瓦图瓦卡桥竣工并交付使用。去过苏瓦的游客都能体会到，交通拥堵近年来已经成了个大问题，制约着该国旅游业的发展，而大桥的通车，将极大缓解苏瓦的交通问题。

中国援建的不止基础设施。以萨摩亚为例，目前有 5 名来自山东聊城大学的老师正在萨摩亚支教，主要教授中学数学。笔者在支教工作队队长石莹丽陪同下到访该国最好的萨摩亚中学时，正在这里支教的乔立山老师已经在此等候。他身着萨摩亚民族服装，皮肤黝黑，乍一看已与当地人无异。在调研时，该校学科负责人对笔者说，中国老师工作认真负责，专业知识很强，萨籍老师们经常请教中国老师。

由阿皮亚向东 40 分钟车程，是中国援建的法雷瓦奥小学。一进学校，笔者就被热情的孩子们包围了，他们主动跟笔者合影。拍照后，孩子们伸出大拇指，指了指笔者，又指了指旁边刻着中萨两国国旗的学校招牌。

萨摩亚人和其他不少南太岛国人一样，体形偏胖，全国肥胖率达

86%，原因是饮食上以高淀粉作物和肉类为主，少有蔬菜。中国援萨农业专家克服当地高温多虫等不利条件，培育种植出适合当地环境的菌菇和其他蔬菜，丰富了当地人的菜篮子，也为萨摩亚人瘦身、改善健康作出贡献。

笔者在瓦努阿图期间，赶上瓦国乒乓球队训练，遇到中国乒乓球教练刘民忠。2017 年，南太运动会在瓦努阿图举行，中国对瓦国开展以场馆建设、器材维护、人员培训为主的援助。近 190 名瓦国运动员、教练员来华 5 个月，中国 15 人教练组比赛前后赴瓦执教 60 天。

事实上，自上世纪 90 年代后期开始，中国就对瓦国进行了 10 期乒乓球培训。在中国教练指导下，瓦国已经成为南太乒乓球强国。刘民忠教练说，瓦国上下对中国援助非常认可，民众对中国援助的感恩是发自内心的。"我们不管走到何处，听到的都是一片赞美之声，甚至连反对党的领袖及主要骨干都被折服，逢人就说中国好，中国是瓦努阿图的好朋友！"刘民忠的主力队员约书亚的父亲就属于反对党，约书亚在这次的南太运动会上获得 4 枚金牌，成为本次运动会最佳运动员。

为提高太平洋岛国公务员队伍的素质和能力以及不同技术领域人员技能，近些年中国政府向南太地区提供了大量人力资源培训机会。例如，2013 年 11 月，中国浦东干部学院举办了"斐济公务员研修班结业仪式"。通过赴华培训，很多岛国官员也更新了对中国的认识。

上述只是中国与南太国家发展合作的诸多项目的很小一部分。通过与中国合作，南太岛国减少了进口依赖，提升了民众收入，增强了政府公共服务能力。当然，这些援助效果如何，岛国人民最有发言权，而他们的态度从萨摩亚总理"怒怼"澳官员就可看出一二。

他们"做得少、说得多"，我们"只做不说"
中国援助存在一个"大问题"

在一般人印象中，南太岛国遥远且"袖珍"，主要是旅游之地。这是实情，但该地区有比旅游重大得多的价值。南太是一个多岛海域，蕴藏着丰富的海洋资源。像太平洋岛国基里巴斯，陆地面积不如北京市通州区大，但其领海、毗连区、专属经济区等组成的"蓝色国土"超过350万平方公里。这代表了南太平洋地区的现实：岛屿小国，海洋大国。

由于邻近赤道、人口稀疏、海域广阔，南太也是经略大洋洋底、航天、南极、宇宙空间探索的得天独厚的地区。此外，由于地理上的邻近与文化背景的一致性，南太岛国在联合国等国际组织中一旦做到一致对外发声，势必会形成一股强大力量。在"一国一票"的体制下，人口19万的萨摩亚和人口13亿的中国同为一票。这就是全球治理中所谓的"南太票仓"现象。

过去，受各种因素尤其是西方媒体影响，不少太平洋岛国对中国严重缺乏了解，因此产生一些误解和疑虑。近些年来，中国与太平洋岛国的发展合作让南太人民了解了真实的中国，增进了民心相通。

但中国对南太岛国的援助就没有问题吗？有，而且很大，那就是太不会宣传。由于"只做不说"，话语权旁落，中国项目往往被澳大利亚及其他西方媒体说三道四。

一个典型例子是，斐济首都苏瓦有一座多功能体育馆，由中国华西集团公司施工兴建。但笔者调研期间，并未在体育馆或周围找到任何"中国援建"的字样。相反，南太电信巨头沃达丰（澳大利亚）公司却借取得冠名权之机，在该体育馆放置硕大的沃达丰标识，极易让人误认为该体育馆为英国或澳大利亚援建。在其他不少中国项目所在地，我们也没有发现中国的标识。

"做得少、说得多"是澳大利亚等国的特点。2015年最强飓风"帕姆"袭击瓦努阿图，首都维拉港遭受重创，中国政府除在第一时间提供紧急人道主义救援外，还承担了马拉波学校的重建工作，由烟建集团承建。笔者在进行实地调研时发现，该项目工程量巨大，需要承建全部教室、宿舍、办公室、图书馆和道路等。而我们在维拉附近的一所小学考察时却发现，澳大利亚仅承建一间教室，但澳大利亚国际发展署（AusAID）及其"袋鼠"标识却到处都是。又如，在萨摩亚国立大学，澳大利亚仅援建一栋平房，却远远就插上"袋鼠"标识，不免给人以错觉，以为所有办公区域都是澳大利亚援建的。

用醒目的标识，是西方国家提供援助的通用做法。漫步苏瓦街头，贴有美国标识的垃圾桶随处可见。笔者还看到日本援助的一个小小储水罐，也醒目地标出"日本援助"字样。

在宣传中国援助上，萨摩亚是一个正面案例：在中国援建的海洋学院、小学、体育设施等项目实地，都能看到标识醒目的"中国援建"（China Aid）字样，并配有中萨两国国旗。笔者发现，这非常有利于提升我国在当地的形象。在访谈中，即使在援建工程较远地方的当地人，也表示知道中国援建的这些应对气候变化的设施。可惜的是，萨摩亚的经验尚未充分在整个南太推广。

中国动了谁的"奶酪"？
澳霸主心态越焦虑越失衡

最近发生的这场争论，暴露出一个深层次问题——澳大利亚长期以来在大洋洲以"老大"自居，对待小岛国有一种"牧羊犬心态"，把他们当做自己管理下的"羊群"。然而，这种"牧羊犬模式"如今越来越难以为继。这是澳部分政客感到焦虑的症结所在。

大洋洲有十几个岛国，大多陆地面积小，有的甚至可以说是"袖珍国家"，跟澳大利亚远远不是一个数量级的。早在19世纪末，一些澳大利亚民族主义者就认为欧洲殖民者退却后留下的权力真空应由澳大利亚来填补。二战后，澳大利亚利用该地区的去殖民化浪潮，排挤英法等国，逐步塑造了自身在该地区的地位。澳国内一直存在一种主张，即认为自己可以用手中的权力成为地区领导者，将南太视为自己的"势力范围"。澳近年来将自己定位为"中等强国"，更强化了这种"使命感"。

该地区其实另有一个领导者——新西兰。但新西兰的国家实力比澳大利亚弱得多，而且新西兰主要以外部势力为打击对象：例如上世纪八九十年代通过构建"南太无核区"，在该地区打击法国、限制美国；通过推动南太海洋资源管理，限制和排挤日本、韩国等渔业大国的经济活动。这些举动也让澳大利亚搭了便车。

让澳大利亚"焦虑"的是中国。2014年11月，习近平主席访问斐济并在楠迪会见与中国建交的8个太平洋岛国领导人。习主席表示，中国真诚欢迎岛国搭乘中国发展快车，愿同岛国深化经贸、农渔业、海洋、能源资源、基础设施建设等领域合作。这个表态受到南太岛国普遍欢迎，而一些澳大利亚人却由此产生莫名疑虑。而中国强大的基建能力，更是让澳方一些人恐惧。

然而，笔者认为，中国在南太地区的经济活动只是令澳大利亚焦虑的表象。真正的深层次原因，是太平洋岛国联合自强的趋势。近年来，太平洋岛国在国际舞台上的"能见度"不断提升。斐济成功举办

《联合国气候变化框架公约》第 23 次缔约方大会；萨摩亚成功举办"第三届小岛屿发展中国家国际会议"；巴新即将主办 2018 年亚太经合组织（APEC）领导人非正式会议。太平洋岛国在国际事务与全球治理上积极发声，还积极推动区域合作新机制（如太平洋岛国发展论坛），推进区域贸易自由化、交通电信等基础设施的互联互通、渔业政策协调等。

　　这些举动都加大了太平洋岛国对澳大利亚的"离心"倾向。例如，太平洋岛国视气候变化引起的海平面上升、飓风活动加剧、海水侵蚀与土壤盐碱化等为威胁它们生存的重大问题，而澳大利亚作为"伞形集团"（Umbrella Group，包括美国、日本等）一员，长期以来推卸自身作为发达国家在应对气候变化上应尽的责任义务，诸岛国对澳不满已久。再如，斐济牵头成立的太平洋岛国发展论坛（PIDF）是第一个将澳大利亚排除在外的重大区域合作机制。最后，太平洋岛国纷纷响应中国"一带一路"倡议，认为中国为其发展提供了"另一种选择"。这些才是让澳大利亚感到焦虑的根本原因。

（作者：陈晓晨为中国人民大学重阳金融研究院国际研究部主任、研究员，吕桂霞为聊城大学太平洋岛国研究中心研究员，池颖为中国人民大学重阳金融研究院实习生　《环球时报》2018 年 1 月 16 日）

从课桌上印着"深圳"的友谊学校，到满满中国味的独立大道

走访巴新中资大工程

巴布亚新几内亚（巴新）主办亚太经合组织（APEC）第二十六次领导人非正式会议，使得这个南太平洋小岛国一下子吸引了全球的关注。作为 APEC 中经济发展相对落后的经济体，巴新是澳大利亚以及中国等进行援助的对象。然而，随着近年越来越多的中国企业前往该国投资建厂，修建基础设施，一些西方媒体及机构有了"想法"，从"不必要"的工程，到所谓"债务陷阱"，他们对中国妄加非议。中国在当地的活动究竟带来了什么？《环球时报》记者近日实地走访在巴新承建各类工程的中国公司，听他们讲述在海外的故事。

"布图卡学园"——来自中国"时尚之都"的礼物

在巴新首都莫尔兹比港南区的"KilaKila"地区，坐落着中国巴新友谊学校·布图卡学园。蓝色的桌椅整齐地摆放在宽敞明亮的教

室里，多媒体设施一应俱全，学校占地面积 50582 平方米，包括幼儿园、小学部、中学部，可容纳约 3000 名学生就读。

这是深圳市积极响应"一带一路"倡议而在莫尔兹比港援建的学校。2016 年 2 月，深圳特区建发集团接到任务后，迅速着手土地调研与初步方案设计，聘请当地律师，前后研究 7 所学校，最终在 2017 年 3 月确定扩建原布图卡小学。

承建方中建钢构巴新有限公司总经理马帅接受《环球时报》记者采访时说，学校正式开始施工是在 2017 年 8 月，完工时间是 2018 年 8 月，虽然工期比较短，但公司选用国内领先的装配式建筑，时间和质量上都有保障。

据马帅讲，学校刚开始建设时，由于文化、习俗、语言上的一些差异，参与项目的员工与周边的村民曾产生过摩擦。随着项目的展开，通过在当地采购材料和生活物资，拉动了经济发展；通过雇用周边工人，提供了就业机会，也提升了他们的劳动技能。平时，公司还会向周边居民赠送米、油、肉等生活必需品，逢年过节邀请他们来联谊。2018 年春节，中国管理人员和工人留守在巴新，当地居民帮忙贴对联、挂灯笼，一起吃年夜饭、赏烟花。通过这些方式，项目员工和周边村民建立了友好关系。

《环球时报》记者看到，在学校的草坪上，醒目的英文单词"The Belt and Road"（"一带一路"）被工人用绿植拼出；在运动场看台上，红黄座椅拼出"Shenzhen"（深圳）字样；在教室课桌上，印着"创意深圳，时尚之都"。

说起这所学校，还要提一个人——莫尔兹比港南区议员、APEC 事务部长贾斯汀·特卡琴科。布图卡学园在他的选区内，他十分珍惜中国馈赠的这份礼物，帮助沟通海关办理免税，推动报批报建，甚至派出私人警卫到学校保卫安全。他说："中国援建的布图卡学园是巴新最好的学校，将深深影响这些孩子。"一名居住在附近的 30 多岁的当地女子也对《环球时报》记者说，"中国帮我们建了这么完美的一所学校，让我们的孩子可以接受好的教育，非常感谢。"

APEC 峰会前，即 11 月 16 日，中巴新领导人共同出席了布图卡学园启用仪式。当天，学校外聚集着翘首以盼、兴高采烈的当地民众，"感谢习主席为我们援建学校和道路"的横幅格外醒目。

巴新人说：中国项目效率高、质量好

布图卡学园只是中国企业和机构在巴新援建的诸多工程之一。据统计，目前在巴新的各类中资企业有近 40 家，雇用当地员工近 9000 人。中铁建设集团国际事业部副总经理周文江告诉《环球时报》记者，巴新当地对中国援助普遍欢迎，尤其是在基础设施建设方面，他们认为中国项目效率高、质量好。

中铁建设于 2008 年进入巴新市场，至今已承揽大小工程 20 多项，包括巴新最大综合性超市长青超市、地标性建筑海港写字楼以及迎风公寓、SP 啤酒厂等项目，总施工面积 16.8 万平方米，累计合同金额约合人民币 15 亿元，为当地提供数千个就业岗位。

周文江告诉记者，巴新当地人随中资公司发展业务的越来越多，他们对中国公司和中国人也有了更多了解。"跟我接触的巴新当地人还是非常欢迎我们的。巴新今年正式参加'一带一路'，他们很期待借'一带一路'给他们国家带来更大发展。"

在走访中铁建设莫尔兹比港元素酒店项目建设工地时，一名叫"Kakua Uliando"的当地工程师对《环球时报》记者说，"'一带一路'

倡议给巴新带来了发展，我们期待今后有更多机会""我有很多中国同事，他们很友好，我喜欢和他们共事"。

在工地上，记者还碰到一名 30 多岁的中国工人。交流得知，他来自山西，在巴新已经待了 10 年。最开始时他是一名普通的技术工人，如今已成为一名项目经理。他说，大概每半年能回国一次，虽然辛苦，但苦中作乐，现在在这边已经习惯了。

周文江也和记者分享了一些他在当地的经历："前段时间，我们的施工项目在公司内部技术审核中发现业主设计的土方换填深度不足，但业主为了节约成本坚持让我们按图施工。出于对项目质量的长期考虑，我们主动要求增加换填深度并提高垫层混凝土标号，业主和设计监理非常不理解，觉得我们是不是在给他们'挖坑'，在技术回复中特意标注'同意你方方案但不额外增加费用'。在我们施工结束后，设计监理私下跟我们说：'从来没见过你们这么傻的公司'！"

中国港湾工程有限责任公司是在巴新开展大工程的另一个"大户"。巴新援建道路项目（中国政府援助），NCDC 道路改造项目（中国进出口银行贷款），西高地省高地公路升级改造项目（中国进出口银行贷款），都是由中国港湾负责实施，这些项目带动巴新近年来经济持续高速增长。

巴新援建道路项目包括独立大道（新建）项目和巴新机场快速路（修缮）项目两个部分，是中国政府近年来援助巴新的重大项目，也是巴新 APEC 会议的重点配套项目。独立大道位于莫尔兹比港国际会议中心及国家议会大楼前，全长 1.06 公里，双向六车道，设计时速 50 公里 / 小时。该项目是巴新国内等级标准最高的道路，直接服务于巴新相关重大活动。在 APEC 会议召开期间，独立大道两侧挂上了中国国旗和中国结，满满的"中国味"。

中企高管："中国企业走出去，一定做负责任的企业"

"中国人常讲'要致富、先修路'，改革开放 40 年来，走在前列的基建正是推动中国经济飞速发展的重要原因之一"，中国港湾总经理唐桥梁对《环球时报》记者说："中国这条发展经验，对于今天的巴新具有很大借鉴意义，这也正是'一带一路'倡议的基础部分——交通基础设施联通的含义所在。"

在唐桥梁看来，随着"一带一路"的深入推进，中巴新两国未来将会有更多务实合作落地生根，而这也将为巴新经济发展注入强劲动力。不过，《环球时报》记者通过采访了解到，中资公司在巴新也面临不少挑战。

中建钢构巴新有限公司总经理马帅表示，巴新国土面积 46.28 万平方公里，蕴藏着丰富的资源，但社会经济发展水平落后，基础设施薄弱，因此需求庞大。与此同时，一些因素导致巴新营商环境不完善，经商成本较高，"例如行政效率较低，投资开发存在土地确权问题，高失业率导致社会治安较差等"。

周文江对《环球时报》记者提到，巴新当地建材供应不足，很多材料依靠进口，此外，熟练技工短缺也是一个难题。"中铁建设自进入巴新以来为当地培养了大批建筑工人，目前仍有一大部分曾经在中铁建设工作过的工人活跃在莫尔兹比港各个建筑工地"，他说。

除了这些客观因素，一些西方国家还在当地鼓吹"债务陷阱论"，蓄意抹黑中国正常投资。中国交通建设股份有限公司海外事业部总经理陈重告诉《环球时报》记者，这些鼓噪声的存在有一段时间了，不单是在"一带一路"倡议提出后，也伴随过去几十年中企"走出去"

的发展历程。

陈重说，从过去的技术劳务输出，到工程分包，再到公司总包，这是中企在海外的整体发展历程。在这个过程中，中企对国际社会的理解认识在加深，像中交建这样的企业，在推进一些项目时，会特别关注当地社会对基础设施的需求到底如何，基础设施本身对当地经济的拉动作用到底怎样。

陈重以蒙内铁路为例说，最初肯尼亚政府想要电气化铁路，而且还是双线，中方研究认为，对方社会发展水平尚不适用那么高的标准，于是做对方工作，降为内燃机车，待将来再上电气化。陈重说，现在该项目收益已经可以返还贷款，"中国企业走出去，一定做负责任的企业，不要去忽悠人家"。

（本报赴巴布亚新几内亚特派记者：黄格
《环球时报》2018 年 11 月 19 日）

民营企业打造地标建筑　送医上岛缓解民众病痛

在"太平洋翡翠国"找寻中国印记

亚太经合组织（APEC）领导人非正式会议前不久在巴布亚新几内亚召开，《环球时报》记者不仅深入巴新，还专程到有着"太平洋上翡翠"美誉的斐济采访。陆地面积只有 1.83 万平方公里的斐济更具太平洋岛国特色。在那里，过去有受西方影响的"澳新标准"，有慢节奏的"斐济时间"；而现在，又多了许多"中国因素"：在首都苏瓦，中国民企正在打造"斐济制高点"；在北岛，中国人不仅帮助修路，还帮着抢险救灾；在斐济，有人得到中国医生的诊治，有人在和中国菜农学种菜……正如斐济总理经济顾问约瑟夫·维拉姆所说，中国发展是太平洋岛国的黄金机遇，虽然斐济是个"袖珍国"，但中国却在和它分享成果。

斐济制高点，浙江民企造

在斐济首都苏瓦，当地人正盼着城市新地标的建成——由浙江民企万国建筑设计院自行设计、投资、开发建设的共 30 层的"万国友谊广场"。登上施工电梯，升至第 15 层，短短几十秒时间，《环球时报》记者眼前一幅崭新的城市画卷正缓缓展开：近处绵延的海岸线，远处起伏的山峦，星罗棋布的民居……在去年 8 月的开工仪式上，时任斐济地方政府、住房、环境、基础设施和交通部长巴拉说："万国友谊广场项目有利于提升斐济首都的城市形象，弥补苏瓦高档酒店与会议设施的不足，并能创造大量就业，促进斐济旅游业发展和经济增长。"在浙江万国建筑设计有限公司董事长胡小龙看来，建成后的万国友谊广场不仅会成为斐济的"制高点"，还将是斐济乃至整个南太岛国中最为高端的城市综合体。他告诉记者："项目推进总体很顺利，关键在于'走进去'，精准对接当地需求。"目前，苏瓦只有两家五星级酒店，而多个南太平洋区域合作性组织秘书处和一些国际组织驻南太地区总部均设在苏瓦，国际会议、国际考察活动十分频繁。斐济还是一个旅游国家，2017 年赴斐游客达 84.3 万人次，创历史新高，其中包括 5 万多中国游客。

　　常驻斐济的联合国公务员奥斯纳特说，万国友谊广场相比现有两家高档酒店更加安全，不在防海啸 500 米红线以内。在苏瓦现有两家五星级酒店的停车场入口附近，可以看到数个"海啸预警疏散区"的提示牌。这些牌子提醒着人们，斐济和很多南太岛国一样，位于环太平洋火山地震带上，而且时常会遭受热带飓风的侵袭。这一"南太特色国情"，也决定了在斐济投资的企业——尤其是建筑企业，必须采取最严格的质量标准。中企不仅高质量，而且严要求，如选派当地消防骨干到中国培训、引入中国消防设备标准。斐济总理经济顾问约瑟夫·维拉姆告诉《环球时报》记者："中企在斐济实施的很多投资，意义早已远超投资领域本身，带动了斐济公共服务水平的整体提升。"

北岛新高速，中铁一局修

"这条高质量的现代化公路让北岛民众彻底告别旱季尘土飞扬、雨季泥泞湿滑的历史。"两年前，斐济总理姆拜尼马拉马在纳布瓦鲁公路的竣工通车仪式上这样感叹。这条全长 70 公里的高速公路位于斐济北岛西北侧，由中铁一局斐济公司总承包。过去路况不好，要开 4 个多小时才能从岛的一端到另一端，公路修成后不再颠簸，全程只需 1 小时左右。

"我们做的，不仅仅是在斐济修路架桥。"谈起自己公司的项目，中铁一局斐济公司负责人王刚信手拈来：浚疏工程、住房项目、给排水管网升级项目，还有萨摩亚的旧桥升级改造项目……公司成立近十年来，在南太区域内累计中标项目 28 个，已竣工的 23 个。据介绍，公司累计雇斐济管理人员 130 余人，高峰期雇斐济劳务工 2000 多人。目前活跃在斐济建筑工地的当地工人，多数都拥有在中铁建设工作的经历。

"中企在用心服务当地社会，而不仅是赚钱。"在该公司工作多年的当地员工马修·塔玛尼说，无论是工作还是生活，他有困难公司都会帮助解决。2016 年 2 月斐济遭受史上最强飓风"温斯顿"袭击后，公司主动利用机械设备和专业技术优势，参与抢险救灾，义务完成斐方估算为 81.3 万斐济元（1 斐济元约合 3.1 元人民币）的工程。

心血管病人，广东医生治

苏瓦市中心一座玻璃幕墙的建筑颇为显眼，这就是由广东省援助改造的苏瓦市政礼堂。在总建筑面积约 4000 平方米的市政礼堂内，融合着斐济灵巧的编织工艺元素和广东岭南建筑文化元素。斐济地方政府、住房、环境、基础设施和交通部长帕尔文·库马尔说："感谢中国，苏瓦市政礼堂是斐济与广东省友谊的一个里程碑。"

斐济人还得到来自中国的医疗帮助。斐济人口约 90 万，但医生只有 830 名。斐济心血管病人发病率高、发病年龄早、就医时间晚。由于缺乏心脏介入治疗的人才和设备，患有冠心病的斐济民众通常只能前往新西兰或澳大利亚做手术，不仅价格昂贵，而且很难恢复到原来的健康水平。从 2007 年开始，广东省多次派出团组出访斐济，送医上岛，大大缓解当地卫生机构的压力。今年 8 月底至 11 月中旬，在中国医师协会和广东省卫生健康委员会的共同支持下，中山大学附属第一医院冠心病介入诊疗培训基地中心主任杜志民带队到斐济工作。在近 3 个月里，他们诊治上千名患者，为 200 多位患者实施手术，举行十多场学术讲座。

40 岁的斐济橄榄球运动员塞米，过去一年感到体力明显下降。杜志民诊断发现，他的心脏左心室前壁运动减弱，前降支近段慢性完全闭塞。"当时我想，这恐怕得开刀了。"对塞米来说，这意味着无法重返赛场。在杜志民的建议下，塞米尝试用介入的办法把前降支开通，冠心病症状得到大大缓解，术后又可以去打球了。斐济大学副校长那仁加·瑞迪很感谢中国的无私帮助，他说："中国医生让斐济冠心病患者重燃希望。中国还为我们援建纳乌瓦这样的顶级医院，通过定期派遣优秀医学教授、资助斐济学生赴华留学，中国医生为斐济培养了大批医疗人才。"

"澳新标准"，中国人认真学

随着中国在南太地区影响力的日益增强，一些西方媒体近年不断炒作西方国家和中国在当地展开地缘战略竞争的问题。《环球时报》记者在斐济和巴新采访的感受是，大而化之地谈中西战略对撞，将所有问题狭隘地归结为地缘政治，是有失偏颇的，这里面还有很多历史因素。首先，南太各岛国国情有别，即使同为英联邦国家的斐济和巴新，也很难一概而论。一到斐济楠迪国际机场，在海关记者就看到广告牌上醒目地写着："英联邦奖学金申请即将截止，请抓紧时间"。当地朋友说，英国、美国、澳大利亚等国长期以来较为重视对斐济的教育援助，每年都会提供数十个奖学金名额。而在巴新，一名国会议员在接受记者采访时不满地说，巴新1975年独立之前，没有一所大学，基础教育状况十分糟糕，因为澳大利亚殖民者采取种族隔离的族群政策，全面剥夺与限制当地人的合法权利。他本人也是费了很多周折，才在澳大利亚攻读了法学学位。

其次，在一些专业领域，南太岛国认可的"澳新标准"有值得中国人学习之处。"澳新标准"是出现在南太岛国承揽工程的中国企业负责人口中的高频词，这是澳大利亚、新西兰一系列建筑施工规范的简称。中铁一局斐济公司及中铁建巴新项目负责人在接受《环球时报》记者采访时都表示，"澳新标准"确实在建筑物外立面及地面平整程度、材料使用等方面有着事无巨细的严格要求，他们曾在初期抱着不赚钱的心态，接过一两个中小型项目，单纯学习这一标准。据中铁建设集团有限公司国际事业部副总经理周文江介绍，外方监理人员最初不信任性价比更高的中国产建筑材料，在中方团队找多家专业检测机构出具检测报告后才顺利过关。周文江感慨说："开始是有点不顺利，觉得对方在有意刁难，但在完成前期项目，与外方建立信任关系后，我的想法开始发生改变，我们团队对工程质量的精益求精为我们在当地赢得口碑，工程订单纷至沓来，这不能不说是一种双赢。"

此外，去过斐济的人大多听当地人说过"尝试着适应我们的慢节奏吧""It's Fiji time（这是斐济时间）"。对讲究高效率的中国人来说，需要有一段适应和磨合的时间。

（记者：曲翔宇　《环球时报》2018 年 12 月 6 日）

篇　三

听驻华使节倾情
谈中国

中国，的确与众不同

美国驻华大使特里·布兰斯塔德

我当美国驻华大使这一年

一年前的今天，我开始担任美国驻华大使。在那不久，正赶上我们国家庆祝自己的生日。在我担任美国驻华大使的第一年，我对两件事情有了更深的认识：美国价值观的象征性力量以及关系的实用价值。

过去一年，我通过访问中国的 14 个省份，加深了与中国领导人和中国人民间的个人联系。在内蒙古，我参观了世界上最大的乳品厂之一，并与当地人聊起他们在内蒙古草原上的传统生活方式。在上海，我见到了正在中国留学的美国学生，他们与中国学生交朋友，同时在为一个成功的职业生涯——在我们两国间开展业务——做准备。在云南，我参观了一座建于一百多年前的美丽的天主教大教堂。在北京这里，我们在讨论美中关系时与中国同事共进了无数盘烤鸭。

这些人中有许多是著名的国家领导人，包括习近平主席，我认识他已有三十多年了。其中一些人是小店主或中国工厂的工人。我在他们身上看到的全都是希望让自己国家变得更好的渴望，还有乐观的情绪，这让我想起了了不起的美国人。

特朗普总统与习主席很投缘，这样的关系正在帮助我们解决国际关系中自然产生的挑战。去年 11 月，当我与特朗普总统和习主席一起游览故宫时，就能明显感受到他们之间良好的个人关系。这样的关系通过定期的电话沟通和会面得以延续。

这些密切的关系已经带来了巨大的收益。我们已经共同努力着手解决朝鲜的核项目，并就朝鲜无核化的重要性取得完全一致。就在几周前，蓬佩奥国务卿到访，讨论了在新加坡取得的进展。我们就减少非法合成阿片类药物的贩运而进行的合作取得了进展。我们还期待共同努力，改善我们两国间的经济关系。

尽管我们有分歧，美中领导人每天仍在继续就这些问题努力，这一事实证明了这一双边关系的成熟性。

下周 7 月 4 日是美国的生日。不同人的眼里有着不同的美国。对美国人来说，它是我们的家园。对于中国游客来说，它可以是商业、教育或探险之地。

在国外生活的这一年时光一直在提醒我，美国还是一个象征，自由和进步的象征。在我们国家诞生的那一刻，我们的创始人就在我们的独立宣言中写道："我们认为这些真理是不言而喻的：人人被造平等，他们都被造物主赋予了某些不可剥夺的权利；其中包括生活、自由和追求幸福的权利。"正是为了这一理想，我们继续在国内外奋发努力。

美中关系有起有伏，我们将继续面临挑战。但我很乐观，我们将继续为了我们两国人民的福祉而共同努力。

（作者是：特里·布兰斯塔德 《环球时报》2018 年 6 月 28 日）

俄罗斯驻华大使杰尼索夫

摸石头过河的中国，已站在桥上

"前途是光明的，道路是曲折的！"俄罗斯驻华大使杰尼索夫6月底在接受《环球时报》记者专访时，"成功预测"俄罗斯队会艰难战胜西班牙队晋级世界杯8强。从"摸着石头过河"到"百花齐放，百家争鸣"，再到"一分为二地看中国网民言论"，杰尼索夫多次熟练地用中文表达着自己的看法。作为学习中文近50年、见证中国40年来改革开放，特别是最近5年几乎全部参与中俄两国元首"平均每年至少5次的会晤和见面"的俄罗斯驻华大使，杰尼索夫多次强调俄中关系处于"最正确的时期"。采访中，他感谢中国球迷到莫斯科等城市支持俄罗斯队，请中国人放心去参与俄罗斯远东开发。即使对俄美关系等棘手问题，他也强调说，"外交官必须是乐观主义者，必须找到最优的解决方案"。

见证两国元首无话不谈
感慨改革开放实事求是

环球时报：普京总统前不久访华时，习近平主席指出，"普京总统是我最好的知心朋友"。两国领导人的友谊对中俄长期合作、战略布局有哪些助力？

杰尼索夫：普京总统 6 月对中国的国事访问非常成功。此次访华，普京总统获得一个惊喜——在盛大的仪式中，他被授予中华人民共和国第一枚"友谊勋章"，可以说他是中国最好的朋友。同样，习主席是俄罗斯最好的朋友。去年习主席访俄时，被授予俄罗斯国家最高勋章"圣安德烈"勋章。

这次习主席为普京总统介绍传统的天津美食，正如我们在电视里看到的，普京总统此次包"狗不理"包子时不是特别成功，我觉得他可能还要多加练习，因为这样的机会我觉得还会有——俄中两国元首会晤和见面的频率非常高——平均每年至少 5 次。我几乎是所有这些会见的见证者。两位元首无话不谈，他们在坦诚的氛围下介绍各自国家的发展情况和模式，互相借鉴经验，也会讨论各种国际问题。我们需要制定互惠互利的合作机制，两国元首无疑是这些机制的决策者，他们释放出明确信号，相关人员去认真落实。

环球时报：您担任驻华大使 5 年，如何评价这几年中国的变化？今年是中国改革开放 40 周年，您又如何评价中国这 40 年所取得的成就？

杰尼索夫：我担任驻华大使是在中共十八大之后，这几年我看到中国经济改革开辟了新篇章。可以说，我是中国 40 年改革开放的见证者。我走访过阔别二三十年的地方，亲眼看到中国的巨大变化。我第一次来中国是 45 年前，正值"文革"时期，但那时中国也采购了一些国外设备进行工业改造。我第二次来中国是 1978 年，当时刚开展"实践是检验真理的唯一标准"大讨论。随后召开的十一届三中全会，确定了中国的大方向，"因地制宜""实事求是"，改革开放就这样展开了。农村包产到户、开放经济特区等内容，我每天都在媒体上看到。当我第三次来到中国时，已是上世纪 90 年代初，中国的改革开放几乎涉及所有领域。中国改革开放 40 年的成就，其他国家可能需要 100 年才能达到。现代历史中也找不到第二个持续如此长时间的成功改革例证。普京总统曾表示，"俄罗斯的'经济之帆'需要乘上'中国风'"。

我认为，中国改革开放成功归功于三个因素：第一是中国人的勤劳；第二是正确和符合国情的经济政策；第三是坚定果断的政治领导。从邓小平开始，中国政府的经济政策是连贯一致的。目前中国特色社会主义建设已进入新时代，这个阶段中有些任务比以前容易完成，但有些要更艰难。中国以前提出要"摸着石头过河"，我认为现在不需要了，因为你们已经站在桥上过河了。不过，就像中共十九大报告中提出，"前景十分光明，挑战也十分严峻"，各种挑战层出不穷。因此，在我看来，中国更加需要坚强的政治领导。我完全相信，中国领导人将坚定不移地推进改革开放，中国的经济也将继续发展。

感谢中国球迷支持俄罗斯
看待网民言论会一分为二

环球时报：俄罗斯世界杯鏖战正酣，您会做哪些预测？

杰尼索夫：中国有句俗话："前途是光明的，道路是曲折的。"这句话也可以用来形容我们的球队。俄罗斯队有希望走得更远，但这需要经过艰苦的努力和曲折的道路。我很高兴有大批中国球迷前往莫斯科和俄罗斯其他城市观看世界杯，他们中有很多人也在为俄罗斯队加油，对我们来说这是莫大的支持。

环球时报：中国将举办 2022 年冬奥会，俄罗斯和中国会有哪些合作？

杰尼索夫：2014 年俄罗斯成功举办索契冬奥会。俄罗斯积极支持中国举办 2022 年冬奥会，并愿意和中国分享经验。现在有中国代表团去俄罗斯考察冬奥会基础设施。在花样滑冰和短道速滑等项目上，中国运动员已取得不俗成绩。俄中在冰球等项目上也有合作。此次普京总统访华，就与习主席一起观看了两国青少年队的冰球赛。

环球时报：您 1969 年就开始学中文。您和中国文化结缘半个世纪，最大的感受是什么？

杰尼索夫：我学中文这么多年的感受就是"百花齐放，百家争鸣"。我最开始埋怨中文很难，但逐渐认识到学中文是我做出的很正确的一个决定。我也高兴看到越来越多俄罗斯人开始学中文。中文是全人类的宝贵财富，学起来就像数学和国际象棋，有助于开发智力。更何况中文还有书法这样的艺术形式，就像画一样，给人带来美感。

环球时报：这 5 年，两国网民的负面情绪是否明显减少？

杰尼索夫：我们作为外交机构很关注俄罗斯在中国民众中的形象，并会一分为二地看。实际上，中国网民对于俄罗斯存在的一些客观问题评价是中肯的，我们要以平常心对待。两国合作范围相当广泛，不可避免会碰到一些问题。让我们感到十分欣慰的是，很多对俄不友善的言论通常会受到更多其他中国网民的反驳。实际上在俄罗斯的情况也完全一样，网络上有批评中国的言论，但总体上是正面的，并在不断改善。中国变成俄罗斯人的热门话题，网民在谈论喝中国茶、看中医、练武术、吃中餐。现在俄罗斯的中餐馆越来越多，以至于我回莫斯科时要问中国朋友哪家中餐馆更好。他们回复两条标准：有中国厨师掌勺和中国顾客光顾才是正宗的中餐厅。我曾经是"受害者"，我在一家中餐馆点春卷，端上来的却是尺寸很大的"假春卷"。

中俄经贸要数量更要质量
远东开发不怕中国人过多

环球时报：中俄贸易额什么时候能突破千亿美元？

杰尼索夫：我认为，今年俄中贸易额实现 1000 亿美元目标没有问题。但两国贸易最重要的不是数字，而是其长期效应：如目前俄罗斯"欧亚经济联盟"和中国"一带一路"对接。这种对接是两国关系均衡、互利、包容发展的唯一途径。中国在"一带一路"框架下与沿线各国合作，不仅合作领域得到扩展，成果也更多。我将其称之为"一体化的一体化"。

可以说，俄中贸易内容是既有数量、又有质量。质量的提高不是一蹴而就的，而是逐渐形成的。俄中合作的首要领域是能源领域，以至于在某种程度上形成互利的能源联盟。此外，还有航空业的合作，包括飞机、直升机制造等。两国领导人都强调，两国目前都花费巨资从国外购买民航客机，但完全可以自己制造。在航天领域，俄中的合作也是十分广泛的。

至于新兴领域，我非常欣慰地看到两国农业和食品工业的合作潜力。近两年俄罗斯的农业发展迅速，而中国是世界上农产品需求量最大的国家之一。俄罗斯的面粉、食用油等产品经常可以在中国超市内见到。由于普京总统访华期间亲自打广告，俄罗斯冰淇淋在中国也广为人知。两国正在讨论开通定期将俄农产品出口到中国的"粮食走廊"。当然，我更希望看到两国贸易产品中出现更多的高科技含量商品。我希望未来更多的中国电子产品出口到俄罗斯。我用的手机中，一部是在中国组装的苹果手机，另一部是华为手机。我送给莫斯科和圣彼得堡亲戚的手机都是华为的，还有华为的平板电脑。

环球时报：俄罗斯 9 月中旬将在符拉迪沃斯托克举办东方经济论坛。在开放远东的问题上，俄罗斯想多大程度上同中国合作？

杰尼索夫：俄方已邀请中国领导人出席 9 月的东方经济论坛。此次论坛，双方将讨论实质问题和项目。近两年，俄罗斯政府为吸引远东经济合作制定了机制性的优惠政策和相关法律，现在的投资氛围是很好的。俄中就远东与中国东北地区合作设立了政府间委员会，因此远东的发展与中国东北三省的发展也是相辅相成的。俄罗斯即将在哈尔滨设立总领馆。我想对有意向赴俄远东投资的中国商人说：不要害怕，我们的政策和投资环境已转好，我们将进行互利双赢的合作。贸易是相对简单的经济行为，而投资则更具有稳定性和长期性，对经济发展的影响更加深刻。在基础设施建设方面我觉得我们的合作前景广阔，比如远东和东北地区的铁路、公路和港口建设等。在跨界大桥建设中的某些阶段，俄中双方建设进度的不一致确实对中方造成一些困扰。据我所知，在俄政府和远东及东北地区合作政府间委员会的督促下，情况有所好转，俄方建设进度明显加快，即将赶上中方。关于俄方担心远东的中国人过多，我认为这不是问题。重要的是为联合投资项目中的俄中员工提供便利条件。实际上，除中国工人，远东地区也有来自其他国家的工人在工作。

对俄美关系应谨慎乐观
重回 G8 对俄已意义不大

环球时报：3 年前，您在接受《环球时报》专访时表示，"俄美之间没有什么解决不了的冲突"。美国总统特朗普 2017 年 1 月就职以来，俄美关系未见好转，那么，今天您对同样的问题有什么新的看法？

杰尼索夫：我愿意再重复一次我的论断——作为一名在美国工作过的外交官，我认为俄美之间没有不能通过谈判解决的矛盾。问题和矛盾当然都有，而且很严重，但我们只有保持善意和解决问题的意愿，才能达成共识。主要问题在于，俄罗斯议题在美国国内已成为各种政治势力为达到一己私利而操纵的工具。正因为多种势力的存在，我们遇到的挑战才会更严峻。我们看到美国总统与国会之间、与媒体之间的矛盾都很深，使得特朗普在各类政治活动中受到掣肘，而这就造成一种后果：人们很难预测美国政府的政策走向，对中国而言也是如此。

普京总统和特朗普总统 7 月中旬会晤，会对两国关系产生积极影响。正如观察家们惊讶地发现特朗普最终与朝鲜领导人会晤。不过，我们也能看到一些反例，就是特朗普的"不确定性"。但无论如何，你们是否知道我们外交官和国际问题专家、媒体记者之间的区别呢？相比你们强调事件中的困难因素，外交官必须是乐观主义者，即使在最艰难的情况下，我们也必须找到最优的解决方案。所以，在俄美关系问题上，你们和我们的看法应该结合起来。

环球时报：您怎么看今年同期举行的上合组织峰会和 G7（七国集团）峰会？俄罗斯会重回 G8（八国集团）吗？

杰尼索夫：作为上合组织第一次扩员后的峰会，青岛峰会的成功举办充分证明成员国间的团结。当然我们也不能小看七国集团，它的成员国在经济上都很有影响力，但现在 G7 也受到成员国内部一些矛盾的困扰，首要的问题就是美国的"侵略政策"，这给美国最亲密的盟友带来了巨大的经济打击。

关于 G8 体系，俄罗斯并没有离开，只不过是我们的伙伴暂停了与我们的对话。如果他们回心转意，对话随时可以恢复。但我认为，回到 G8 对俄罗斯意义不大。俄罗斯进入八国集团是上世纪 90 年代发展过程中的一个阶段性成果，现在这个阶段已经过去，我们有更加积极的交流意见的平台——二十国集团，这里有俄罗斯、美国、中国和其他世界主要经济体。

（本报记者：谷棣、谢亚宏 《环球时报》2018 年 7 月 3 日）

英国驻华大使吴百纳

将英中"黄金时代"推向新高度

英国首相特雷莎·梅本周将抵达中国，开始她对中国的第二次访问。

梅首相 2016 年首次访问中国，参加在杭州举行的二十国集团领导人峰会。她与习近平主席重申了英中两国关系的"黄金时代"。自此，我们的双边及多边合作得到加速和深化。在二十国集团中，我们携手推动包括绿色金融在内的全球可持续发展，针对反腐败以及平衡全球主要产业供求关系采取行动。我们在全球安全领域密切合作，作为联合国安理会常任理事国，寻求以和平、稳定的方式实现朝鲜半岛无核化。同时，我们还在解决其他全球性挑战方面紧密协作，例如气候变化、联合国 2030 可持续发展目标和打击野生动物非法贸易等方面。

在双边关系上，自 2016 年 9 月习主席与梅首相会面以来，英中"黄金时代"的伙伴关系持续互惠彼此。2017 年是英中两国建立大使级外交关系 45 周年，我们进行了多次高层互访交流。国务院副总理刘延东作为本年中方最高级别领导人访问英国，英国财政大臣菲利普·哈蒙德两次访问中国。

2017 年也是"一带一路"倡议里程碑式的一年。1 月，首列从中国义乌出发的"一带一路"货运列车抵达英国伦敦。5 月，"一带一路"国际合作高峰论坛正式启航，英国财政大臣在论坛上明确表示，在推动"一带一路"建设过程中，英国在基础设施建设和金融、设计及交付方面是天然的合作伙伴。进入 2018 年，英国希望进一步深化与中国的合作，加速推进"一带一路"倡议，惠及沿线国家。

英国对华出口自 2010 年以来增长超过 60%，中国目前是英国第八大出口市场。英国是中国对欧投资的最大目的地，特别是基础设施领域投资不断增长。欣克利角民用核电站依旧是双边投资的重要标杆。法国电力集团与中国广核集团的合作不断取得进展，为英国 40 万家庭带来清洁能源并创造 2 万个就业岗位。对于来自世界其他地区的投资，英国依旧持开放态度。英国企业税率低，并且在世界营商环境排名中位列 190 个国家的第 7 位。

2017 年，《帕丁顿熊》成为继《小羊肖恩》《神探夏洛克》和《唐顿庄园》后，让中国影迷振奋的最新一部英国作品。这一年，英中两国启动"灵动青春"系列活动，不断推动两国青年人互动交流。我们两国互访游客和留学生数量持续增长：2017 年，我们共为 66 万中国访客签发英国签证。整体中国签证数量增长 21%，中国学生赴英签证增长 17%。同时，越来越多的英国人到中国参观，2017 年来华英国访客达到大约 50 万。

2017 年末，首相结束了脱欧谈判第一阶段，引领我们进入计划于 2018 年结束的第二阶段谈判。随着中国进一步开放市场，2019 年后，英国脱欧将为我们两国的双边贸易带来更多契机。

　　所有这些，构成了梅首相的访问及深化英中合作的强有力背景。中国召开了具有历史意义的中共十九大、英国决定退出欧盟以及地缘政治中的新趋势，将为我们两国开拓新的领域、新的机遇，同时也需要我们共同应对新的挑战。梅首相期待与中国领导人的高层会晤，探讨如何将英中关系的"黄金时代"提升到新的战略高度，以及如何共同应对全球性挑战。展望此次访问，梅首相将特别关注现代奴隶和人口贩卖问题、恐怖主义对航空安全的威胁、海洋中塑料和塑料微粒日益严重的问题，及如何应对严峻的跨国有组织犯罪问题。

　　英国国际贸易大臣福克斯此次将陪同梅首相访华。另外，梅首相将带领一支超过 50 家企业的商务代表团，涵盖领域包括汽车、农业食品、教育、金融服务、医疗健康等。随着首相此次访问中国，我们期待英中两国在政府间、商业间以及人民间增进交流联系。

　　　　　　　　　（作者是：吴百纳　《环球时报》2018 年 1 月 30 日）

以色列驻华大使何泽伟

从以色列回来的每个中国人都是大使

以色列人眼中的中国是什么样的？去以色列旅游是否会更加便利？为了促进两国人民彼此更加了解，在以色列独立70周年之际，《环球时报》和以色列驻华大使馆共同出版《以色列专刊》。同时，以色列驻华大使何泽伟就以中经贸、文化交流等话题接受了《环球时报》记者的专访。何泽伟表示，欢迎并鼓励中国人民前往以色列，因为"从以色列回来的每个中国人都是比我更好的大使"。

两个悠久的文明拥有相似的价值观

环球时报：从履历得知您对俄罗斯非常熟悉，当您得知自己要到中国出任大使时，是什么反应？有没有很意外的感觉？中国对您来说，是一个很陌生的国家吗？

何泽伟：我曾在很多国家，比如英国、奥地利和俄罗斯担任过大使。我非常荣幸，也非常兴奋能被委以驻中国大使的重任。25 年前，我以一名游客的身份第一次来到中国。我惊诧于中国从那之后的巨大变化。中国有悠久的历史、灿烂的文明和博大精深的文化。我很高兴能有机会体验中国多元而独特的文化。

环球时报：有人做了个有趣的小实验，在搜索引擎上输入"中国人喜欢犹太人"，显示很多中国人认为犹太人很聪明很勤劳，但输入"Jewish Like Chinese"，大部分的结果却是"Jewish Like Chinese food"，难道犹太人只喜欢中国菜吗？

何泽伟：虽然以中两国在大小和地理上都有所不同，但中国人和犹太人都是悠久文明的后代，都有重视教育、家庭、传统和追求卓越的价值观。我在中国的使命的一个重要部分是沟通两种文化，并加强我们两国政府、人民和企业之间的合作。我相信，近年来，随着越来越多的以色列人和中国人在对方国家旅行、投资和学习，两国关系将会日益紧密。

环球时报：在以色列青年人心里，中国是个什么样的国家？他们通过哪些途径来了解中国？他们对到中国学习和工作的热情是否日益高涨？为什么？

何泽伟：以色列的年轻人对中国文化和历史非常着迷。随着两国关系的加强，越来越多的以色列人希望扩大对中国的了解。因此，他们决定学习汉语、中国历史以及孔子、老子等伟大中国哲学家的作品。我们两国有着良好的学术关系，为对方提供了很多奖学金项目，中国和以色列的大学之间也有很多合作。

环球时报：在中国，有两位犹太人很有名：沙博理和爱泼斯坦，他们为中国奉献了自己的一生。那么有哪些中国人在以色列被人们所铭记呢？

何泽伟：以色列人民和全世界的犹太人将永远感谢何凤山博士。在二战期间，何凤山博士为他们提供了在中国寻求庇护的签证，拯救了数万名犹太人。2000 年，何凤山博士被授予"国际正义人士"称号。而且，中国人和犹太人之间的联系并不仅仅限于个人。犹太人民将永远铭记，在我们迫切需要帮助的时代，当世界上很多国家袖手旁观时，中国人民向犹太难民敞开心扉。

"以色列是世界上最安全的国家之一，
建议大家亲自来看看"

环球时报：旅游能有效促进民间交流，目前每年有 11 万中国人赴以色列旅游。以色列国家旅游部的目标是：未来 4 年，中国赴以游客达到 40 万人次，很多中国人谈到去以色列旅游都会问"安全吗？"您怎么回答他们？

何泽伟：以色列是世界上最安全的国家之一。很多中国人问我这个问题，我能给出的唯一答案就是建议大家亲自去看看。从以色列回来的每个中国人都是比我更好的大使。以色列有各种各样的风景，如北部的雪山、南部的沙漠以及美丽的海滩，还有耶路撒冷和雅法这样的古城，以及特拉维夫这样年轻而富有创意的城市。

环球时报：为了吸引更多中国居民赴以色列旅游，对华签证是否会进一步放宽，比如落地签或免签？

何泽伟：我们的签证政策非常简单。自 2016 年以来，以色列和中国为游客和商人提供十年多次入境签证。除以色列外，中国仅与美国、加拿大等少数国家签订过此协议。而且今年我们在北京、上海和广州开设了 3 个新的签证中心。此外，我们还推出签证快速通道，您可以在 24 小时内获得十年签证。

环球时报：很多国家对中国游客提供了便利措施，比如中文标示、中餐很普及，中文导游很多，在这方面，以色列需要提升的空间很大，未来有哪些具体措施来改进？

何泽伟：以色列欢迎并鼓励中国人民前往以色列。我们正在采取许多方法来改善中国游客的旅游便利性。除了简单的签证政策外，中国和以色列每周有 13 个直飞航班：其中北京每周有 6 个航班，上海有 3 个，成都有 2 个，广州有 2 个。我们的旅游业正努力满足中国游客的需求。因此，一些酒店正在提供中餐，旅游部正在培训讲中文的导游，甚至提供中文旅游指南。

"以色列期待在'一带一路'相关项目中发挥建设性作用"

环球时报：近年来，以色列高新技术企业是中国投资人非常关注的，以色列的一位风投公司合伙人说："以色列非常了解怎么从 0 做到 1，而中国从 1 到 100 做得非常好，两者的互补效应很强。"中国把以色列企业看成"技术金矿"，那么，这些合作对以色列带来了哪些收益？

何泽伟：我们双边合作最成功的例子在贸易、商业和投资领域。自 1992 年建交以来，中国与以色列的贸易额已超过 110 亿美元。2015 年，中国在以色列的投资达到 5 亿多美元。中国公司在以色列开设研发中心，以色列高科技公司在中国开设办事处。尽管我们的经济联系在过去几年深化，但潜力仍然很大，我们可以共同完成更多工作，特别是在农业、水资源管理、数字医疗设备和服务、运输、环境保护和清洁技术等领域。我预测，中国在以色列的投资将继续增长，同时我们将看到越来越多的以色列公司与中国市场接触。

环球时报：您曾在多个场合表示以色列支持中国"一带一路"倡议，您希望以色列扮演什么角色？

何泽伟：以色列支持"一带一路"倡议。我们是亚投行的创始成员国之一。我们期待在"一带一路"相关项目中发挥建设性作用，特别是技术领域。就在最近，作为"一带一路"合作的一部分，中以国际农业培训中心（CIICTA）开展了一个多国合作项目。以色列农业专家受邀为其他"一带一路"沿线国家代表做农业技术讲座。这是以色列参与"一带一路"建设和向其他国家奉献专业知识的一个范例。

环球时报：中国和以色列未来是否可能在中亚开展农业合作，帮助中亚其他国家如哈萨克斯坦发展高科技农业？

何泽伟：以色列是农业领域的超级大国。由于以色列没有很多自然资源，我们必须使用技术来寻找其他解决方案。我们在该领域拥有丰富的经验和知识，并期待将我们的知识贡献给其他国家。11 月 15日，我们召开了中国以色列农业创新合作部长级会议。这次会晤是王岐山副主席访问以色列的直接成果之一。会后，双方与来自政府、工业界和学术界的领军人物共同主持中以农业创新合作会议，覆盖"一带一路"下的农业技术合作与人力资源。目前的合作意向包括，以色列马沙夫计划和宁夏回族自治区农业农村厅签署《宁夏—以色列灌溉示范农场谅解备忘录 2018—2021》、以色列农村发展部和黑龙江省在中以经济技术合作三年行动计划框架下签署《中以乳品工业技术合作项目谅解备忘录》，以及另外两项中以企业间签署的协议。

环球时报：今年 10 月，中国国家副主席王岐山在出访以色列期间出席了中以创新合作联合委员会第四次会议。王岐山是中以创新合作联合委员会的中方负责人，内塔尼亚胡总理是以方负责人，他们二人在委员会担任重要角色，对中以关系和未来合作意味着什么？

何泽伟：王岐山副主席的访问对两国关系的未来发展具有重要意义，这是近20年来中方对以色列最高级别的访问，为以色列和中国关系做出了贡献。在这次访问中，王岐山副主席与内塔尼亚胡总理共同主持了中以创新合作联合委员会第四次会议。这对我们的经济关系非常重要，我相信在创新领域，以色列和中国是可以共同创新和发展的天然伙伴。

环球时报：今年是以色列独立70周年，这也是《环球时报》与以色列驻华使馆共同出版专刊的契机，为什么选择《环球时报》来合作？您希望读者在专刊上读到哪些内容？除此之外，我们还可以期待哪些中以合作的项目和活动？

何泽伟：今年是以色列独立70周年大庆，我们为此举办了很多活动，比如这次和《环球时报》共同出版专刊就是其中一个。70年是个很特别的年份，前几个月，我们还特意邀请了以色列顶级酿酒师来北京，与中国知名酿酒师共同调制了一款名为"双七十"的红酒，寓意为庆祝以色列独立70周年以及即将到来的中华人民共和国成立70周年。我们希望中以的友谊如佳酿一般深厚久远。我每天都读《环球时报》。如果你想了解中国，我想你必须阅读《环球时报》。我也希望《环球时报》的读者更多地了解以色列，他们会发现这个以色列专刊很有趣、很丰富。

（本报记者：范凌志　《环球时报》2018年11月24日）

"有一些不同的小音符，无主旋律上的大差异"

编者按：在中国的诸多邻国中，越南是一个比较特殊的存在，无论是流淌在血液里的文化历史密码，还是政治经济制度，它和中国都有着高度相似性。而在社会主义国家的改革与现代化之路上，越南于32年前开启的"革新开放"更常被认为是借鉴中国的改革开放。甚至有句话这样说："中国摸着石头过河，越南摸着中国过河。"在越南官员与民众眼中，事实到底是不是这样？一周后，中国将迎来改革开放40周年的正日子。回看这几十年，中国通过改革开放走向强大，那么，对毗邻的越南来说，究竟是欢喜还是隐忧？改革开放和革新开放有哪些异同？那些差异是否会导致未来两国在政治经济模式上出现巨大不同？带着诸多问题，《环球时报》专访了越南驻华大使邓明魁。

没有中国的改革开放，就不会有今天的亚太地区——
改革开放对世界格局的影响是深刻的

环球时报：今年是中国改革开放 40 周年，而越南同样有数十年"革新开放"的经历。您如何评价改革开放对中国经济发展与社会面貌的影响？在您来华工作的十多年中，关于改革开放给中国带来的变化，您有没有一些印象深刻的故事能与我们分享？

邓明魁：我第一次到中国是 1991 年，距离今天已经快 30 年了。如果把当时和现在的中国做一个比较，我会用"天翻地覆"来形容。甚至，有时我几个月不在中国，一回来就会发现新的变化。

具体来讲，在经济上，40 年前中国还是一个比较贫穷落后的国家，但现在中国已经成为世界第二大经济体和第一大外汇储备国。在科技上，中国曾经在大部分领域依赖于引进国外的科技成果，但现在很多领域中国都已经处在世界领先地位，比如航空航天和贸易电商等。让我印象最深刻的是高铁，中国高铁技术很强，坐着非常舒服，现在在中国考察访问，凡 5 个小时以内的，我都坐高铁。在扶贫上，中国做得更好，对整个世界的减贫工作做出了巨大贡献。我们曾到中国的一些农村去考察，面貌和几十年前很不一样。

在国际舞台上，随着中国综合国力提升，中国和世界其他国家不仅在双边关系上越来越密切，在国际组织中的地位也日益重要，甚至中国开始自己提出一些国际合作倡议，比如"一带一路"。

总的来说，我认为改革开放是中国非常特殊的一个政策，它破解了中国当年面临的许多困难与问题，在发展的道路上找到了新的、适合中国的方向和步伐。我祝贺中国和中国人民，通过这 40 年，你们取得了让你们自己和世界人民都感到自豪的成就。

环球时报：中国在继续开放，但国际上出现对中国强大的担忧之声，中国成为了一些人眼中的"威胁"。越南是中国的邻国，您怎么看待这一论调？

邓明魁：改革开放对世界格局的影响是深刻的。可以肯定地说，如果没有中国的改革开放，就不会有今天的亚太地区，因为中国强大起来的同时，其他国家也能从中分享经济利益。

当然，中国的强大也会让一些国家担忧，我觉得这是开放发展过程中面临的很正常的一个问题。我相信中国未来会向这些国家释放更积极的信息，世界也会对中国更加信任。

我们越南希望中国能继续扩大开放力度。中国连续 19 年是越南最大的贸易伙伴，越南最近两年也成为中国在东南亚最大的贸易伙伴，但就双边贸易往来看，越南对中国逆差的情况仍然相当严重，我们希望中国也能从越南更多进口，进一步扩大双边贸易，让我们更多分享中国发展的红利。

中国规模更大，越南小而灵活——
两国"航行在一片海域，面临一样的风浪"

环球时报：32 年前，越南开始进行革新开放，由此进入经济高速发展时期。从我们中国人的角度看，总觉得在越南发生的一切很熟悉、很亲切，有些中国发展过程中的影子，不知道您怎么看？您觉得越南的革新开放和中国的改革开放有哪些相似和不同之处？

邓明魁：和中国一样，越南通过革新事业突破化解了许多旧有的体制困境与问题，正成为一个将主要精力投入到经济发展中的国家。

过去数年，越南一直保持着相当高的 GDP 增速，今年预计可以达到 6.9%，人均 GDP 已接近 3000 美元，如果按实际购买力来计算，可能要达到五六千美元。

越南革新与中国改革有很多相似之处。首先，两国制度一样，都坚持共产党的领导。这非常重要，因为它能保证我们保持国家稳定，凝聚社会的全部力量，集中精力发展经济。

其次，我们面临的外部环境相似。越南和中国都身处亚太地区，就好像两艘航行在同一片海域的船只，面对的是一样的风浪。当然，中国规模比越南大，越南比中国灵活一些，这让我们的发展过程不会完全一样。

由于国情和体量不同，越南和中国在革新、改革事业中也有差异性。比如，越南革新开放伊始，民营企业和个体户的发展就处在非常重要的地位，当然，中国的民营经济发展得也很好，但在你们改革开放的第一阶段，国企改革似乎占据更重要的地位。

此外，由于越南市场规模有限，无法齐头并进地推进所有工业领域的发展，但中国几乎建成了世界上最完整的工业门类体系。类似情况也发生在科技方面，不同于中国有能力在所有科技领域推动发展与创新，越南对先进科技仍将以借鉴引用为主。

环球时报：在比较两国的改革、革新事业时，很多人经常说，越南是在借鉴中国。那反过来看，您认为中国在改革开放过程中，有没有什么可以借鉴越南发展经验的地方？

邓明魁：在党建工作及社会民主等方面，越南积累了不少经验。无论是在党内还是国会，我们既充分让各方行使自己的权力，表达观点，也集中统一各方的意见。许多中国党内与政府代表团在去越南考察时，都对越南党内、国会和社会的民主化非常感兴趣。就像我刚才所说，相较于中国，越南更加小而灵活，所以在这些领域，越南更可以先行先试。

当然，在这方面值得探讨的问题还有很多。事实上，越南也面对一些外部势力正试图利用我们的党内民主和社会民主，散布对越南体制稳定不利的信息的情况。而且，鉴于中国的体量比越南大很多，在改革时也应当更加谨慎，哪怕一小步走不对，都可能产生深刻的影响。

环球时报：越南下一阶段的革新开放面临哪些"硬骨头"？和中国现在改革开放进入"深水区"遇到的一些挑战有哪些相同和不同之处？对此，越南准备如何应对？

邓明魁：我相信再过几年，我们也会像中国一样面临一些发展过程中出现的新问题，也会遇到"深水区"。总的来说，就是怎样继续深化体制改革，怎样创造一个更好的营商环境，以及如何让更多人参与到创新创业的事业中来。这些命题都不简单。

面对这些考验，我们首先要做的是进一步解放思想。现在越南中央政府对此非常积极，但不瞒你们说，一些主管部门和地方政府还是对这些问题有些紧张保守。第二，我们将更加注重建立更为完善的法律制度，保障所有民众的人身与财产安全，给所有人提供一个依法创造自身幸福的良好环境。最后，越南经济十分依赖进出口，我们的进出口总额比全国 GDP 总额大一倍，所以我们会更加积极地推动完善国际多边贸易体制，积极融入国际社会，这一点始终不会改变。

环球时报：您提到的中越改革、革新事业的不同，是否会导致未来两国在政治、经济和社会模式上出现较大差异？

邓明魁：不会。这只是一些不同的小音符，而不是主旋律上的大差异。事实上，两国通过不断地互相借鉴、互相支持，不仅可以各自在处理国内事务上做得更好，也可以在社会主义事业发展上共同前进。一个实力强大的中国，可以为越南提供更好的发展机会，反过来一个稳定发展、对华友好的越南，也能为中国的发展提供有利的周边环境。

面对可能的紧张和复杂情况——
我们要保持克制和密切合作

环球时报："一带一路"和"两廊一圈"分别是中越两国开放的重要举措。在这两项计划的框架下，两国可就哪些具体项目进行对接？

邓明魁：去年时任越南国家主席陈大光出席了在北京举办的"一带一路"国际合作高峰论坛，11 月，习近平主席访问越南期间，越中签署《共建"一带一路"和"两廊一圈"合作备忘录》。现在，一个个合作项目已陆续进入落实状态。其中，越南尤其关心一些互联互通项目，比如越南企业能否使用中欧班列，开设更多两国间直航，以及在海运上建立更好连接，以更方便地向欧洲运送货物。

据我所知，目前越南航空公司正考虑向中国东北和西部地区增加航线，中国有关航空公司也在考虑增加面向越南市场的航班。在签证与通关条件便利化方面，现在中国人办理越南签证已经非常快捷，有时甚至可以在几小时内就得到签证。此外，越中也在探讨"两国一检"等议题，使边境货物和人员通行更加方便。

环球时报：如果从更宏观的视角出发，作为社会制度和文化背景都如此相似的两个国家，您觉得中国和越南在哪些方面还可以进一步扩大战略合作？

邓明魁：首先是政治关系层面，在当今世界复杂多变的情况下，作为邻居与制度相同的社会主义国家，我们需要进一步加强两国高层领导人的互访和交流。目前，习近平总书记已经正式邀请越共中央总书记和国家主席阮富仲明年访问中国并参加第二届"一带一路"国际合作高峰论坛，而我们的领导人也在通过很多渠道邀请习近平主席再次访问越南。高层领导人互访有不可替代的作用，他们之间达成的共识可全面带动两国在各领域的发展。

其二，我们需要扩大治党治国经验的交流和党际交流，中越国情十分接近，在改革开放核心事业上的经验应该有更深刻的交流。

第三，在经贸方面两国还有更大合作潜力，我们欢迎更多有实力有技术的中国企业来越南投资，尤其是在基础设施、环保和农业领域。

最后，中越两国都位于亚太地区，都需要一个稳定、和平、繁荣的外部环境，这意味着我们必须在面对可能的紧张和复杂情况时保持克制与密切合作。我们都知道，中越在海上仍有一些分歧，不少观点立场不一样，但怎样在这个"不一样"之上加强谈判，在包括《海洋法公约》和其他法律的基础上保持海上稳定，将是我们需要进一步讨论的议题。

（记者：白云怡 《环球时报》2018 年 12 月 11 日）

菲律宾驻华大使罗马纳

乐见"菲佣"向"菲教"转型

短短两年半时间，中国和菲律宾的双边关系经历了转圜、巩固、提升的历史性进程。停滞项目陆续重启，各领域的深入合作全面展开。在此背景下，《环球时报》记者日前独家专访菲律宾驻华大使罗马纳，听其对在华菲律宾人的状况侃侃而谈，对未来两国关系表达期待。谈到中美菲三国关系时，他说，大象打架势必殃及小草，为逃脱沦为小草的悲催命运，菲律宾必须彰显智慧。

在中国，提起菲律宾，人们过去想到的是"菲佣"，但最近"菲教"（菲律宾英语外教）逐渐为人所知。罗马纳对《环球时报》记者说，受历史因素影响，多数菲律宾人英语流利，每10人中就有1人在海外工作，这是菲律宾人参与全球竞争的一大优势。现在这种优势在中国进一步扩大，并上升到更高层次。"菲教"出现在中国的幼儿园、小学甚至中学校园，从"菲佣"向"菲教"的转型趋势非常明显，这是对菲律宾人能力的一种认可，对此他感到非常高兴。

据罗马纳讲，中菲政府日前达成一项协议，中国学校有望聘请2000名有资质的菲律宾英语教师。为保障教学质量，这批"菲教"至少拥有英语或教育专业的学士学位以及两年以上工作经验，还要通过政府考核。"希望今年年底之前或者明年之内能实现这一目标，目前已接近最后一步。"

实际上，自杜特尔特上台以来，菲中民间交流明显升温。罗马纳说，菲律宾的外交官、商人、外教、学生等各种身份和阶层的人频繁往返中国，而中国赴菲游客在2018年前三季度接近100万人次，超过2017年全年总和。在商业合作方面，一段佳话在菲律宾已经广为人知：中国在线英语教育品牌51Talk在菲律宾雇用1.6万名外教，利用网络平台指导中国学生学英语。51Talk计划5年内在菲律宾雇用10万名外教，解决当地就业的同时，也满足中国的市场需求。

但如果未来菲律宾换上新总统呢？罗马纳表示，我们永远不能预测未来，最重要的是让民众受益。"利益是维护两国友谊的坚实基础，中国给菲律宾提供了巨大的帮助和支持，这些都是事实。我相信，只要这种互惠互利的情况持续下去，足以抵挡未来可能出现的各种风暴。"

罗马纳进一步表示，中美菲关系如同一个三角形，"有种古老的说法是，两头大象打架，小草也难逃被践踏的命运。和中美相比，菲律宾是个小国，我们一边努力和大象成为朋友，一边祈祷大象之间和平共处，总之我们最不愿意看到的就是变成惨遭践踏的小草"。

在罗马纳看来，中菲和美菲关系均面临难题和挑战，其中，中菲关系存在更多机会，因此他对两国关系的未来发展充满信心。"为了生存，菲律宾必须扮演一个颇具智慧的角色。基本上，我们试图将中菲关系和美菲关系分开看待，鼓励进行对话和讨论，以友善的方式解决争端和分歧，共同推进区域乃至全球的和平与稳定。"

（本报记者：邢晓婧　《环球时报》2018 年 12 月 21 日）

身处"龙象"之间

编者按:"印度洋上最璀璨的明珠""人间天堂"……在广大中国游客心中,南亚岛国马尔代夫享有一系列美誉。然而,这个国家远比一个热门旅游目的地来得重要:由于靠近亚丁湾和马六甲海峡,几乎所有通往印度洋的贸易路线都绕不开它。优越的战略位置成为马尔代夫的"祝福"——它既是中国"21世纪海上丝绸之路"的重要节点和必经之地,也是印度几百年来亲密的"小兄弟";但有时却也成为某种"诅咒"——一旦"龙象"发生争执,它有可能成为"前线"。近年来,马中关系为何能愈发紧密?这和马尔代夫的"印度优先"政策是否冲突?就这些问题,《环球时报》记者在北京独家专访马尔代夫驻华大使穆罕默德·费萨尔。费萨尔曾在不久前说:印度是我们的兄弟,中国则像我们找到的失散已久的表兄。

马尔代夫人如何看中国？
——中国的形象非常好！

环球时报：马尔代夫是第一批响应中国"一带一路"倡议的国家之一，两国率先签署自贸协定。两国关系在最近几年发展如此迅速的主要原因是什么？

费萨尔：我认为首先源于两国之间的高度信任。自1972年马中建交以来，45年里，两国在很多领域都保持着合作。而最近几年的快速靠近，首要原因当是两国领导人之间频繁的高层互访。许多重要的基础设施合作协议是在（2014年）习主席访问马代期间签署的，而在亚明总统访华期间，两国签订了一份历史性的自贸协定以及有关"一带一路"合作的备忘录。

马尔代夫政府非常支持发展，目前我们正努力进行国内经济转型，在这方面我们需要很多国家与伙伴的帮助。而中国一直非常积极，乐意提供帮助。我认为这是第二个原因。

最后一点很重要的是，马中两国政府与人民信奉一个共同的理念，那就是共赢发展，这是我们伙伴关系发展的生动注脚。事实上，两国一直在致力于对双方都有好处的发展项目。从这个角度说，马尔代夫非常赞赏中国的一系列倡议，尤其是"一带一路"，还有中国帮助其他发展中国家的意愿。这些对马尔代夫来说都很重要。而中国经历了40年的改革开放，越来越具有帮助其他发展中国家的能力。

环球时报：除了政府层面，贵国普通民众如何看待每年这么多前来度假的中国游客以及那里的中国企业？我们知道，有些国家的部分民众会因中国游客涌入而感到"困扰"，也有西方媒体认为中国投资让一些小国陷入债务危机。

费萨尔：我认为所有马尔代夫人都很爱中国人和中国，尤其是旅游行业从业者。马尔代夫成为大批中国游客的目的地国是在2008年前后，此前我们的旅游产品一直很欧洲化，这也意味着欧洲一旦发生金融危机或其他问题，马尔代夫就会跟着遭受损失。可以说，中国给我们的旅游业带来了更多稳定性。另一方面，马尔代夫正积极发展非奢侈型中档宾馆，对这个行业来讲，中国是一个巨大、重要的市场。在旅游业中，马尔代夫人已经和中国人有了相当长时间的接触，有了很积极的互动。如今不少马代的度假村为迎接中国客人专门调整自己的服务，比如聘请中国厨师，开设中餐馆，雇中文翻译，甚至允许银联付款等。我们的旅游业越来越能接受这些改变。

在工程领域，自马尔代夫开启一系列基础设施发展工程后，我们已亲眼看到中国企业的能力，尤其在中马友谊大桥项目中，我们看到中国公司使用的技术、设备都是世界级的。这也是马代人第一次看到这样的技术被应用于自己国家的工程上，中国企业在全世界建设大工程的能力让我们钦佩。马代人并不担心所谓"债务陷阱"，因为我们知道自己在做什么，也知道应该把债务保持在什么水平。

我可以这么说，中国在马尔代夫的形象非常好。哪怕是民众个人，也不存在担忧中国人"淹没"马尔代夫的恐惧。普通人很清楚他们需要提高自己的生活水平，也清楚马尔代夫是一个小国，无法自己关起门来发展。

中国"掠夺土地"?
——没人相信这种说法

环球时报：前段时间马尔代夫政局出现动荡，最近局势发展如何？中国游客和中国项目是否受到影响？

费萨尔：到目前为止，我国内部的政治问题都已经得到解决，一切已平静下来。不过由于 2 月发生的是一场未遂政变，政府的调查还在继续，并在法庭上对一些涉案人员进行起诉。除这个过程还没结束外，马尔代夫已经没有任何动荡，局势十分稳定，街头也不再有游行抗议。我个人认为已经不需要因安全局势而延迟赴马代旅行的计划了。

哪怕是 2 月政变发生时，马累街头的抗议也不暴力，旅游业和商业并没有受到冲击。当然我们理解中国政府的谨慎和保护自己公民的想法，我们赞赏并尊重这一点。此外，我们有很多特别针对中国游客的保护措施，比如马代旅游部和中国使馆正在合作，降低中国游客溺水事件的发生率。我们也有很多措施保护在马尔代夫做工程项目的中国人，他们的安全足以得到保障。

环球时报：在那场风波中，有人声称中国在马尔代夫"掠夺土地"，马代政府"将国家卖给中国"，为何会有这样的言论？有多少人支持这种说法？

费萨尔：马中政府都已出面坚决反驳了那位前总统的说法。我认为这番话是纯粹的"政治言论"，因为他本人也拿不出任何证据。我记得当时他在印度讲这些话时，就有一名记者请他说明到底是哪些岛屿被中国人"掠夺"了，他一个岛名也说不出来。所以这是一番极不负责任的言论。

中国企业确实在马尔代夫的旅游行业有投资。据我了解，马尔代夫有 7 个岛屿由中国公司开发，但我们也有很多岛屿度假村是由其他国家开发的，印度、欧洲、中东和新加坡在马代的旅游业都有相关利益。事实上，只要完成相关程序、支付相应税金和租金，任何人都可以在马代租赁岛屿。

我认为没有任何一个马尔代夫人会相信这种说法，租赁岛屿的程序非常公开透明，民众可以通过各种媒介得知每一个岛屿租给了谁。所以从一开始人们就知道这些话不是事实。

环球时报：马尔代夫政府正在研究经济多元化，而不是仅仅依靠旅游业来支撑经济。在这个过程中，您期待中国可以提供什么帮助？

费萨尔：2011 年，联合国批准马尔代夫从"最不发达国家"的名单上"毕业"，这让我们面临了一些困难，比如之前我们可以从很多国家、发展银行或其他多边渠道得到经济援助，现在我们则必须通过商业贷款和其他金融工具来融资。为推进马尔代夫经济结构调整，扩大收入来源，我们需要大量的融资以进行港口、机场、公屋和制造业建设。所以我们期待在"一带一路"、亚投行和各类赞助基金的框架下，得到中国的融资帮助。马尔代夫拥有战略性的地理位置，离南亚与中东的巨大市场都很近，未来将很有潜力成为中国企业走出去的一个经济和金融基地。

"印度优先"转向"中国优先"？
——不应惧怕马代向中国靠近

环球时报：贵国外长年初访印时，曾重申"印度优先"政策，"印度优先"具体指的是什么？

费萨尔：我们并没有这样一项明文规定的政策，"印度优先"只是基于历史上我们和印度保持的紧密关系。印度是距离我们最近的邻居之一，过去每当我们遇到问题或陷入危机时，印度总是第一个回应我们。1988年泰米尔恐怖主义者袭击马尔代夫时，我们曾向印度寻求救援；2004年马尔代夫遭遇飓风袭击时，印度首先向我们施以援手。我们对印度非常感谢，而这也是"印度优先"政策的产生背景和基础。即使今天，我们遇到诸如渔民在海上失踪等问题时，依然会请求印度海军协助搜寻救援。

不过，所有尊重马代独立和主权完整、满足马代发展需求的国家，我们对同它们合作都持开放态度。马尔代夫一直是不结盟运动的成员，我们不相信结盟，只相信伙伴关系。在这个意义上，中国现在是和我们关系最紧密的发展伙伴之一，这也是为什么马尔代夫和中国签署了第一份双边自贸协定。

不只中印，我们和许多国家保持着密切合作。对我们来说，伙伴和友谊关系都不可以有预设条件，如果"大棒"比"胡萝卜"还多，这样的伙伴关系肯定不可持续。这也是为什么我们很赞赏习主席提出"人类命运共同体"理念的原因。从这些角度看，马尔代夫也是一个真正意义上的"国际公民"，我们将在今年6月寻求联合国安理会非常任理事国的席位。我们希望告诉世界，即使是一个小国，也可以成为一个负责任的"国际公民"。

环球时报：但有印度媒体认为，马尔代夫的外交已经从过去的"印度优先"转向"中国优先"。您怎么看？

费萨尔：这种说法不是事实。正如我刚才所说，马印有着长期、稳定的联系。即使在文化上，两国也十分亲近，印度电影和音乐在马代十分流行。

作为两个国家，马印将继续合作并互相支持，不管谁是国家领导人。我不认为印度政府和媒体应当惧怕马尔代夫靠近中国，因为我们今天靠近中国的原因和我们曾经靠近印度的原因是一样的：我们希望这些国家来帮助我们，共同发展这个国家。印度和中国都可以在马尔代夫经济社会生活转型中扮演坚实、活跃的角色。

环球时报：除了经济，您觉得中马之间还可以在哪些领域加强合作？

费萨尔：我们可以在文化体育交流方面做更多工作，这是过去45年我们相对欠缺的地方。马尔代夫驻北京使馆正尝试做一些推广本国文化、美食的活动。在马尔代夫，我们正在一些大学和中学开设中文课程，去年还有一个班的学生专程到中国来学汉语。我听说中国驻马累大使馆正计划建设一个中国文化中心。我认为这些举措非常重要，因为语言能打破藩篱。现在马尔代夫人一提到中国就会想到成龙和长城，但中国文化远比这些丰富。

（本报记者：白云怡、张鑫　《环球时报》2018年5月7日）

墨西哥驻华大使贝尔纳尔

让八亿人脱贫，这在世界上史无前例

　　作为中国重要的合作伙伴，墨西哥在中国改革开放过程中获益颇多，贸易、投资、旅游等领域都享受到中国开放带来的便利。近日，《环球时报》记者对墨西哥驻华大使何塞·路易斯·贝尔纳尔进行专访，听他讲述了自己眼中的中国改革开放。

　　"中国的发展历程是一个更大成功故事的一部分——过去40年，东北亚地区经历了高速发展。"贝尔纳尔对《环球时报》记者表示，在中国之前，日本是墨西哥学习的一个榜样，紧接着是韩国，现在是中国。"当拉美领导人和商界人士向亚洲投来目光时，他们想知道，到底是什么让亚洲国家变得如此开放，具有竞争力与创造力。"

　　贝尔纳尔认为，自上世纪70年代末以来，中国通过改革开放在两个方面取得显著成果：同中国经济增长率与国内生产总值相关的数字令人印象深刻；让8亿人摆脱贫困，这在世界历史上没有先例。

　　贝尔纳尔对《环球时报》记者表示，中国在教育领域的变革以及城市建设和发展改变了人民的生活。如今，越来越多的民众进入中产阶层，收入显著提高，这些都带来消费水平的提升。"这种收入分配与增长是在很短时间内实现的。中国令许多国家都意识到，他们在组织再生产与消除贫困方面能做些什么。"贝尔纳尔说。

"中国的开放非常重要。正是因为这种开放——直面市场竞争和国际进出口市场的理念，成就了中国今天的经济强国地位。"贝尔纳尔对记者说，在这个过程中，全球化也起到关键作用，它与中国的发展相辅相成，同时使得其他国家也能参与并受益于这个进程。

贝尔纳尔在采访中重点谈到中国设立经济特区与自贸区的经验。"我们一直在关注不同自由经济区的自由贸易和互联互通中心的发展。深圳自贸区就是一个很好的例子。"贝尔纳尔说，此外，墨西哥也正关注京津冀地区实施的吸引投资的政策。他认为，这对于墨西哥政府如何为该国南部地区制定和落实更多发展政策、提供发展动力是一个可参考的案例。

（本报记者：尹野平 《环球时报》2018 年 12 月 19 日）

土耳其驻华大使埃明·约南

土耳其与中国交好并非"战略转变"

土耳其与美国这对北约盟友突然闹不和成为这个夏天最火热的国际新闻之一。由于土耳其拒绝释放涉嫌从事间谍活动的美国牧师布伦森，美国总统特朗普8月10日宣布，对土耳其进口钢铝产品加征的关税提高一倍，分别至50%和20%，此消息一出，土耳其里拉兑美元汇率一天下跌18%。土耳其总统埃尔多安随即痛斥华盛顿"可耻"，并通过大幅提高对美国汽车等进口产品关税而重拳还击。土耳其是中东地区的一个重要玩家，它的外交政策如何转向，将连带产生巨大影响。有关土耳其和俄罗斯、伊朗结盟对抗美国的猜测不断出现，一些媒体甚至还联系到中国。土耳其驻华大使埃明·约南28日在北京接受《环球时报》记者专访时对外界关心的一系列敏感问题做了详细回答。虽然约南将土美最近发生的风波形容为"盟友间的摩擦"，然而他在采访中多次强调，土耳其应该得到来自美国的尊重。对于中国，约南热情地表示，土耳其特别欢迎中国游客与投资者。

"美国的制裁决定引起土耳其公众强烈的反美情绪"

环球时报：很多分析人士说，土耳其拒绝释放美国牧师布伦森只是土美关系恶化的一个"导火索"。您认为此次两国关系紧张升级的深层原因是什么？

约南：作为北约一员和欧盟成员申请国，土耳其这些年来一直履行维护国际和平、稳定和法治的义务。大家得承认，土耳其现在面临一系列地区挑战，比如叙利亚战争，来自"伊斯兰国"、库尔德工人党及其叙利亚分支的安全威胁等等。同样对我们构成严重威胁的还有 2016 年 7 月在土耳其企图策划政变导致数千人伤亡的居伦运动组织。

在此背景下，土耳其一直寻求与盟国、朋友合作，然而我们没有得到来自盟国相应水平的合作，比如居伦组织不应在西方民主国家找到"避风港"。

就本次事件而言，土耳其和美国正在经历一种磕磕绊绊的关系。美国要求释放这名牧师是完全无视土耳其的司法独立，这一案件将由法院根据其本身的是非曲直做出裁决，而不应成为美国对土耳其实施经济制裁的理由。

环球时报：土耳其将采取哪些应对措施？会继续以"以牙还牙"的方式反制，还是派遣代表团和美国谈判？会向其他国家寻求经济支持吗？

约南：在处理和美国之间的困难时，我们会持一种冷静但坚决的态度。如果美国继续升级制裁措施，土耳其会采取针锋相对的反制措施。与此同时，我们会保持与美方沟通渠道的畅通，现在已经有一些土耳其团队前往美国进行谈判。另外，我们会采取一系列经济措施克服当下的情况。

土耳其财政部长阿尔巴伊拉克近日宣布实施新经济模式。这一模式旨在推动土耳其从中等收入国家升级到高收入国家，增加外界对土耳其货币的信心，维护中央银行的自主权，推进经济结构改革，控制行政机构支出以确保资源得到最佳利用等。此外，我们与友国保持密切联系。8 月初埃尔多安总统宣布实施短期"100 天行动计划"。该计划将推动完成 400 个项目，其中大部分是经济项目。比如我们将促进旅游业发展，期待中国游客数量大幅增加；同时，我们决定在多个领域加大投资，并使用更多元化的借贷工具，比如中国债券。

我们的目标是（使外界）保持对土耳其经济的信心。我们特别欢迎中国公司和投资者前往土耳其做生意。

环球时报：您认为目前土美之间的紧张局势与美国现任总统特朗普的个人决策风格有关系吗？

约南：特朗普是由美国人民投票选出的，土耳其政府尊重他们的选择。

我们也尊重伙伴与盟国，但这种尊重应该得到同等程度的回报。所有问题都可以解决，但不能通过威胁和命令。不过，特朗普政府想要的似乎并不是找到解决方案，他们有自己的政治考虑，希望把这一切作为政治工具用在今年 11 月举行的中期选举中。

环球时报：如今，土耳其普通人对美国的看法是否有所改变？

约南：试想这样一个问题：自美国直接针对中国掀起贸易战以来，中国普通人对美国及其现政府的感觉有何变化？至少可以说这无助于让美国在中国人心中的形象变得更积极。土耳其的情况也一样。美国对土耳其实施制裁的决定立即引起了公众强烈的反美情绪，对此，美国政府的错误行为要承担全部责任。在美国采取了某些违背土耳其利益的经济和贸易措施后，土耳其社会和商界比以往任何时候都更加坚定地与更多国家建立伙伴关系以促进经济发展。

环球时报：综上所述，您认为土美关系彻底恶化了吗？

约南：国与国之间的关系总是有起有落，重要的是，发生波动时也能相互尊重。我们应当承认，盟友关系在面临现实挑战时会经历一些不同的阶段，但（结果如何）将取决于相关国家如何应对这些挑战。土耳其仍然是其所加入的同盟中强大而坚实可靠的一员，但我们要求伙伴在关键时刻能考虑土耳其的关切。

环球时报：所以您的意思是，现在土美之间发生的事情是一种"盟友之间的摩擦"？

约南：是的，你可以这么来形容。我们仍然敞开对话大门，希望能通过外交工具解决现在的问题。

土耳其要找"新盟友"了吗

环球时报：土耳其总统埃尔多安曾警告美国，不要继续做威胁两国关系的举动，否则土耳其将另觅"新盟友"。这被认为指的是俄罗斯、伊朗、中国等国。您能否为我们解释一下，"新盟友"具体指的是什么？

约南：埃尔多安总统是一名富有远见的领导人，他非常重视土中合作，近年来与中国国家主席习近平举行了五次会晤。

土耳其对"一带一路"十分有兴趣，并支持"中间走廊"计划。此外，土耳其也一直在与中方进行有关高铁的谈判，希望以高铁连接土耳其最东部和最西部的城市。尽管我们与中国的外交关系始于 20 世纪，但我们在贸易、文化上的关系可以追溯至好几百年前，甚至是古丝绸之路时代。

我们与伊朗、俄罗斯的关系也可以追溯到数百年甚至数千年前。此外，中亚和中东国家也是土耳其的伙伴。土耳其选择与多个国家开展政治、经济等领域合作。

环球时报：所以这意味着土耳其试图替换其传统盟友吗？

约南：土耳其不认为与中国以及其他国家发展关系会取代我们与美国、欧盟之间的现有关系。土耳其有力量与信心和所有国家平等合作，不会对一个伙伴比对另一个伙伴更好。

当土耳其加强与其他西方世界以外的任何国家的关系时，一些人认为，这是土耳其的（外交）轴心正在转移。我想特别说明的是，在美洲大陆发现之前，土耳其已经和中国通商。

对任何国家来说，寻求与中国这样一个庞大的经济体发展商业关系都是很自然的，很难理解为何土耳其在追求自身利益并以互利的方式与中国达成相关协议时，会面临"战略转变"的质疑。

环球时报：您认为，土耳其和中俄等国发展密切的战略关系是否会存在什么风险，尤其考虑到当下的国际关系状况？

约南：土耳其和这些国家的关系已持续了数百年，双方都知道如何相处。从另外一个角度来看，德国等一些欧洲国家也和中国建立了全方位战略伙伴关系。德国成为中国的战略伙伴是否面临什么风险或困难？很显然没有。

中国为整个世界的贸易提供了巨大的机会，土耳其不需要受其他国家的刺激才看到这一前景。这也不是为了向其他国家故意显示什么。土耳其只是通过全球伙伴多样化在维护自身的国家利益。

如何看待中国人对土耳其抱复杂情绪

环球时报：坦率讲，中国老百姓对土耳其的看法比较复杂。一些人觉得土耳其是一个美丽的国家，并认为与这样一个在地缘政治上十分重要的国家保持密切关系符合中国利益；但也有相当一部分人认为土耳其在新疆问题上扮演了一个不太好的角色。您在中国是否注意到了这种复杂情绪？

约南：很感谢你提出这个问题。由于两国地理上的遥远距离，土耳其民众和中国民众其实不太了解彼此。土耳其人主要通过西方媒体阅读与中国相关的新闻，中国人也是从其他来源了解土耳其。这或许是部分中国人对土耳其抱有误解和复杂感受的原因。

一些中国人认为土耳其是一个美好的国家，我相信这其中很多是去过土耳其的人，所以旅游业可以成为克服这种误解的方法之一。此外，教育等领域能成为至关重要的突破口。

在一系列广泛问题上，两国有着共同利益。如果这种合作潜力被一些偏见束缚住了，那将是非常遗憾的。两国政府始终从最高层面到技术层面保持密切的工作关系，我们公开讨论一切话题，并共同寻找解决办法。这种近年来日益增强的开放对话和互相信任让我们得以在包括新疆在内的所有议题上合作，而新疆的和平与繁荣也将进一步加强土中双边关系。

（本报记者：白云怡　《环球时报》2018 年 8 月 31 日）

巴布亚新几内亚和萨摩亚驻华大使

我们为什么选择靠近中国

"太平洋岛国成地缘政治战场""南太群岛——中国全球角力新前哨"……本周，一年一度的亚太经合组织峰会将在巴布亚新几内亚拉开帷幕，这本是这个经济发展相对落后的国家的一件盛事，但中国却"意外"地再次成为一些西方人士和媒体议论的焦点。除了渲染中国闯入所谓该地区大国的"后院"，过去一段时间，中国还被抹黑在当地搞"白象"工程，制造"债务陷阱"等。该地区的国家究竟如何看待这些声音，如何评价中国在当地的投资和援助？《环球时报》记者对巴布亚新几内亚驻华大使克里斯朵夫·梅罗和萨摩亚驻华大使塔普萨拉伊·特里·托欧玛塔进行了专访。

澳大利亚做不到的，中国可以
"我这里有两篇我们国家报纸上刊登的文章，
都彰显出巴新同中国合作的意愿"

环球时报：今年以来有关南太国家的新闻报道特别多，尤其中国的相关援助被西方媒体不断提及。为什么会出现这样一股"风潮"？

梅罗：我想这是由于中国在整个太平洋地区所扮演的角色正变得越来越重要。自"一带一路"倡议提出以来，中国作为世界领导者的地位在慢慢形成。我们应该看到，中国的影响力并不只是在南太地区有所增强，非洲、南亚、东南亚等地区也在发生同样的事情。作为世界第二大经济体，中国作为全球领导者的地位已逐渐从理论变为现实。正因为如此，一些过去曾是我们传统盟友的国家开始忧虑并发出一些声音。

环球时报：那您如何评价中国在巴新和其他南太岛国的存在？有声音一直称中国对南太"渗透"，您怎么看这种观点？中国和巴新的合作是否是互利的？

梅罗：在 2014 年习近平主席第一次访问南太岛国并宣布对该地区的新政策后，中国对我们的经济援助越来越多，尤其是基础设施领域。目前，在巴新运营的中国企业有近 3500 家，从小微企业到大型跨国集团都有。其中，21 家大型跨国集团在过去几年承担了公路、铁路修建等多个大项目。我认为中国对我们的帮助是一件很好的事情，也是我们最需要的。

在"中国—太平洋岛国经济发展合作论坛"框架下，中国进出口银行和中国开发银行一共向南太岛国提供了 20 亿美元优惠贷款，支持我们修建基础设施。巴新作为南太岛国中人口最多、最大的国家，自然能从中受益良多，提升我们民众的生活水平。我这里有两篇我们国家报纸上刊登的文章，一篇讲的是巴新加入亚投行，另一篇说的是巴新可以从"一带一路"中得到好处，它们都彰显出巴新同中国合作的意愿。

值得一提的是，我们的传统盟友美国当下有转向孤立主义和保护主义的趋势，这让我们这些南太国家十分担忧，也因此越来越靠近中国。比如作为岛国，我们对海平面上升及气候变化敏感且脆弱，但美国却宣布退出《巴黎协定》。形成对比的是，中国的蓝色经济理念和我们的海洋发展观如出一辙，所以我们很愿意和中国保持更加密切的合作。

对我们来说，中澳两种援助都很重要
且无法相互替代

环球时报：除了中国，南太岛国也接受过许多其他国家的援助。中国的援助与澳大利亚等西方国家有何不同，是否存在竞争关系？

梅罗：我不认为中澳在南太是竞争关系，因为两者专注的领域有很大差别。如我刚才所说，中国的援助主要集中在基础设施领域，比如修建桥梁、机场、港口、医院等，澳大利亚则更关注社会领域，比如艾滋病预防、教育、人权、法律、性别平等项目等。相比而言，中国的援助更看得见摸得着，因此有时也更容易为一些媒体关注和炒作，但澳大利亚也在持续援助我们，是我们非常好的伙伴之一。

总的来说，这两种援助对我们来说都很重要，且两者无法相互替代。以巴新为例，我们是一个资源丰富的国家，但也是一个不发达的第三世界国家，我们没有财力去开采利用这些资源，所以我们迫切需要中国的援助。和中国相比，澳大利亚的经济体量还是小一些，它所提供的资金无法完全满足所有南太岛国的需求，但中国可以。

债务陷阱？我很奇怪这种说法的由来

环球时报：一个常被提及的话题是"债务陷阱"，一些媒体声称，中国通过"债务"掌控南太岛国的基础设施，您怎么看这种说法？贵国的债务是否在可控范围之内？

梅罗：我要非常认真地回答一下这个问题。巴新有一个国家借贷"天花板"，超过这一限制的债务是违法的。作为政府，我们绝对不会无限制地借贷，也能够管理好自身的债务水平，更不会有什么所谓"债务陷阱"。事实上每一个独立国家都有类似规定，所以我很奇怪这种说法的由来。

一些西方国家的确存有类似看法，但我认为它们这样说是因为其在南太的影响力正面临挑战。此前相当长一段时间，南太地区的力量格局一直很稳定，但现在这些国家需要为中国的"突然"进入找到一些"解释"，于是就出现了这种相当偏颇的观点。我想强调的是，相比一些政治因素，我们更关心经济发展。

环球时报：根据巴新的规划，未来你们期待在哪些方面和中国进一步合作？

梅罗：巴新在油气开发方面的潜力很大，美国已经在这一领域注入大笔投资。我国第一个液化天然气项目需要花费总计近190亿美元，我们的年度国家预算甚至都没法达到这个数字。现在我们又有了第二个液化天然气项目计划，预计需要160亿到190亿美元，这意味着我们需要包括中国在内的大量外国直接投资。

在基础设施领域，如果你去巴新，会发现一些比较偏远的地区非常贫穷，人们好像活在半个世纪以前，很多村子没通公路，遑论城市中的医疗、教育等服务。我们国家甚至还有 70% 的人口用不上电。这意味着我们需要并希望更多中国企业来巴新。

我们已和中国签署框架草案，希望中国能派遣更多专业人才和企业，帮助巴新建立一个工业基地。如果这个基地得以建立，未来巴新将有能力对我们的一些产品进行初加工后再出口，这样不仅能促进经济增长，也能提供更多就业机会。

"中国到来"并非西方口中的"突然"

环球时报：您对习主席和南太领导人即将在莫尔兹比港举行的会晤有何期待？这对南太诸国来说意味着什么？

托欧玛塔：中国是萨摩亚最亲密的发展伙伴之一，对其他许多太平洋岛国来说也是这样。这次访问和会面是自 2014 年斐济楠迪会议起中国与南太岛国领导人的第二次会晤，它对我们来说非常重要，因为这是一个讨论加强太平洋岛国与中国联系的好机会。鉴于世界和亚太地区近期发生的种种事情，以及 2014 年至今（国际形势）发生的诸多变化，在这次会议上，双方将可以重新就彼此关系进行一些新的讨论。

环球时报：一些国家对中国"进入南太"感到不安，认为中国正在改变南太地区的格局。您怎么看这种观点？

托欧玛塔：其实，早在 1975 年中国与萨摩亚建交前，两国就有悠久的民间交往历史了，它可以追溯到 18 世纪末第一个中国人来到萨摩亚时，今天你在萨摩亚可以看到许多华人的后代。所以，萨中之间不是一种什么"突然"出现的新关系。某种程度上，在我们和许多西方国家建立关系前，"中国"就已经在萨摩亚了，而我们早已对此习以为常。

我想，你提出这个问题是因为一些萨摩亚的伙伴正为中国在南太地区的存在而感到焦虑，但这种焦虑实在没有什么根据。中国的优势和实力使它能与我们在一些其他援助国无法做到的大型项目上合作，这和其他援助国所做的是相辅相成的，因此完全不应成为问题。

有些媒体可能一看到中国和南太岛国相处得不错，就试图做些负面报道，政治因素也经常在此时介入。但对于我们这些得到中国帮助的国家来说，我们非常欢迎中国在该地区的援助与存在。

环球时报：似乎南太地区不同国家间存在分歧，前不久举行的太平洋岛国论坛上，瑙鲁就对中国代表团做出刁难之举。您怎么看这一事件？是否担心这种分歧扩大并对该地区产生负面影响？

托欧玛塔：我对那场事故的发生感到非常遗憾和不幸，它不应当发生。中国早就是南太地区的援助国，无论是哪个国家来主持这一论坛，都不能以那样的方式来对待一个对话伙伴，而这也是所有主办国都应遵守的一个国际惯例。

我相信南太领导人将会就此讨论，避免类似事情再次发生。事实上，无论当时论坛发言的安排发生了什么，我相信中国代表团要提交的有关气候变化的文件都会受到在座众多领导人欢迎。

环球时报：作为驻华大使，您未来将重点推进萨摩亚与中国的哪些合作？

托欧玛塔：随着"一带一路"倡议的推进，我们希望与中国在旅游与农业领域有更多合作。萨摩亚20%的GDP依赖旅游业，所以我们想加强与中国在航空上的连通性，好让更多中国游客更便捷地到太平洋和萨摩亚欣赏不同的风光。前不久萨摩亚总理访问广州时与中国南方航空公司的董事长与高管举行了一次会议，希望设立直飞航线。除此以外，我们还将推动旅游基础设施建设，比如建造更多酒店和度假村，而萨摩亚已经有许多能讲中文的人。

我们也希望进一步推进和中国私营部门的合作。目前，中国与南太岛国的经济合作主要集中在政府间和国企层面，但我们很希望中国的私营企业也能多来投资，更多推动消费市场的增长，以减少我们对中国政府援助的依赖度。

环球时报：今年是中国改革开放 40 周年，您在中国已经工作 10 年，您觉得中国的改革开放和发展经验是否有可以与萨摩亚及南太地区分享之处？有西方国家认为中国的飞速发展对世界构成了威胁，您怎么看？

托欧玛塔：中国在 40 年前决定向世界敞开大门是一个伟大的决定，中国经济从此蓬勃发展，现在已是世界第二大经济体。过去 10 年，我看到了中国高效的做事能力：中国可以迅速制定战略，并破除任何阻碍将其付诸实践。在很多国家，总是有人为一个计划的实施处处设置障碍，但在中国，每个人都在努力地将政府规划变为现实。

至于中国发展是贡献还是威胁，我想我们发展中国家与一些西方国家想法不同，在 9 月的中非合作论坛北京峰会上就能清楚看到这一点。中国的发展无法阻止，我们必须与中国合作。

（本报记者：白云怡　《环球时报》2018 年 11 月 15 日）

篇　四

中美，想说脱钩
不容易

中国，的确与众不同

专访美国著名国际关系理论学者、普林斯顿大学
教授罗伯特·基欧汉

中国崛起势必带来冲突？错！

"世界政治经济中的相互依赖不断加深""跨国关系深度介入世界政治""相互依赖条件下的世界政治是制度化的"……这些都是美国著名学者罗伯特·基欧汉的国际关系理论核心思想。他是新自由制度主义的最主要奠基人，其理论对于当今世界具有很强的现实解释意义。在过去一年，美国的政策选择大大加深各方对未来不确定性的担忧。从"美国优先"的逻辑出发，特朗普政府收紧移民政策，并加速从多边平台后撤，国际合作机制感受到一股明显的压力。"美国优先"的国内根源是什么？如何看待中国在全球治理中的崛起态势？近日，《环球时报》记者就这些问题对基欧汉进行了专访。

谈美国——即使是目前白宫智识较高的官员，
依然没有意识到多边机构的重要性

环球时报：过去这一年，全球治理领域最大的特点是什么？

基欧汉：去年，全球治理领域表现出的最大特点是多重国际机制因为美国政策的调整感受到压力。特朗普政府的政策选择没有意识到，尽管国际政治存在无序的一面，有着不同利益诉求，以及每个国家基于自己对国家利益的理解而行事，但是各国采取合作的机会依然广泛存在，国际政治不是一个零和游戏。麦克马斯特（美国总统国家安全事务助理）和加里·科恩（白宫国家经济委员会主任）被认为是当前美国政府中智识较高的官员，就连他们也在《华尔街日报》上撰文提出，这个世界不是一个共同体，而是一个各方在经贸等多重领域竞争以求胜的世界。

我认为这样的观点是错误的。尽管价值观差异在当今世界十分明显，但如果我们从"世界社会"的视角看问题，就会发现存在很多各方合作的机会，而多边国际机构对于这样的国际合作是必不可少的。这些机构使合作更便捷，政策承诺更具可信度，且能够监督政策的执行过程。不幸的是，在过去这一年，美国政府并没有意识到这一点。

环球时报：国际秩序哪些方面由于美国的政策选择遭受了最明显的冲击？

基欧汉：这可以列出一个长长的名单。首先，美国的领导力、全球影响力遭受了最大损失；其次，美国不再支持的国际机构遭遇明显的冲击，要知道，维持一个国际多边机构正常运转从来都不是简单的事;第三,其他国家对美国会采取负责任的政策的预期改变了。此前因为有这种预期,所以许多国家尽管会在某些时候不支持美国的某项具体政策,但总体而言会支持美国的外交议程,现在这一切都改变了。

环球时报:此前您在《外交》杂志发表的文章中提到,特朗普政府的"美国优先"有着深厚的国内根源。能否谈谈这一点?

基欧汉:那篇文章更多是对过往美国政府的批评,包括奥巴马、小布什政府等。整体而言,那几届政府意识到国际合作的重要性,它们采取的许多政策对世界上不少国家是有好处的,但它们没有对相关外交政策带给国内分配问题的影响予以足够的考虑——这些政策不是总能给美国工薪阶层带来好处。

环球时报:然而,在不少国家普遍存在一种看法,即现有的国际秩序对美国最有利,因为美国在几乎所有问题上都有最大的发言权。

基欧汉:这取决于如何界定"美国"。"美国"并不是一个单一的行为体。美国帮助建立的这个世界秩序,很明显是对美国企业有利的。

有关全球化给世界分配问题带来的影响,经济学家布兰科·米兰诺维奇绘制的"大象图"可以说是最著名的一项研究(其揭示了全球收入不平等的现象——编者注)。客观看,全球化最大的受益者是中国、印度、巴西、越南等发展中国家的普通民众,因为全球层面的不平等性大大下降。但与此同时,"大象图"的顶端告诉我们,世界上最富有的群体的财富也在全球化过程中出现明显上涨,这就包括美国的精英阶层,尤其是企业。然而,美国中下层群体的境况相比 30 年前没有明显改善、甚至有所下降。当这个群体投票时,他们是在投票反对他们所见的这个体系。在这一点上,他们是正确的。所以,今天讨论全球化影响时，不应简单地说"美国"。

谈中国——从亚投行看守成大国放弃主导地位之难

环球时报：如何看待中国在全球治理中的崛起态势？

基欧汉：我同意约瑟夫·奈对格雷厄姆·艾利森（两位都是哈佛大学学者，前者提出"软实力"的概念——编者注）的"修昔底德陷阱"理论提出的批判。一个新兴大国的出现势必带来一些压力，需要新的调整，但认为这必将带来冲突，却是一个愚蠢的观点。这种观点看到一些结构性问题，但我们要做的是直面与处理好这些问题——守成大国和新兴大国都要做出调整。

当然，这种调整是困难的。此前，美国抵制亚投行是一个很能说明问题的例子。在我看来，筹建亚投行是一项非常合理的努力，而且中国将该机构设计为多边机构。美国抵制的态度显然是愚蠢的，这表现在两个层面：第一，亚投行本身是一个富有建设性的项目；第二，美国的抵制计划注定会失败。这一事例足以说明让守成大国放弃主导地位的难度，调整的压力始终存在，但我们需要做的是认清并理解问题，而不是认定冲突不可避免。

过去10至20年间，中国已明显改变自身政策，正朝着积极的方向迈进。气候变化是我目前观察最紧密的领域。2014年之前，中国在此问题上更为强调自己是发展中国家、需要先发展等；但2014年11月，中国同奥巴马政府达成的协定说明，其政策改变了。在很多领域，中国都做出改变，对提供公共产品采取更积极的态度。

当然，政策宣示与政策执行不是一回事，前者成本较低，后者成本较高。德国在气候变化问题上一直扮演领导者角色，但德国过去几年在使用更多煤炭，排放量也在上升。因此在气候变化问题上，世界将继续关注中国究竟如何执行《巴黎协定》。

谈变化——发展中国家实力增强对发达国家有利

环球时报：中国谈论全球治理时，更强调主权问题。这样的路径是否在政治上更具有可持续性？

基欧汉：当前各国更关注主权，我个人并不为之感到高兴，但这确实在发生，比如英国"脱欧"就是表现之一。不过即使在过去，我也不认为我们真的会看到一个"世界政府"。各主权国家承认彼此有共同利益，可以采取措施进行协作，以增加各自利益，这是思考世界政治的一种经典范式。着眼未来，世界秩序仍将是主权国家构成的秩序，各国也都会坚持自身主权不容侵害，问题是要在此基础上找到彼此尊重、和平相待的方式。

二战后国际秩序的一个突出特点是，没有出现大国间的战争。绝大多数战争是内战，或由内战引起的战争、干涉内战造成的战争，比如越南战争、叙利亚战争等。因此，我们有理由相信，主权不是和平的障碍。真正损害和平的是政权的失败。只要各国持有开放的民族主义，不出现"我优于别人"这类观点，就无须为"主权回归"过于担心。

环球时报：当前，不仅中国在崛起，发展中国家整体实力都在增强。这是否会给国际秩序带来彻底变化？

基欧汉：首先，这是一个非常积极的现象。在中国、印度、墨西哥等很多国家，数亿人摆脱了贫困。从这一点看，过去三四十年是人类历史上最伟大的时段。如果这一趋势保持下去，世界上的失败国家将大幅减少。一旦一个国家对自身状况满意，参加战争的意愿就大大下降。从经济上看，这一趋势对发达国家也很有利，因为这将带来巨大市场。就气候变化而言，这意味着巨大挑战。如果发展中国家都重复工业化国家的发展模式，这会给世界带来灾难；若这些国家崛起与有效减排同时实现，这在经济和政治上都将十分有益。

（记者：胡泽曦　《环球时报》2018 年 1 月 10 日）

英国皇家国际事务研究所主席、"金砖国家"概念提出者
奥尼尔接受专访：

美国挑起贸易战，非常愚蠢

"金砖国家还可以有更多合作的地方。"这是本月正式履新英国皇家国际事务研究所主席一职的"金砖国家"概念提出者吉姆·奥尼尔的期待。7月25日至27日，金砖国家领导人第十次会晤将在南非约翰内斯堡举行。金砖峰会前夕，《环球时报》记者专访奥尼尔勋爵，当年正是他在担任美国高盛公司首席经济师时首次提出"金砖四国（BRIC，巴西、俄罗斯、印度和中国）"这一概念。随着2010年南非的加入，"金砖国家"更加引人瞩目。在奥尼尔看来，改革开放40年的中国在"金砖国家"中起着"关键和主导"作用，而对"金砖国家"等新兴经济体来说，要"谨慎承诺，拼命做事"，不仅要互相帮助，还要一起帮助世界上其他地方的发展。他认为，与中国交好对于英国尤其是"脱欧"之后的英国意义重大。奥尼尔表示，他将借助国际顶级智库这一平台，让更多的英国人了解中国，毕竟中国在全球治理议

题上越来越不可或缺，而中国的"一带一路"将欠发达国家与欧洲联系起来，这对全球的发展都非常有利。

金砖国家：
谨慎承诺　拼命做事

环球时报：从您 2001 年提出"金砖四国"到现在，已过去 17 年。您如何评价"金砖国家"的发展？

奥尼尔：首先从个人角度来说，"金砖国家"这一概念影响力如此之大，以至于我自己也深受其影响。前两天走在街上，还有人把我拦下来说：请问您是提出"金砖国家"概念的奥尼尔勋爵吗？这样的事情经常发生。正是因为中国取得令人难以置信的成功，使得"金砖国家"才持续受人关注。中国在"金砖国家"中是"关键国家和主导国家"。从经济角度来说，"金砖国家"前十年的发展对所有人来说都是不可思议的，但最近十年的发展有所减缓，特别是俄罗斯和巴西两国。

对此次峰会，我的态度是奉行一句生活名言：谨慎承诺，拼命做事。我期待"金砖国家"在峰会结束时发表令人惊喜的公报。这 5 个国家在一起可以做很多事情，如共同发起抵抗耐药性的斗争，最近一些年，各国抗药性感染的严重性上升。如果对抗生素耐药性的扩散不加遏制，许多感染性疾病就会再度变得无药可治。

环球时报：这些年，您还对哪些新兴经济体感兴趣？

奥尼尔：在创造"金砖四国"概念后，有人问我其中为什么不是墨西哥、土耳其或某个非洲国家？为此我和高盛的同事写过另一篇论文，着眼于除"金砖国家"之外的新兴市场经济体，我们将这些人口众多的新兴经济体称为"新钻 11 国"，是想把这些国家按足球队（强弱）那样进行类比。"金砖国家"属第一梯队，"新钻11国"是成长潜力仅次于"金砖国家"的第二梯队，包括巴基斯坦、埃及、印尼、伊朗、韩国、菲律宾、墨西哥、孟加拉国、尼日利亚、土耳其、越南。在"新钻11国"中，印尼、越南、菲律宾和孟加拉国的增长非常值得关注。我最近在越南考察时发现，现在的越南是一个非常令人兴奋的国家，人口接近一亿，年增长率7%。

在"新钻11国"后，我写了另一篇报告，指出任何一个所谓的发达国家之外的经济体，只要其目前国内生产总值占到全球的1%或以上，就可以被认定为一个增长的经济体。这样除了"金砖四国"，还有墨西哥、南非、印度尼西亚和土耳其。在这篇报告发表后，英国《金融时报》的记者称，"奥尼尔允许其他国家进入金砖国家名单"，而一位韩国记者则将下述4个国家总结为"迷雾四国（MIST，墨西哥、印尼、韩国、土耳其）"。而在我离开高盛之后，一位英国广播公司的记者说，不如用尼日利亚替代韩国，这便是"薄荷四国（MINT，墨西哥、印尼、尼日利亚、土耳其）"的来历。

改革开放：
极不寻常　不可思议

环球时报：离开高盛后，您主要关注中国经济发展的哪些领域？

奥尼尔：很多方面。首先，中国正重新平衡经济增长，增加消费和服务业的比重，这对中国而言是头号挑战，对世界而言也是最重要的事情，尤其是在美国总统特朗普挑起贸易战的背景之下。特朗普挑起对中国的贸易战非常愚蠢，因为当今世界最大的故事便是中国消费者的崛起，这对每个人来说都是一个巨大的机会，包括特朗普先生他自己，但是他过分执泥于过去。

第二，对环境和污染的控制问题，也是一个非常重要的挑战，特别是对中国的城市发展来说。

第三，是中国在全球治理中发挥的作用。我们如何让"金砖国家"变得更重要？如何让它们在 G20 内部变得更重要？这些问题的答案都和中国有关。事实上，加入英国皇家国际事务研究所之后，我工作的重点之一就是加大这家全球智库对中国的研究比重。在当今世界，没有中国，你将无法处理任何全球性的问题。

第四个领域是"一带一路"。就我个人而言，我认为中国需要发展一些更强大的"软技能"来推广中国，让更多的人看到"一带一路"和全球贸易的好处。目前有的沿线国家认为"一带一路"是中国人的项目，和自己没有太大关系，甚至有些国家将国内政治斗争与"一带一路"合作挂钩。如果中国想要在"一带一路"上获得真正成功，必须让印度这样的国家积极参与进来。我最近在一些有很多中国学者出席的会议上提议，不如让印度谈谈他们对"一带一路"的期待，这样可以让印度人参与进来。我希望"一带一路"的发展不会放慢节奏，毕竟中国通过"一带一路"将所有欠发达国家与欧洲联系起来，这对全球的发展都非常有利。

第五，回到中国国内问题上，我认为户口是当下中国国内最大的挑战。中国中产阶级崛起，已有约 20% 的人收入和英国人类似，这是一件令人难以置信的事情。然而，生活在同一个城市里的，还有很多流动人口，他们还不能完全分享城市发展的好处，这将是一个长期的挑战。事实上很多政策制定者对此都很了解，在一些三四线城市，户口已不那么重要。因此，户口很可能在未来 20 年里有所松动，甚至变得不再重要。

环球时报：今年是中国改革开放 40 年，您又有什么特别的感受呢？

奥尼尔：我第一次去中国是在 1990 年，此后 20 年里，我每年至少去两次中国，只是最近几年次数相对少了，但我还会常去，因为中国变化实在太大。我第一次去北京时，北京二环路还没有全线封闭通车，但现在已经有七环。如今中产阶级崛起，中国人拥有了可观的财富。这一切发生在过去二三十年，就像很多人说的那样，这是世界经济史上所知的最不寻常的变革速度，这太不可思议了。

中英关系：
非常重要　　保持乐观

环球时报：2015 年 5 月，您出任英国财政部商务大臣时，为"强化新时代下中英关系"以及吸引新兴经济体投资做了很多努力。您接触的英国民众和地方政府，到底对中国投资英国核电厂、高铁等基础设施建设项目持什么立场？

奥尼尔：英国人对中国的态度分三种：首先，很多英国人对中国了解不多，他们从未去过那里；其次，在英国特别是像曼彻斯特这样的城市，一般都会有华人社区，一些思想开明的人为英国能吸引其他国家的资本和人力感到自豪；而第三个群体则是保守派，他们认为中国是一个可怕的共产主义国家，对中国持怀疑态度，因此排斥中国的投资。

英国人对中国有着一系列不同的观点，这是我作为财政部商务大臣时必须面对和处理的问题。当时我是前首相卡梅伦和财政大臣乔治·奥斯本团队的成员之一，他们非常渴望发展英中关系。奥斯本曾专门体验中国高铁。我们有着共同的愿景，认为中国将成为世界上非常重要的地方，因此英国与中国建立更好的联系也非常重要，特别是对英国的北方地区来说。我本人来自曼彻斯特，参与过英国北部振兴计划，而且我还有"金砖之父"的头衔。然而卡梅伦和奥斯本卸任后，北部振兴计划即使仍是政府主要优先事项，但是不像当年那么重要了。幸运的是，特雷莎·梅首相周围的人不断建议她改善与中国的关系，而且她的观念也有所转变。

环球时报：您2016年因不满新政府最初对待中方投资的态度而辞职，现在出任皇家国际事务研究所主席。经历这些变化后，您还看好中英关系吗？

奥尼尔：是的，我对英中关系保持乐观，部分原因是我知道中国政策制定者非常感谢英国是最早加入亚投行的西方国家。今年4月，我当选英国顶级智库皇家国际事务研究所主席，并于本月开始正式履新。作为英国一个重要智库的主席，我想帮助更多英国人了解中国对英国的重要性，特别是在英国"脱欧"之后，这是一个非常重要的角色。

英国脱欧：
化危为机　保住优势

环球时报：提到"脱欧"问题，您如何看待最近英国内阁的变动？

奥尼尔：我很高兴，因为自公投以来我们就面临这种潜在的紧张局势，在某个时间点，首相将不得不作出决定。在公布"脱欧"方案前，首相知道一些"硬脱欧"派会离开，所以我们经历了一个必须经历的阶段，对此，我并不担心，我认为这很好。如果你看看外汇市场的表现——英镑并没有怎么震荡，这告诉我市场上理性声音占主导，他们的看法和我一样。英国媒体热衷于谈论"内阁混乱"，并称首相处于弱势地位，这是因为英国很多报纸的拥有者是"脱欧派"，他们这样做就是给首相施加压力。但我认为事实并非如此，"软脱欧"越来越成为可能。

环球时报：中国人关心英国"脱欧"的部分原因是，"英国是欧盟唯一一个公开表示毫无条件支持中国市场经济地位的国家"。您怎么看"脱欧"后的英国？

奥尼尔：是的，我能理解，"脱欧"是全球投资者都非常关心的问题。实际上，"脱欧"并不是关乎英国未来最重要的事情。我认为，未来最重要的事情是：我们的生产力、教育和技能，这也就是北部振兴计划如此重要的原因。如果能解决这些问题，英国无论是否留在欧盟，都将更为强大。我常对"留欧"阵营的朋友说，我们已在欧盟待了这么多年，但我们的生产力表现却在不断恶化，所以欧盟并不那么好。当然，英国留在欧盟内是好事。金融界有一句名言：永远不要让危机浪费掉。当某种危机不可避免，如何应对危机才是衡量决策者能力强弱的关键。我们有"脱欧"危机，我的观点是不要让它只是成为一场危机，而是要做一些对提升教育、技能和生产力有益的事情，只有这样，才能让更多的英国人变得快乐。如果我们再次公投，人们的答案会很不一样。

环球时报：自英国"脱欧"公投以来，很多人担心伦敦能否保住全球金融中心地位，您的观点呢？

奥尼尔：我曾开玩笑说，如果纽约的时区往前调 5 个小时，这才是伦敦金融城面临的最大威胁。伦敦金融城的巨大优势在于：位于世界时区的中心、英语和法治。在伦敦的工作日，整个上午能看到上海、香港、北京的市场，下午能看到新德里、孟买、莫斯科、墨西哥城、里约热内卢的市场。这对全球服务业尤其是金融业来说就是巨大优势。"脱欧"对伦敦金融城来说不是件好事，但得益于时区、法治和灵活的劳动力市场，金融服务业仍将在这里繁荣。

（本报驻英国特约记者：孙微　《环球时报》2018 年 7 月 25 日）

中美关系不会掉进"修昔底德陷阱"

9月3日为中国人民抗日战争胜利纪念日。让《中国，被遗忘的盟友：西方人眼中的抗日战争全史》一书作者、牛津大学中国研究中心主任拉纳·米特感到欣慰的是，越来越多的西方人通过他和其他人的著作"缓慢但肯定"地意识到中国在二战中发挥的重要作用。除了研究二战这段特定的历史，米特和其所在的牛津大学中国研究中心还关注战后中国在国际舞台中发挥的作用和地位变化。米特日前在接受《环球时报》记者采访时表示："牛津大学中国研究中心是欧洲最大、同时也是研究范围最广泛的中国研究中心。我们涉猎广泛，态度开放且客观。即使你正在研究当代中国政治，你也应该了解古老的孔子哲学。同样，即使你正在阅读历史，你也应该要知道它与今天有什么关系。"和米特这番话相对应的是，在这所英国名校的中国研究中心庭院中，种有苍翠的竹子，墙壁上还用隶书装饰着《中庸》里的名句"博学之，审问之，慎思之，明辨之，笃行之"。

西方开始关注中国的二战贡献

环球时报：在您看来，西方国家的民众这几年对中国的抗战贡献是否有了全新认识？

米特：我很高兴有机会在 5 年前出版《中国，被遗忘的盟友：西方人眼中的抗日战争全史》，并得到很多关注和很好的评论。可以说，通过许多学者的工作，不仅仅是我，西方国家的人在缓慢但肯定地意识到中国在二战中的重要作用，更加关注这段历史。之所以说这仍然是一个非常缓慢的过程，是因为如果你去伦敦或牛津的任何一家书店，你会发现有关二战的书更多仍是讲欧洲战场，以及与日本有关的太平洋战争，最后才是与中国战场相关的书。但总的来说，中国抗日这段历史比过去更受西方人关注了。一两本书是无法完成整个工作的，但这是开始改变人们对历史看法的缓慢过程中的一部分。

环球时报：您是否关注日本政府和民间最近一些年在二战历史观上的表现？

米特：我最近为英国广播公司世界电视台制作了一部关于"日本和中国电影二战题材选择区别"的纪录片。我想说在某些方面，两国的题材选择非常不同。大多数日本电影没有美化战争，它们承认并描述战争的可怕，但所谈论的很大一部分是战争尾声时期日本平民的苦难。这是日本观众关注的。中国电影更多涉及战争期间日本侵略者的暴行，如张艺谋导演的《金陵十三钗》和陆川导演的《南京！南京！》等。而这样的电影一般不会以相同的方式在日本制作。

在学界，中日两国之间的相互交流很多，两国政府也在对话，但在电影这样的流行文化领域，我仍然认为彼此是相当分离的。日本确实在流行文化中考虑过战争题材,但更倾向于考虑与美国的战争,即太平洋战争,而很少涉及与中国的战争。所以,从某种意义上说,日本这几十年来的变化是在承担更多的内疚、承认战争期间发生的事情,但这些通常都只涉及与美国发生的战争。

战后秩序很可能发生显著变化

环球时报:您最近的研究方向是什么?牛津大学中国研究中心如何研究中国?

米特:我对战后中国的作用非常感兴趣。我认为这个时期实际上非常重要,尤其是对当下变化非常快的国际形势而言。"战后秩序"已持续70多年,很有可能会发生非常显著的变化,甚至可能崩溃——尽管我们还不知道。因此,了解二战后出现的世界秩序,特别是亚洲秩序的历史渊源,是一个非常引人入胜的主题。我们也能记住一些重要事实,如中国曾深度参与包括联合国在内的国际组织的成立,并参与制定长期以来塑造战后世界秩序的许多规则。

中国研究中心每年都会请来自中国、美国、欧洲的学者进行对话。我们高度重视学术参与度,总是通过最合适、最准确的研究方式来分析中国,然后把得出的观点推送给更广泛的人群。我们有近50名教师和管理人员,研究内容囊括中国古代哲学、当代社会科学、国际关系、政治学、历史、文化和文学等领域。

环球时报:对中国改革开放40周年,您最感兴趣的主题是什么?

米特:40年足以让那些关注当代历史的人从长远的角度来看待这段历史。从某种意义上说,我们看到的是一个关于中国的故事,关于中国经济增长以及大量社会变革的故事,但这也是一个世界故事,因为它仍然是一个关于中国如何重新融入不断变化着的世界的故事。当今世界，消费主义变得越来越普遍，中国出口货物并以服务世界其他地区的模式把国家带上经济繁荣之路，与此同时，从核武到联合国运作等事务上，中国都在重新融入国际秩序。因此，我说中国 40 年改革开放的故事也是一个关于世界如何变化的故事，而中国是这一变化的核心部分。

当下，国际体系正在发生变化。特朗普是战后第一位真正想要挑战国际秩序规范和价值观的美国总统。如果我们说过去 40 年中国已更多地进入全球秩序，那么，如今世界很多国家尤其是美国似乎不像过去那样"尊重"这个世界的秩序，这种不同的态度会带来什么样的结果，目前是不可预测的。

中美贸易战不会持续太久

环球时报：从历史研究的角度，您怎么看当下美国发起的贸易战？您预测结局会怎么样？

米特：20 世纪我们就有过类似的历史教训，当时关税壁垒带来的结果是阻止彼此之间的贸易，导致大萧条和冲突。在两次世界大战之间的那些年，很多国家大量征收关税。如 1930 年美出台《斯穆特—霍利关税法》，日本也在此期间设立过对外贸易的障碍。关税壁垒使得当时的大萧条变得更加恶化。

当下的局面，不太可能发生真正的冲突，但设立关税壁垒是国家之间进行贸易外交的一种非常低效甚至无效的方式。目前中美之间的贸易战最终只能对双方造成伤害。我认为，美国首先应退出贸易战，美国设立的贸易壁垒不仅针对中国，还包括墨西哥、土耳其、加拿大以及欧盟。对中国来说，不仅要发出反对贸易保护主义的声音，还要更加努力地融入新的世界经济，如为服务等领域开辟市场，确保国际公司能在中国以有效的方式运作。中国已向美国发出信号，表明其不会采取贸易保护主义的道路。令人鼓舞的是，近几年来中国在这方面发出积极声音，谈论打破贸易保护壁垒的必要性，这在实践中是正确的。美国、英国等国家有非常开放的市场，中国如今也比 40 年前变得更加开放。但我认为，中国在一些领域，特别是服务领域的市场准入仍然有限。如果中国真正做到开放这些市场，那么中国可以向美国提出更有效的挑战。

鉴于贸易战会对各国民众造成伤害，我认为此次贸易战不会持续很久。如果它持续时间过长，越来越多的美国消费者会发现，由于相互征收高额关税，进入美国的商品会更加昂贵。一旦美国消费者意识到商品价格变得更贵时，他们会向政客发出信号，这样就可能会导致关税壁垒的终结。

环球时报：随着美国的种种"退出"，欧洲的地位是否越来越尴尬？

米特：欧盟的作用一直很有意义，而且很重要。很明显，欧盟非常反对美国征收的关税。欧盟曾希望能与中国形成某种联盟来对付美国，但中国与欧盟之间的谈判还没有达成共识。这意味着欧盟在与美国的谈判中不得已要单独行动。这对欧盟来说很可惜，与此同时，中国也错失了一个机会。因为通过与欧盟建立新的联盟，中国将会更有效地在国际贸易环境中发挥作用。

环球时报：在您看来，中美关系能否跨越国际秩序中的"修昔底德陷阱"？

米特："修昔底德陷阱"是由哈佛大学的格雷厄姆·艾利森教授

提出的，是一个很有意思的提法，但我并不那么悲观。我认为，中美两国是有很多不同的两类强国。中国并不想像美国那样在全球范围的各种事务中都发挥重要作用。中国希望在亚洲变得非常强大，并在发展中国家的某些地区特别是非洲发挥越来越大的作用。在我看来，中国会更多地专注于自己的"后院"。中美之间不是一场对抗，而是关于在美国势力收缩的同时，正在亚太地区崛起的中国会被怎样对待的问题。毫无疑问，中国将在亚太地区发挥非常重要的作用，但中国不会像美国那样简单地制定规则。在该地区，可以看到有很多由多方认可的规则，而更复杂也更重要的是要找到该地区各种不同行为者能相互容纳的方式。我认为中国还不具备主导亚太地区事务的能力，美国也没有足够意图或资源来统治该地区，但这两股力量都不会消失，都将在该地区待很长一段时间。我们不能只关注中美两国，还需要看看其他国家，如日本、韩国、朝鲜、东南亚国家、澳大利亚和印度等。只有把所有不同部分放在一起时，你才能更全面了解亚洲的情况。

（本报驻英国特约记者：孙微 《环球时报》2018年9月3日）

美中关系全国委员会会长专访：

三大纽带仍将中美连在一起

在不少观察家看来，过去一年多，世界上最大的两个经济体的关系在一个"下行通道"里不断滑落。从经贸到军事，美国不断升级同中国的对抗和竞争。这一切是如何发生的？美国政府为何采取这样的政策？《环球时报》记者近日就此专访了美中关系全国委员会会长史蒂芬·欧伦斯。欧伦斯是上世纪70年代中美关系正常化的见证者，过去几十年，无论经商还是担任非营利组织负责人，他都与中国有着千丝万缕的联系。

中美关系严重退化始于这些事件

环球时报： 当下的中美关系令许多人忧心，您是其中之一吗？

欧伦斯： 只有睡着的人才会不担心。自去年12月以来，我们看到美中关系出现严重退化。这始于白宫发布特朗普任内第一份《国家安全战略报告》，其中中国被贴上美国战略对手的标签，他们声称中国与俄罗斯都是修正主义国家。今年1月，五角大楼出台《2018国防战略报告》，列出将用于对抗中国的措施。此后是美国贸易代表办公室出台报告，即《301报告》，其中提出技术转让、关税壁垒、非关税壁垒等许多问题。于是这导致双方在贸易紧张局势中更加针锋相对。

我们已看到双方相互实施加征关税措施，中国对美国在加征关税上的行动采取回应政策。局势令人不安。或许在未来几天内，我们就将看到美国政府对另外2000亿美元的中国输美商品加征关税（本专访进行时，美国政府尚未宣布该加征关税的决定——编者注），此举将非常严重并会导致紧张局势升级。

我们还看到中国被排除在环太军演（RIMPAC）之外，这是引发担忧的原因之一，因为在奥巴马政府后期，无论美中政治关系如何，两国的军事关系都在改善。即便两国之间出现问题，军事关系仍保持在正轨上。但如今，随着中国被排除在环太军演之外，态势已发生改变。据说中国被排除的原因是美国方面认为中方违背曾经的承诺将南海军事化。

此外，签证问题在恶化。如果你是一名将赴美攻读任何STEM（科学、技术、工程和数学）专业的中国学生，你将不会再被给予五年期签证，你将被给予一年期签证。这又回到近6年前的政策。

我们还看到美国通过将给美中关系带来麻烦的立法——8月13日，特朗普总统签署（2019财年）《国防授权法案》，其中一些条款会令双边关系更紧张。

环球时报：一些分析人士警告说，美中两国或将面临一场危险的新冷战。您认为新冷战发生的可能性有多大？

欧伦斯：中国并非苏联，我认为如果我们两国陷入冷战陷阱，那么对两国政府来说将会很可怕。或许在某些细枝末节方面，美中利益有所不同，但从根本上来说，它们并没有什么区别。

上海的一位母亲与纽约一位母亲，她们的关切真的有区别吗？我认为答案是没区别。纽约的母亲经历过"9·11"，因此她关注恐怖主义问题，上海的母亲也担心恐怖主义；上海的母亲担心经济危机，因为2008年发生的经济危机将使其子女的机会减少，对纽约的母亲来说同样如此。最后，非常重要的一点是气候变化。我认为上海的那位母亲担心海平面上升和洪灾，纽约的母亲也经历过使纽约地铁和街道遭到严重破坏的超级风暴。这些都是人们的担心所在。这些担忧并不冲突，而是互补，对中国人和美国人来说没有区别。

两国的利益在细枝末节方面存在分歧吗？是的。但人民将决定各自政府会采取什么政策。在我看来，美国人民和中国人民都不希望被卷入一场冷战，不希望将数千亿美元用于国防支出，而是希望这些资金被用于帮助人们脱贫、加固基础设施或为子女提供更好的教育。

从短期看，两国关系将面临困难，但从长远看，两国人民的看法将占得上风，美中关系将被视为一种互补而非相互冲突的关系。

"我并不认同这些观点，但他（特朗普）确实这么认为"

环球时报：过去一段时间，特朗普总统不断升级与中国冲突的意图何在？

欧伦斯：特朗普总统认为，从根本上来说，中国偷走了美国的就业岗位，并通过政府补贴、关税及非关税壁垒和不公平的"竞技场"，将这些岗位带到中国，美国因此丧失数以百万的岗位。

无论人们是否认同这种说法，特朗普总统认为是这样。他想看到其中一些工作岗位重返美国，看到一个公平的竞技场、政府补贴终结、美企知识产权缺乏保护的状况结束、降低关税壁垒，看到中国拥有公平和透明的监管体系。美国贸易代表办公室的《301 报告》提及他希望完成的许多事情。特朗普认为，鉴于美国从中国进口的商品远多于中国从美国进口的商品，华盛顿将比中国更能经受得住这种贸易紧张态势。我并不认同这些观点，但他确实这么认为。

环球时报：中美之间的这种对抗究竟是实力还是意识形态之争？

欧伦斯：这与许多方面有关，你不能说这仅与实力或意识形态有关。

对于中国，我担心的是，即便两国化解了贸易紧张局势，我们还将继续面临安全层面的紧张局面，我们将依然无法围绕 21 世纪的技术开展合作。

我们现在看到美国对中国发展人工智能的担忧。我们应该做的是找到在人工智能领域开展合作的途径，但我们正在做的是在朝着设立两套人工智能生态系统的方向行进——中国一套，美国一套。这意味着每一套都不会比两国通过相互合作打造出的人工智能技术那样好。所以，这些政策走向令人忧虑。两国合作就有机会解决世界问题，各自单干将使我们无法如愿以偿。

环球时报：您曾在今年 6 月撰文称，在美国有一些一贯误解中国举动并夸大中国冲击的人。他们在美国战略圈内代表主流观点吗？

欧伦斯：夸大并误解中国行为的人当然存在，并导致美国需要对抗中国这种说法的产生。这是否主流观点并不重要，重要的是有人站出来指出这些误解。

当美国的一个举动在中国被误解时，一个中国人需要指出来。当中国的一个举动在美国被误解时，一个美国人需要指出来。现在，在我们两个国家，站出来发声和批评政府都变得越来越困难。

记忆最深刻的是福耀玻璃在美开工厂

环球时报：您是中美从关系正常化到深度交往的见证者，展望未来，有没有值得看好的因素？

欧伦斯：绝对有。有太多因素在推动两国社会走得更近。中美两国关系中有过诸多良好走势。在美国，我一直跟中国留学生交流，要知道，如今在美国有 35 万中国留学生。不妨考虑一下他们的影响力。他们中一些人将留在美国，一些人将返回中国。如果他们留在美国，他们将帮助美国人了解中国。如果他们回国，他们将帮助中国人了解美国。他们将成为纽带和未来之所在。在中国的美国留学生不够多，但也有 2 万至 2.5 万人。他们将起到同样的作用。

我认为双边投资将会继续。尽管美国外国投资委员会和中国对资本外流的管控都对投资起到限制作用，投资依然非常重要，也是将两国连在一起的纽带。我来中国后，从事的第一份职业是与在中国投资的美国公司打交道。因此，与我一起工作过的人比普通中国人更了解美国。投资不像生意，它更像婚姻。你需要不断努力才能使你的投资成功。正是这种纽带将中美两国连在一起。

过去 15 年，我记忆最深刻的一件事，是看到中国企业福耀玻璃在俄亥俄州开办工厂，一下子有 2500 名美国人进入那家工厂上班。看到中国投资引领并改善当地社区，着实令人振奋。

总的来说，投资纽带、留学生纽带和互补的利益终将把中美两个社会连在一起。当然，这并不意味着我们在短期内不会遇到困难。

这种状况还提醒每个关心中美关系的人不能袖手旁观，而是要从我做起，努力改善中美关系。如果你袖手旁观，只想着"让别人来做吧"，那么这就不会变为现实。从中美关系中受益的每个人都需要为之努力。

（记者：李艾鑫 《环球时报》2018 年 9 月 27 日）

瑞典国际事务研究所所长、世界银行前副行长卡尔森：

我们不应对多边秩序失去信心

从一次次"退群"，到挑起同多个国家的贸易摩擦及其他冲突，这届美国政府的任性令人吃惊。由于美国是当今世界唯一的超级大国，这也导致原有的国际贸易格局以及地缘政治形势频频被搅动。美国种种外交举动带来的影响究竟有多大？相关政策背后的逻辑是什么？在这样的形势下，地区以及全球合作将面临什么样的困难和挑战？《环球时报》记者日前就这些话题专访了瑞典国际事务研究所所长马茨·卡尔森（Mats Karlsson）。卡尔森曾任瑞典外交部首席经济学家、国务秘书，当过瑞典首相全球治理委员会的外交顾问，还曾担任世界银行负责对外事务的副行长。

贸易问题，"谈判是唯一途径"

环球时报：无论是与中国的贸易摩擦，还是向众伙伴国、盟国发出关税威胁，甚至威胁退出世界贸易组织（WTO），在您看来，美国的种种举动会否带来全球经济贸易格局的改变？

卡尔森：当然会。这是一个很不幸的局面。我们需要开放的全球贸易体系。如果美国真退出主要的全球贸易体系，特别是退出世贸组织，那将是非常令人遗憾的。

关于中美贸易关系，我想两国原本可以谈判得更好。中国的发展与贸易开放相随，同样，中国从全球贸易规则中受益匪浅。中国也需要思考一下自身如何继续从全球关系中获利，包括知识产权、未来技术协议以及环境和社会标准等方面。不管怎样，要想取得进展，谈判是唯一途径。贸易战会导致增长放缓，伤害各方利益。我们需要做的是回归基于规则的全球秩序，让各方都能从中获利。

环球时报：您能否简单谈一下这场席卷几乎所有大国的贸易纠纷的地缘政治影响？

卡尔森：我认为地缘政治是由许多其他因素驱动的。同样，认为贸易纠纷只对全球贸易体系构成威胁也是不正确的。欧盟正在提议并签订世界范围的贸易协定。因此，针对贸易纠纷的反作用力正在许多国家和地区出现，包括欧盟。

关于地缘政治，我认为更重要的是确保我们依赖的是基于规则的多边秩序，它在很长一段时间里给很多国家带来了繁荣与和平。这虽然不是绝对的，但对大部分国家来说，事实的确如此，我们对它（基于规则的多边秩序）不应该失去信心。

环球时报：您认为中美贸易摩擦将如何发展？

卡尔森：事情正以非常不可预测的方式发展，它给企业、中国工人和欧洲工人带来损害，更不用说美国工人。

在这个问题上，我不认为美国政府有明确的战略。双方需要做的是冷静下来，通过协商解决存在的问题。我认为中美贸易战还没有达到高潮，但我们需要尽快回到正轨，越快越好。

"特朗普是一个孤立主义者"

环球时报：特朗普政府挑起贸易战战火，不仅同中国发生贸易摩擦，同时把战火烧向盟友。特朗普究竟想要什么样的盟友？

卡尔森：我认为我们更应该关注的不是特朗普本人，而是什么才能带来真正的安全。我们应该铭记 1989 年之后是什么创造了更加和平的世界，是谈判、合作以及不以牺牲一个国家的安全为代价来捍卫另一个国家的安全承诺。欧洲已经从过去的战争中吸取了教训，未来的安全必须建立在经济合作的基础之上。因此，我们需要与二十国集团（G20）、经济合作与发展组织（OECD）、欧洲安全与合作组织（OSCE）等机构进行合作。

环球时报：法国和德国近来有声音警告说，美国不再值得信赖，欧洲的命运要掌握在自己手中。您觉得欧洲这一步能跨多远？能否预测一下未来的美欧关系发展趋势？

卡尔森：这需要结合背景来考虑。美国正在经历一个复杂的政治时期。欧洲和美国之间的关系仍将保持强劲，但欧洲已经意识到，在外交政策和金融监管等方面，我们需要为自己做更多的事情，而且我们必须这样做。

与美国的关系固然重要，但欧盟也面临许多其他问题，比如英国脱欧的挑战，我希望这类问题不会发生，但如果发生，就应该以有序的方式进行。在这种情况下，我们 27 个欧盟成员国需要做的是：聚焦经济发展，做出全球贡献，造福我们的公民。

环球时报：美国布鲁金斯学会的外交政策专家托马斯·赖特曾撰文称，特朗普的外交政策不难理解，是"19世纪外交"。您对这一观点怎么看？

卡尔森：我认为特朗普是一个孤立主义者，他并没有能够承担全球责任的战略。

19世纪时，在很多大国，无论是英国人、德国人、奥斯曼人还是奥地利人、匈牙利人，都认为世界很安全，因为大家经历了一段时间的全球化，获得了更多收益。但意外突然发生了，然后人们慌于应对，还没有真正了解清楚自己想要什么便陷入了战争。第一次世界大战没有带来任何利好，接着第二次世界大战爆发了。因此，我认为我们需要特别谨慎，我们要依赖联合国、欧盟和现有的全球合作机制，确保沟通是常态，要避免不经意间即陷入冲突。

"现在的美国从未比那个年代更伟大"

环球时报：中美关系是当下国际政治的一个核心问题，您认为，中美目前的竞争局面本质是什么？是权力之争或意识形态之争吗？

卡尔森：我不认为这是意识形态之争，为权力而竞争在一定程度上是存在的。这是各个国家发展进程的一部分。但我觉得人们把重点放错了地方，我们现在应该聚焦什么才是真正的价值观，什么价值观能够推动所有国家实现和谐发展？这方面，在联合国的帮助下，我们已经走了很远。

现在，世界上出现了一些令人担忧的情况。一些领导人希望集聚政治、法律、媒体以及合作的权力，另一些国家希望达成一定的平衡，并且保持国家的开放度。贸易开放创造财富，思想开放创造新的技术，对话开放则创造更好的理解。

其实，我不认为各国之间会为权力而争斗，而今天的意识形态之争应该建立在找到真正价值观的基础之上。这样的价值观已经很好地由联合国和"联合国 2030 年议程"，即新的可持续发展目标体现。这是向前迈出的一大步。

环球时报：美国总统特朗普有个口号"让美国再次伟大"，他眼中伟大、强大的美国究竟是什么样的？实现这样一个强大的美国与过往的全球合作模式是否冲突？

卡尔森：第二次世界大战结束后，美国带领世界发展，现在的美国从未比那个年代更伟大。联合国、世界银行、国际货币基金组织都在美国的主导下建立起来，这不是美国一家的功劳，还有很多国家的努力。那个时候，美国开放贸易，以开放的心态对待多边谈判，当时它是伟大的。特朗普现在的所作所为并不能让美国再次变得伟大，他只是在利用国内的怀旧情结以达到个人目的。美国已不再是曾经的美国，它正变得日益衰弱。

环球时报：美国前总统林肯有句名言"不以恶意对人，尽以仁义示人"，但特朗普总统无论是大选期间还是上台以来，一直让人觉得其不少言论和政策"严厉""刺耳"。这届美国政府真的不重视道义的力量吗？

卡尔森：要将特朗普的言论与美国制度的优势区分开来。美国制度是在宪法和相信人权的亚伯拉罕·林肯于内战中为国家做出巨大牺牲的基础上建立的。错误发生时，任何国家都必须进行改造，美国也不例外。用特朗普本人的话说："我们走着瞧。"但我认为美国的制度，如司法和媒体自由，正在证明其优势。我们很快会看到 11 月的中期选举将如何改变政治格局。与此同时，全球应该关注并解决实际问题。而美国也终将回归，并做出建设性贡献。

（本报记者：李艾鑫 《环球时报》2018 年 10 月 8 日）

以色列历史学家、"简史三部曲"作者
尤瓦尔·赫拉利接受本报专访

美中冲突会殃及人类未来

编者按：从讲述人类在几十万年间自猿类走到今天的《人类简史》，到审视千百年后人类终极命运的《未来简史》，再到直面 21 世纪人类所面临的重大现实性议题的《今日简史》，以色列历史学家尤瓦尔·赫拉利的作品虽不乏争议，但其宏大、独特的视野和丰富的想象力不能不让人叹服。10月下旬，在尤瓦尔·赫拉利来北京宣传新书期间，《环球时报》记者见到了他。一如在"简史三部曲"中所展现的深邃观察力，从核危机到贸易战博弈，从看起来支离破碎的"全球化地图"到天下分分合合的态势，从"后真相"时代的信息爆炸到进化带来的"生物学偏见"，这位新锐历史学家畅谈了他对人类命运问题的各种思考。

许多人忘记了核战争的危险，
一个傻子就足以发动一场战争

环球时报：美国总统特朗普近日宣布将退出《中导条约》，同时有报道称美国要全面升级核武库。您在《今日简史》中表示，"一些民族主义领导人虽然嘴上咄咄逼人，但对于实际发动战争却非常谨慎"。特朗普会成为一个例外吗？

赫拉利：我个人不了解特朗普，也不是美国问题专家。目前，世界仍处于我们曾看到的最和平时期，更多人死于暴饮暴食而非人类暴力。这是非常了不起的成就。但我们要谨记，这并非源自神赐的奇迹，而是人类做出明智决定，尤其是广泛的国际合作的结果。一旦人类开始轻率做决定，国际合作恶化，那么战争就会卷土重来。

如今，许多人都已忘记核战争的危险。但在上世纪五六十年代，每个人都非常担心核战争不可避免，最终冷战以和平方式结束。1945年以来没有任何国家再使用核武器，人们几乎认为和平理所当然，并已遗忘过去。可是，危险仍在，如果我们不谨慎行事，那么更紧张的国际局势就有可能带来一场最严重的冷战，甚至第三次世界大战。

就战争而言，智慧和愚蠢之间存在一种内在失衡。和平需要很多有智慧的人共同努力，但有时，一个傻子就足以发动一场战争。我并非特指任何一位领导人。世界的这种不幸的失衡属性使开展合作比发动战争更难。

环球时报：我们现在有足够多明智的政治家吗？

赫拉利：当下政治智慧稀缺，尤其因为政客们对未来缺乏积极有意义的远见。

审视当今世界，你会看到许多国家的政治人物无法为未来做出有意义的构想，例如：三四十年后我们将走到哪一步？相反，他们提供的唯一东西是对过去的怀旧幻想。他们想象过去的某个黄金时代，并向人们承诺将让昔日重现。这只是幻想。过去根本没有那么美好——我是历史学家，我可以告诉你，生活在过去并没有那么多乐趣可言，何况我们无论如何也无法回到过去。

新技术正在彻底改变世界，尤其是人工智能（AI）和生物科技。面对未来，我们需要新构想，并且要将新技术和气候变化带来的新危险考虑进来。不幸的是，世界上太多政客要么不了解这些新挑战，要么不知道如何应对。

环球时报：眼下很多人为美中贸易战担忧，有人说它像一场较量哪方先让步的"胆小鬼游戏"，您认为会如何发展？

赫拉利：目前的趋势是孤立主义上升，合作减少，从贸易开始，然后蔓延到其他领域。更诡异的是，这并非仅发生在中美之间，目前的美国正在攻击其盟友，破坏其与加拿大、墨西哥、西欧、日本和韩国之间的传统同盟关系。

我真的不理解美国为何这么做，但结果是，过去几十年几代人建立的整个合作架构正失去平衡并遭到破坏。即便美国改弦易辙，人们也不太可能再信任它。假设特朗普在2020年选举失败，新总统迅速改变政策并试图加强与加拿大、德国及中国的关系，届时人们会说，谁知道再下届总统会做什么？如果每次不得不等待4年才能知道发生什么，那么在任何领域都无法进行长远规划。

我认为做出改变的方式之一是，打造一种相对不以美国为中心的国际合作和信任机制。所有其他国家都不坐等美国领导它们，而是构建一个无论谁成为美国总统都能正常运作的全球共识。

环球时报：可是，今天依然有相当多外国媒体和政客无视中国的发展，而是紧盯意识形态分歧。您如何看待这一现象？

赫拉利：这种状况正在发生变化。每个人都意识到中国的巨大发展，如今中国无论在经济还是政治上都变得与美国平起平坐。人类21世纪的未来在很大程度上取决于这两个超级大国间的关系。倘若两国进入军备竞赛或新冷战，尤其是在人工智能领域，那么它将是人类面临的最严峻状况。

我希望两国能克服意识形态分歧和紧张关系，至少一定程度上在对人类生存至关重要的领域开展合作。上个月（9月）我在美国，眼下我在中国，我正尝试告诉人们：看，我并非研究美国或中国的专家，我也知道双方都有合理关切，但你们需要在某种程度上将视线投向这些矛盾之外。就真正的大问题而言，比如气候变化或人工智能，除非两国找到合作方式，否则整个人类都会遭殃。

越来越多政客宣扬"本国优先"，
需要改变这种"对话模式"

环球时报：中国古语称，"天下大势，分久必合，合久必分"。作为历史学家，您如何看待世界战争与和平的周期规律？

赫拉利：这话并非完全正确。回顾历史长期发展趋势，你将看到"合"比"分"的力量更强大。是的，你看到帝国起起伏伏，看到合作后狼烟又起，但从长期看，你会看到更大的趋势是合作。

一万年前，人类被分成众多几乎没有任何联系的小部落。如今，全世界是一个文明的一部分，国家间有非常紧密的经济联系和不少政治文化协议。当然，分歧依然存在，但最大的分歧通常存在于家庭成员之间。我们与家人之间的"斗争"远多于与陌生人。国际舞台上也是如此。

环球时报：过去几十年，人们纷纷讨论全球化的好处，如今反全球化力量快速上升。是什么导致了这样的剧变？

赫拉利：原因太多。正如所有重大历史性发展一样，全球化并非完美无瑕。在 20 世纪，全球化的领军者多为西方国家，尤以美国最突出，之前是英国。它们从全球化、自由贸易等领域中获益颇丰，但现在这些国家环顾四周，意识到"我们或许也曾受益，但中国等其他国家的受益程度其实远超我们，（所以）我们不再那么想要它了"。如今，那些曾经的全球化领军者反而成为反全球化的领军者。

从长期看，包括美国人在内的每个人都应意识到，良好的全球关联符合所有人利益。倘若全球化分崩离析，大家都得吃苦头。这并非仅仅因为由此产生的经济困难，还因为我们在 21 世纪面临三大全球问题——核战争、生态崩溃和科技颠覆。缺乏全球合作，我们就无法解决这些问题中的任何一个。你不可能靠一个国家的力量应对气候变化，也不可能仅在一国内对人工智能和生物科技进行规范。这是比贸易更应引起美国关注的问题。

环球时报：但未来开展有效合作的前景似乎有些悲观，越来越多的政客为赢得选举而宣扬"本国优先"。

赫拉利：你说得对。这种状况正在发生，而且极其危险。当我说我们需要全球合作以解决全球问题时，无法确保人们真会这么做。历史上，人类破坏性的行为方式比比皆是。我希望我们能克服目前民族主义和孤立主义愈演愈烈的趋势，这正是我写这本书（《今日简史》）的目的——改变目前的对话模式。

那些民族主义政客试图通过谈论移民、恐怖主义、一个国家的工作流向另一个国家等话题来赢得支持，我想尝试改变这种对话并告诉人们，移民和恐怖主义都是重要问题，但不是最重要的问题。最重要的是核战争、生态崩溃和科技颠覆，应对这三大问题的唯一有效方式是全球合作。因此，如果你将票投给那些破坏全球合作的政客，或许能有效应对移民问题和恐怖主义，但注定会使我们无法应对气候变化和科技颠覆。

"后真相"时代信息泛滥，
我们要寻找真正重要真实的故事

环球时报：您说，当今时代，人们对旧的故事，比如自由主义、全球化失去信心，人们处于幻灭与愤怒的虚无主义时期。这种状况将持续多久？

赫拉利：我不知道。这并非不可避免。为未来勾勒一个新构想和人类新故事的关键，首先是意识到眼下的危险和可能性，尤其是有关新技术的。科学家、政客及普通民众都需要明白人工智能和生物科技意味着什么。

我并不认为每个人或每位政治家都应获得计算机科学或生物学博士学位，这不可能，但你确实需要有基本的了解。例如，包括政治人物在内的许多人都认为人工智能并不那么危险，因为人工智能将永远无法了解人类感情或与人类争夺需要创意的工作。我认为他们完全不了解情况。

人工智能已变得比人类更擅长理解人类的特定情感。我们已经进入一个机器比许多人更能通过你的语气判断你的情绪状态的时代。在特定领域，例如游戏和国际象棋，机器已经能够展示出优于人类的创

意。所以，任何声称计算机将永远无法具有创意因而不必担心的人，根本不了解我们正在面临的挑战。

环球时报：您曾说"人类是'后真相'物种"，当前出现的"后真相"时代和信息爆炸之间存在关联吗？

赫拉利：是的，信息爆炸正在改变审查制度和宣传方式。过去，信息稀少，如果想操纵一个人，可以对他封锁信息。如今信息泛滥，几乎不可能完全封锁，相反，他们开始利用更多信息来"淹没"别人。

你可以通过将人们的注意力转移到无关或相对不重要的事情乃至假新闻上，来实现操纵，你能通过了解这些人的弱点做到这一点。例如，人们担心恐怖主义。在美国，"9·11"以来恐怖分子每年平均杀害几十人，而每天死于车祸的人通常要更多。但利用恐怖主义故事进行"轰炸"，使人们每天花费整整一小时阅读相关的骇人故事，这就如同灌输对恐怖主义的恐惧，使你认为这是世界上最严峻的问题，因此不再关注气候变化等其他问题。你不看有关气候变化的信息，尽管互联网上到处都有；许多人不相信气候变化，因为他们正过度忙于阅读有关恐怖主义的故事。

环球时报："这是一个信息爆炸却多半无用"的时代，但许多人似乎已习惯于接触铺天盖地的无关信息。这个趋势有转变的迹象吗？

赫拉利：我希望有，但我不知道将发生什么。目前还看不到任何重要转变。问题之一是新闻市场的运作方式。目前在世界大部分地区，新闻市场的原则是免费阅读令人刺激的新闻，以此换取关注。真正重要的资源就是人们的关注。新闻越刺激、有趣、令人害怕，得到的关注就越多。吸引人们关注的最简便途径是"按下他们的情感按钮"，无论是"恐惧按钮"还是"仇恨按钮"。这如同一种恶性循环。每天，你都在给仇恨、愤怒和恐惧"添油加料"。我们需要转向不同的模式，重要的不是捕获人们关注的刺激新闻，而是真正重要、真实的故事。

　　问题在于，很多情况下，重要且真实的故事也是复杂的。它们不会那么轻易地引发共鸣。从进化的角度讲，我们的大脑存在一个问题，它导致一起小型恐怖袭击这样的事远比气候危机更能有效吸引我们的注意力。我们需要意识到，这就是大脑的运转方式，我们要找到规避这种内在"生物学偏见"的方法。

　　　　　　　　（本报记者：李艾鑫　《环球时报》2018 年 11 月 1 日）

美国宾大当代中国研究中心主任金骏远接受《环球时报》专访

美中竞争不会演变为昔日冷战

"美国无意与中方冷战。"美国国务卿蓬佩奥这番话在一些美国学者，特别是"中国通"看来，应该是值得肯定的。在第二轮中美外交安全对话 11 月 9 日于华盛顿举行前，宾夕法尼亚大学当代中国研究中心主任金骏远（Avery Goldstein）接受《环球时报》记者专访，就两国展开对话的重要意义、对双边关系现状及走向谈了自己的观点。金骏远对中国的研究十分深入，曾将新中国成立后的大战略归纳为冷战前的"生存战略"和冷战后的"复兴战略"，而对中美战略互动的未来发展，他一直强调要避免战略误判。在这次访谈中，他依然强调，外交安全对话对美中确保理解对方将如何行事至关重要。

美国害怕中国"过度"缩小差距

环球时报：您如何看过去两年的中美关系？

金骏远：我要说的是过去一年多来双边关系已严重恶化，但现实是，在奥巴马总统第二任期时美中关系就已开始恶化。美中之间存在许多引发冲突的事务，而双方继续密切合作的领域正相对减少，如气候变化、反恐和伊朗核协议等。我认为，这种关系多半已开始转向2016年美国大选时的情形，其实就有意对中国推行更强硬路线而言，当时共和党与民主党持相当类似的立场。因此，即便希拉里胜出，她的顾问也会对中国采取更强硬手段。

在特朗普政府中，他安排的人不仅更决意与中国对抗，而且还以一种令人尚不清楚的方式：到底是一种意在重启双边关系的谈判战略，还是一种旨在压制中国的长期对抗战略？可以说，在第一年任期内，特朗普总统并未采取太多重要行动，只是从今年5月和6月才开始采取一些看似将使美中双边关系真正变得更困难的实际政策，尤其是在经济事务上。但对华关系不仅限于一场贸易战，贸易只是其中的最小部分。它还事关（中国）投资、供给链和美国在经济上与中国相互依赖可能产生的安全后果。如此看来，整个问题都已完全浮出水面，涉及网络安全、技术安全、知识产权安全以及军事安全，美国现在担心的是：这条与中国相关的"供给链"可能给美国的军事装备生产带来影响。因此，美中之间目前的根本问题是，无论共和党还是民主党治下的美国都在担心中国与日俱增的财富和实力对美国的全球利益意味着什么。

环球时报：中美之间利益冲突真的如此严重吗？

金骏远：有关美中利益冲突已被夸大。这与担忧有关，如刚才所说的美国担忧中国与日俱增的实力。实力并非一种利益，问题是有关利益的本质正让美国对中国的实力感到忐忑不安。此外，我们希望全世界都信奉"等同于普世价值观的美国价值观"，但中国显然并不这么认为。这也是美中两国存在根本利益冲突的领域之一。双方在"航行自由"上也存在明显的利益冲突，但我并不认为这是根本性的。

在经贸领域，除非你相信在特朗普政府内有人认为经济是中国致富美国就将遭罪的"零和游戏"，否则真的难以理解特朗普政府的所作所为。特朗普政府认为贸易就是增长不够快的蛋糕，如果我获得更大一块，你就只能得到更小的一块。

环球时报：美国到底"害怕"中国什么？

金骏远：美国仍有遥遥领先的最强大国家地位。从军事能力、经济能力和科技能力的现实评估看，中国仍与美国相差甚远，但美国并不希望等到中国"过度"缩小这种差距。毕竟在全世界与美国有关的大多数地方，美国目前都不用担心有任何力量能阻止其随心所欲。可是，在中国家门口是个例外。尽管美国拥有能为所欲为的军事实力，但如今中国已强大到足以使美国在中国附近这么做就将面临极大风险的地步，因为中国能惩罚美国并迫使美国付出相应代价。

在美国看来，如果这是目前的东亚现状且中国正变得非常强大，那么美国就有可能也在其他地方面临这种状况，而美国更渴望其自身仍是全世界保持巨大优势的最强大国家。因此，美国正在担心中国迎头赶上。无论是特朗普政府，还是民主党和国会都担心中国是否正迎头赶上，（即便追赶也）至少需要"公平"追赶。

美国现行政策无异于灾难

环球时报：美国对中国提出的"一带一路"倡议心态复杂，有时还施加阻力。您怎么看这个问题？

金骏远：美国对"一带一路"的反应并不有利于该倡议。尽管时任国务卿蒂勒森和现任国务卿蓬佩奥等官员都谈论所谓"债务陷阱外交"，但那只是宣传言论而已。问题是在开展"一带一路"项目的地区，到底有多少国家持这样的观点？在没有任何证据显示到底在发生什么的情况下，美国的反应只是批评中国。美国这样做的部分原因是认为"一带一路"倡议以前和现在都没有达到其应具有的透明度。

美国人和欧洲人对非洲或拉美的投资也曾引发反对的声音，但我认为中国人已学到一些经验，尤其是在非洲。21世纪头10年，中国在对非投资和贸易中也积累了经验教训，如在一些案例中未曾认识到有关交易是否看起来仅使中国和中资企业受益而不惠及当地人，而这样的做法终将带来问题。在前不久召开的中非合作论坛北京峰会上，新达成的协议彰显中国已深知必须不断加深和改进合作，以确保帮助非洲国家发展。

环球时报：美国政府的一系列"退群"做法，将对世界秩序造成什么影响？

金骏远：我无法为特朗普总统的此类行为辩护。美国现行政策正在破坏美国帮助建立起来的国际秩序，这无异于一场灾难。在我看来，这是适得其反之举。遗憾的是，正如我们在有关跨太平洋伙伴关系协定（TPP）、世贸组织和其他多边机制内所看到的，美国想要摧毁这种秩序。那些机制仍将继续存在，但没有美国支持将无法保持原貌。一旦美国破坏这些机制，就将难以重建它们，尤其是当我们正置身于一个美中两国相互怀疑的世界之中。

美中不要误读对方行为

环球时报：如果中美两国发生正面冲突，会有哪些触发因素？

　　金骏远：我不认为经济事务将成为触发两国冲突的因素，因为最严重的状况是军事冲突。但（真正的）危险状况将出现在引发中国认为需要采取行动，并反过来迫使美国决定该如何应对的南海事件，以及美国对台政策改变等事态上。相对而言，我并不那么担心朝鲜问题。其实特朗普总统已排除充满风险的军事选项——对朝鲜使用武力。考虑到韩国和中国的态度，我不认为特朗普能重新对朝鲜开展"极限施压"。

　　环球时报：在您提到的这些大背景下，中美外交安全对话的重要性体现在哪里？

　　金骏远：我认为这种对话至关重要。虽然它不会从根本上改变两国关系，但维持沟通渠道非常重要，因为双方都必须找出如何管控这种竞争的方法。国家之间的关系存在"3C"状态，即合作（Cooperation）、竞争（Competition）和对抗（Confrontation）。尽管美中之间存在一些竞争领域，但中国仍希望双方长期合作。目前真正令人担忧的并非是双方能维持多大程度的合作，而是能否确保在竞争范围内且不转向冲突，特别是不相互误读对方的行为，从而导致危险事态失控。我认为，美中两军之间的交流极其重要，无论对双方找到如何管控美国开展有关"航行和飞越自由"行动的方法，还是确保双方在发生舰只相撞时防止事态失控都是如此。这种对话对美中确保理解对方将如何行事至关重要。

　　环球时报：中美之间会像一些媒体炒作的那样，将出现一场冷战吗？

　　金骏远：我们不妨这样说：一场冷战总比一场热战好。一定意义上说，我们两国已进入一场"冷战"，其间双方都在很大程度上将对方视为竞争者、对手甚至敌手，但其中仍有某些区别。如今两国间的意识形态问题并不严重，这迥异于美苏冷战时期。但美国正将此视为与一个主要对手进行的"双极之争"。

当今世界毕竟不同于以往。尽管无论美中之间的竞争如何发展，都已导致紧张局势且引发双方制定相应军事计划，但这样也还是不同于冷战时期，因为当时的苏联和东欧国家完全与西方隔绝，而现在并非如此。无论美中关系将变得何其糟糕，这种竞争都不会演变为昔日的冷战。东亚国家尤其是东南亚国家和中亚国家都不会切断与中国的联系。来自冷战的一个好经验是双方应奉行不仅进行战略对话还需开展军备控制磋商的理念，因为该理念能管控竞争并降低导致关系紧张升级的风险。

（本报赴美国特派记者：王雯雯

《环球时报》2018 年 11 月 12 日）

"修昔底德陷阱"提出者艾利森接受《环球时报》记者专访：

让美国接受中国崛起，过程会很长

中美关系经历了跌宕起伏的一年：贸易战引发全球震荡，围绕南海、台海问题的博弈不断上演。在此大背景下，国际政界、学界越来越频繁地提及并讨论一个概念——"修昔底德陷阱"。古希腊历史学家修昔底德在《伯罗奔尼撒战争史》一书中认为，"战争之所以不可避免，是因为雅典的崛起与斯巴达因此产生的恐惧"。在此基础上，美国哈佛大学教授格雷厄姆·艾利森提出"修昔底德陷阱"一词，即当一个崛起大国威胁取代现有守成大国时，战争不可避免。现年78岁的艾利森是哈佛大学肯尼迪政府学院首任院长。2012年，他在英国《金融时报》发表的一篇文章让"修昔底德陷阱"一词逐渐进入国际舆论视野。去年，艾利森出版的《注定一战：中美能避免修昔底德陷阱吗?》一书引发强烈反响。该书详述过去500年间发生在守成大国与崛起大国间的权力更迭，列举的16个案例中共有12个引发战争，仅4次幸免。不过对于未来中美能否避免一战，艾利森态度谨慎，未在书中做出预判。近日，艾利森在北京接受《环球时报》记者专访，详述他眼中的中美关系现状。

中美贸易"休战期"，双方很可能获得暂时的胜利

环球时报：最近，华为高管孟晚舟在加拿大遭拘押一事备受关注。您前几天评论此事时说："事情正以难以逆转的趋势恶化下去。"您能进一步解释这句话吗？

艾利森：要理解美中关系的现状，首先要了解两国的整体关系正受到一种修昔底德式态势的推动——崛起的中国正在冲击占据主导地位的美国。

中国正感到自身变得更大、更强，同时也感受到来自美国的约束或遏制。而已习惯于发号施令的美国正感受到来自中国的打扰与妨碍。接下来，这种竞争可能会扩散到两国关系中的方方面面。

尤其是眼下美国政府已认定中国不再是战略伙伴，而是战略对手。美国正在所有领域排挤中国。它有意这么做，并为此组织其力量。我们正在贸易冲突、限制投资、技术竞争等所有层面目睹这一现象，孟晚舟案只是这种现象的又一例证。

环球时报：有分析认为，出人意料的孟晚舟案或在中美之间触发冷战，您如何看待这一观点？

艾利森：还是要将该事件置于大背景下。美国副总统彭斯在今年10月的讲话中表示，美国将在所有层面对中国发起反击，除了使用炸弹与子弹。按照他的说法，这是一场中国早在25年前就对美国发起的冷战，只是美国此前未曾注意到而已。特朗普政府如今意识到冷战正在上演的现实，不同之处在于美国将发起反击。

华为非常成功，该公司已成为世界上最大的通信和互联网设备供应商之一，其智能手机销量超过美国苹果公司。

但美国人说华为与中国情报部门的关系非常密切，因此正在排挤华为。人们可以看到，"五眼"情报联盟中的每一个国家都正将华为排除在其主要供应商行列之外。在英国，这种（排挤华为的）做法尤其痛苦，因为华为是其主要通信供应商之一。但这只是这场斗争的另一个竞技场。

拘押华为高管的举动令我吃惊。我不知道具体情况，但我知道人们都是怎么说的。在我看来，实际情况更为复杂。我认为，这是显示美中关系现状的又一个例证。如果你我是战略对手且我们正在每个层面都相互反击，那么就应该预料到这样的事情会发生。

环球时报：眼下中美经贸摩擦进入 90 天"休战期"。您觉得双方在最终期限前达成协议的可能性有多大？

艾利森：没人知道。但我确信，中国政府十分希望达成协议并正为此做出巨大努力，特朗普总统也希望取得成绩，所以双方很可能达成某种协议。届时要么进一步延长"休战期"，要么改变或调整关税。中美很可能获得暂时的胜利。但我认为，从长期来看，这些问题在可预见的将来会再次出现并继续恶化。除非美中两国为双边关系找到一条通往新的战略逻辑和新型大国关系的途径，找到一些新想法。

"修昔底德陷阱"是一种长期不断跌落的趋势，并非是起起落落

环球时报：正如您《注定一战：中美能避免修昔底德陷阱吗？》一

书中提到的，中国领导人多次在公开场合提到"修昔底德陷阱"，并显示出愿意从历史案例里汲取经验教训、避免悲剧重演的意愿。美国政界高层人士，尤其是特朗普，对该理论持什么态度？

艾利森：我没有信心谈论特朗普总统，因为我从未就此话题与他交谈。但我可以说，美国国防部长马蒂斯熟谙"修昔底德陷阱"，非常担心该陷阱可能带来的后果。我与美国国务卿蓬佩奥也交谈过多次，他对这一理论非常了解，并对此持谨慎、严肃的态度。还有美军参谋长联席会议主席邓福德、美国国家安全委员会负责中国事务的主管马特·波廷格对此都有深入理解。我认为，特朗普政府对中美陷入"修昔底德陷阱"的可能性已经非常清楚。特朗普并不热衷阅读历史，但他有"求生"的本能。我希望这个基本概念正在深入人心。

环球时报：过去两年来，中美关系一直像坐过山车。您认为原因是什么？"修昔底德陷阱"能否解释这个现象？

艾利森："修昔底德陷阱"并非针对双边关系起起伏伏的现象，而是讲述关系正走在下坡路上——事态正在加速地变得更糟。

现实是，中国正变得更大更强，美国感觉正被中国逼迫，然后双方的感受与错误感受被放大，接下来的情绪与恐惧使得事态变得更糟。无论是崛起大国还是守成大国，相互争夺权力时往往会夸大另一方的实力与威胁。这一切成为了"邪恶的组合"。

在这个过程中，人们会偶尔想起，（比如）这场贸易战将是一场灾难，我们应该阻止它。于是过山车向上爬升了一点儿。但随后，它会接着向下跌落。因此"修昔底德陷阱"令人担心的是；这是一种长期不断跌落的趋势，而不是过山车般起起落落的微小变化。

中国崛起能否被接受？美国人终究是务实的

环球时报：您说，彭斯将中国描述为一个战略对手。这种观点代表美国战略圈和学界中的主流观点吗？

艾利森：很遗憾，是的。如今特朗普已不是政界的"例外"。总体而言，无论是民主党人还是共和党人，都把中国视为一个战略对手。在高校和智库里，尤其是研究中国的人士中，许多人都认为他们被中国骗了。他们曾认为中国将成为一个负责任的利益攸关方，并安于在美国主导的国际秩序内。但你瞧，到头来中国希望成为（自己期待的）中国，而不是美国期待的中国。

正如我在《注定一战：中美能避免修昔底德陷阱吗?》中所言，我认为这些人的想法很天真。新加坡建国总理李光耀曾说，随着中国变大变强，中国将希望做中国，要大家接受它是中国，而非成为西方的名誉会员。

美国人曾认为，中国将追随日本和德国的足迹——开放、更富有、中产阶层扩大。然后中产阶层将要求获得政治权利，中国随之实现民主化，并且在美国主导的秩序中找到自己的位置。这种看法非常理想化。

中国人认为，中国是一个伟大的社会，历史上一直如此，只是在最近一两百年，这一想法被带着技术来剥削中国的欧洲人暂时打断而已。但中国人认为自己将恢复起来，中国将再次伟大。我认为这完全可以理解。修昔底德态势并不古怪、亦非产生于个人动机，这是现实状况形成的态势。但在美国政策圈内，你可以看到人们总是希望对中国更加强硬。我认为这种做法并不健康，也无助于拥有看清现实的眼睛。

环球时报：您建议美国要学会接受中国强大。但目前似乎看不到迹象。美国到底会不会接受这个现实？

艾利森：现实是，中国将必然变得更大更强，除非在发展的过程中偏离轨道——我不认为这有可能发生。这就是生活。正如我在书中援引的李光耀的观点。他说，看，美国不会喜欢这种局面，因为美国已习惯于在任何层面"当老大"。因此，美国接受这个现实会非常痛苦，这个过程需要很长时间。但美国人终究是务实的。

对中国人来说，要做到不急不躁也并非易事。我想说，无论是中国人还是美国人，都需要付出艰苦努力才能适应现实，生活本身就是一件不容易的事。正因为如此，所有美国人和中国人都应该深入思考，如何才能避开"修昔底德陷阱"。我们应该具有创造力和想象力。对此，我是抱有希望的。

（记者：李艾鑫　《环球时报》2018 年 12 月 19 日）

细算中国帮美国家庭省下多少钱

编者按："美国典型家庭年平均收入 5.65 万美元，中美经贸关系可帮这些家庭一年节省 850 美元。出口到美国的中国商品使美国物价水平降低 1%—1.5%……"这是美中贸易全国委员会联合英国牛津经济研究院提供的 2015 年相关数据。中美经贸关系本是两国关系的压舱石，但美国特朗普政府对中美经贸的双赢视而不见。美国一些人对中国投资不放心、对美中贸易中美国逆差耿耿于怀甚至要打贸易战，美国很多普通家庭却要接受惩罚。旅居美国华盛顿的资深媒体人隗静近日对自家和一些美国家庭的调查显示，中美经贸丰富了美国家庭的生活，从生日会上的礼物到餐桌上的香肠，从彩色印刷的书籍到"铁锈地带"创造的就业，美国都无法对中国说"不"。

光买玩具每年可省 100 美元

如果美国和中国开打贸易战，这样一个国家层面的"大政策"势必直接影响到成千上万个美国家庭的生活。我的家庭同样如此。对我 7 岁的女儿来说，玩具的地位至高无上。女儿上个月生日会上收到的 20 多份礼物基本上全是玩具，而且都是"中国制造"，多数玩具单价在 30 美元左右。女儿上学头 10 个月里，几乎每个月都有小朋友开生日会要送礼。加上圣诞节和平时给孩子买玩具，保守估计，如果买中国制造的玩具我家每年就能节省 100 美元。美国的家庭主妇也要算账。一位有龙凤胎的美国妈妈告诉我，如果某个玩具单价超过 30 美元，她肯定不可能给儿子和女儿都买，他们只能一起玩同一个。

提到圣诞节，不知道有多少美国家庭要感谢"中国制造"。无处不在的圣诞树和圣诞装饰绝大部分来自中国。我在沃尔玛超市买一株近两米高的人造圣诞树花 35 美元，其中包括彩灯等装饰。看着小姑娘兴高采烈地往树上挂各种装饰的样子，真不知该如何感谢那些做圣诞树的中国工人。要知道，美国一些州 2018 年最低工资标准已涨到每小时 10 美元上下，这棵圣诞树如果在美国生产，不可能只卖 35 美元的价格。

给美国大型零售商供货的制造企业老板麦克罗伊对我说，在中国制造的消费品因为人工等原因，成本与美国的制造成本相差巨大，所以美国零售商非常喜欢从中国进口，低成本使得他们在美国市场上的定价更有灵活性，更容易获得高利润，也更受消费者青睐。麦克罗伊替某连锁零售商从中国进口的烧烤机，即使在关税增长后仍比美国产的便宜几十美元，所以采购方不会轻易更换供应商。

在美国，孩子的主要花费是衣服和鞋。随着孩子成长，美国家庭每半年就要给他们买新尺寸的服装和鞋子。美国孩子还很挑剔，不满足于单一的风格。和一家法国品牌动辄 80 美元起价及另一家基本上 50 美元起价的瑞典风格童装店相比，美国父母有时更喜欢光顾单品 20 美元左右的美国品牌店。这样花 100 美元可以获得更多选择。其实不管是单价低还是单价高的品牌店，绝大部分产品还是有"中国制造"的成分，而且越是大的时尚品牌越可能在中国制造，因为满足现代时尚行业复杂的技术和材料要求并非易事。比如，美国很多常见品牌的毛巾和浴巾多是从印度进口的，有些运动服是柬埔寨或越南制造，材料和样式要求相对单一，但一些流行的童装还是"中国制造"多。

我们所在的学区各种课外兴趣班名目繁多。兴趣班的学费不是很贵，但每个班都有各自的装备要求。很多孩子的足球、游泳衣、芭蕾舞蹈服、钢琴课用的节拍器等都是"中国制造"。去年在一个跳蚤市场上，我把半新的中国生产的足球鞋和护腿以 3 美元的"高价"卖给一位有 3 个孩子的美国妈妈时，她说："原来觉得装备贵才没给孩子报足球班，这下可以报了。"可见，物美价廉的中国商品也让一些低收入的美国家庭在子女教育上有了更多选择，同时间接给课外班的老师提供了就业机会。

10 本彩页书 7 本中国印

近日翻阅欧美媒体时，可以看到美国全国制造商协会、美国全国零售商联合会等商业团体的负责人纷纷警告，和中国打贸易战将"大幅增加美国消费者成本""惩罚普通美国人"。据《华盛顿邮报》报道，美国的农场主和超市的购物者很可能在贸易战中感到切肤之痛，其中不少人曾投票支持特朗普。很多零售企业已致信特朗普，不要再加剧美国的贫富差距，不要再惩罚美国低收入的劳动家庭。

直接进口中国商品只是中美经贸的一部分。中国人对美国家庭的贡献早就无处不在。几乎美国所有的州都有中国企业的投资。中国企业在美国一些"铁锈地带"还直接雇用约 15 万名美国员工。中国双汇集团前几年收购全球最大的猪肉加工企业史密斯菲尔德食品公司后，所生产的肉制品也成为美国家庭餐桌上的选择。

我在家里随意翻出 10 本童书，竟然有 7 本是在中国印刷的。这令我想到多年前计划在美国出书时遇到的困难：出版商说可以出我的书，但是里面最好不能有照片，如果有也必须是黑白的，因为彩印在美国极为昂贵，如果用彩色印刷，我的书会因价格太高而不能卖到很多读者手上。结果我那本主要想以彩色照片介绍中国发展变化的英文书还是在中国出的。儿童书的图画更多，色彩更丰富，想在美国印刷并保持 20 美元的零售价格同时能盈利是很困难的。

美国还找不到中国替代者

以上生活的方方面面还不包括数码时代必备的各种电子产品：从手机到电脑，从"平板"再到亚马逊新出的 Echo 声控电脑等，很多美国家庭选购的电子产品都是在中国组装的。那位有龙凤胎的妈妈告诉我："幸亏现在电脑便宜了，可以给孩子各买一台，否则两个人也要暂时先共用一台。"她也知道，如果苹果手机不在中国组装，零售价格将比现在的价格高出不少。

美中贸易全国委员会前几年的报告说，中美经贸每年能给每个典型的美国家庭节省 850 美元的开支。我和对供应链管理颇有研究的麦克罗伊都认为,顺畅的中美经贸还能给美国家庭节省更多。麦克罗伊说,中国已成为全球商业供应链中重要的一环,"中国制造"的速度、质量和规模不是其他发展中国家甚至美国可以轻易复制和取代的,这是中国制造业过去 30 年不断实践和改进的结果。很多产业如玩具业、鞋业、来料加工等在中国已形成大规模的产业集群,其竞争力至少在未来 5 到 10 年难以撼动,这也是为什么很多美国公司选择在中国制造产品的原因。

"美国过去总提知识产权保护等问题,在这方面中国的确在加强改进。总之,美国和中国打贸易战绝不是最好的对策。"麦克罗伊告诉我,白宫对贸易战的"次生灾害"考虑不周,如增加关税带来的通胀压力、未来美国公司难以进入世界第一大消费者市场等。我则告诉他:"我不能想象孩子的图书都变成黑白的,或是同学间生日会少了漂亮的玩具。比节省开支更重要的,是中美经贸使更多美国家庭有能力购买更多样化的产品,丰富了人们的生活。"

（本报驻美国特约记者：隗静
《环球时报》2018 年 3 月 30 日）

约瑟夫·奈教授谈美中贸易战

"美对华贸易战借口说不通"

"特朗普总统以美中两国双边贸易的顺差或逆差来作为对华发动贸易战的借口是说不通的。"著名政治学家、美国哈佛大学教授约瑟夫·奈近日和笔者交流时表达了这样的观点。约瑟夫·奈还表示,美中解决摩擦的方式就是协商,即使这种协商看上去会非常棘手。

张梅:您如何看中美贸易摩擦?

约瑟夫·奈:美中贸易摩擦有时也被称为贸易战,在我看来,关于美国和中国之间贸易战的起因,部分可以归于美国共和党、民主党两党对中国贸易行为的共同担忧,对此我们应该通过协商找出解决办法。但另一部分原因是由特朗普总统的特殊做法引起的。他认为双边贸易逆差是一个国家做错事的信号,所以调查中国卖给美国的商品比美国卖给中国的商品多的问题。他还宣称找到中国做错事情的证据(笑)。

大多数(美国)经济学家都认为,这不是思考美中贸易逆差的正确方式。所以，特朗普以双边贸易的顺差或逆差来作为对华发动贸易战的借口是说不通的。但具有讽刺意味的是，美中（有些人）认为可以相当容易地解决这个问题。如有人说，"中国将从美国购买更多大豆和天然气，这意味着美中之间的贸易顺差将改变，这也让特朗普能宣称获得胜利"。其实，在我看来，这不会在多大程度上改变现状，而只是意味着，如果中国从美国购买更多的大豆，那么从越南就会买更少的大豆。事实上，这不是一个真正解决问题的方法，而是一个停留在问题表面的解决办法，只是有可能发生的结果的一部分。

张梅：那么，对于当前的中美贸易摩擦，您能否给出一些解决方案？

约瑟夫·奈：我觉得（要引起中国重视的）是那些让美国国会感到困扰的潜在议题。这些议题关于中国处理国际贸易的方式是否公正。此外，严肃的人，不包括特朗普总统在内，都普遍感觉到中国占了目前体系的便宜。如中国国有企业和美国公司展开竞争，但前者可以从国有银行那里拿到低利率的贷款，因此，他们就认为中国公司暗中得到这些补贴，这就不公平了。再举一个例子，有人认为，如果中国公司想在美国进行投资，不需要交出它们的知识产权。而如果美国公司想要在中国进行投资，一定要选一个中国伙伴，同时必须开放知识产权给那个中国公司。有的美国公司和美国议员就会说："这是胁迫，是（中国）硬实力，这是偷取我们的知识产权。"（对美国政府指责"中国知识产权保护不力""中国政府强制技术转让"的言论，中方多次反驳，并强调以此发起贸易战，"这个借口找错了"——编者注）

美中在很多这类议题上产生摩擦。在开始阶段，当美国人支持中国加入世界贸易组织时，美国民众认为中国一定会更加开放，变得市场化，并且乐于加入体系。现在有一些美国人则担心，中国没有公平地竞争，会向中国公司倾斜。这就产生了现在国会普遍关注的那些议题，这些议题和双边贸易本身无关——而且，在我看来是可以协商的。我怀疑，由于特朗普总统保护主义和重商主义的态度，将使协商非常棘手，且需要延长协商所需的时间。但从原则上来看，这些议题都是可以协商的。

（作者：张梅，国务院侨务办公室侨务干校副教授，美国哈佛大学访问学者 《环球时报》2018年11月20日）

从华盛顿到西雅图　我的"贸易战之旅"

　　编者按：2018 年 3 月 22 日，美国总统特朗普签署总统备忘录，宣布对中国价值 600 亿美元的产品加征关税。自此，贸易战不仅成为今年中美关系的头等大事，而且位居全球舆论舞台的中心。临近年末，《环球时报》记者赴美调研，从华盛顿特区到艾奥瓦州首府得梅因再到西雅图，就中美贸易战与超过 50 位采访对象密集对话。其间，记者经常听到一种论调：中美之间的疙瘩由来已久，美国各界都已出现要对华采取行动的声音，在此背景下，即使是希拉里当总统也难逃一"战"。那么，暂时"休战"的中美经贸摩擦会迎来怎样的结局？记者突然想起一名艾奥瓦州农民的话："艾奥瓦州和中国友谊的故事广为流传。我们不愿看到几十年的努力付诸东流。"

谈贸易战，华盛顿智库学者小心谨慎，但他不同：
"美中迎来完美结局至少要到 2021 年"

从北京出发，《环球时报》记者抵达华盛顿罗纳德·里根国家机场时已近深夜。汽车沿波托马克河往北开，路过大名鼎鼎的五角大楼、安葬美国前总统肯尼迪的阿灵顿国家公墓，缓缓驶入市区。透过夜色望去，坐落在宾夕法尼亚大道上的白宫和国会大厦无比威严。

华盛顿，美国的心脏。汇聚于此的联邦政府机关、各国驻美大使馆等职能部门塑造了浓厚的政治氛围，而约 400 家智库则构成了"最强大脑"。要想了解华盛顿精英如何看待中美经贸摩擦，各大智库无疑是最佳突破口。

美国商会亚洲事务资深副总裁查尔斯·弗里曼曾任对华贸易谈判代表，是有名的"中国通"。谈起贸易战，他对《环球时报》记者直言不讳地说："普通老百姓受到的影响比华尔街大得多，这就是政治现实。"他认为，"特朗普政府对中国的诊断是对的，但是处方是错的"。

"如果有机会坐上谈判桌，我可能会从单个问题着手，联合其他国家与中国共同协商解决，"弗里曼告诉记者，"毕竟，大刀阔斧地改变美中贸易关系难度太大。"

在中国记者面前谈贸易战，华盛顿智库学者基本上都持小心谨慎的态度。偏自由派智库亚洲协会副总裁温迪·卡特勒原本答应接受采访，却在最后一刻变卦。美国企业研究院中国问题专家史剑道却十分与众不同。他在采访开始前就托人告诉记者，"不要提官方那套"，否则他有可能当场走人。

"所谓'贸易战'只是一种被夸大的说法，并未真正发生。"史剑道对《环球时报》记者表示，"目前美国经济坚挺，美国国内对中国产品的需求量大，中国出口至美国的商品销售情况很好。现阶段只能说存在引发'贸易战'的风险。"史剑道认为，一旦美国经济衰退，美中贸易摩擦就可能迎来最糟糕的局面。他对记者预测道，如果美中没有解决好贸易问题，那么这糟糕的一天恐怕出现在 2022 年。

特朗普想要一笔什么样的交易？面对《环球时报》记者的提问，史剑道回答说，美国想要的妥协其实挑战了中国的底线。如果要让美国完全满意，中国就不是现在的中国了。"可以说，美中之间迎来完美结局，至少在 2021 年前都不太可能实现。"

"美国粮仓"35 年前就与中国省份结成友好关系
"我们不愿看到几十年的努力付诸东流"

在中美贸易战中，受冲击最大的要数美国农业。《环球时报》记者来到"农业重镇"艾奥瓦州时，眼前是与华盛顿截然不同的田园风光。艾奥瓦州位于美国中西部地区，以农业经济为主，玉米、鸡蛋和猪肉的产量全美第一，大豆产量仅次于伊利诺伊州位列第二，素有"美国粮仓"之称。

艾奥瓦州与中国颇有渊源。现任美国驻华大使特里·布兰斯塔德曾在该州担任州长长达 8169 天，创下美国任期最长的州长纪录。在其任内，艾奥瓦州 1983 年与河北省建立友好省州关系，得梅因和石家庄在 1985 年结为友好城市。

基于深厚的友谊基础，艾奥瓦州和中国的贸易往来频繁。艾奥瓦州大豆协会数据显示，美国大豆总产量的约 33% 份额出口至中国，占中国大豆进口总量近 40%。《得梅因纪事报》农业记者唐奈尔·艾勒告诉《环球时报》记者，该州种植的大豆每三列就有一列销往中国。

艾勒从小在农场长大，她的丈夫同样是农民。"由于州里的大豆产量过剩，农民的收入在过去四五年里持续下降，"艾勒对记者说，"美中贸易战无疑让情况雪上加霜，当地农民都如坐针毡。"谈起自家农场情况，艾勒无奈地表示，情况"不容乐观"，"玉米和大豆价格双双下跌，播种时又赶上冰雹、多雨……这真是艰难的一年，农民肯定是贸易战的输家"。

与《得梅因纪事报》的同行交流期间，记者去了一趟开在该媒体办公大楼里的室内农贸市场，当地农民在这里出售蔬菜、水果、蜂蜜、果酱等产品。一名卖明信片的小伙引起了记者的注意。他将得梅因的景点、艾奥瓦州的地形制成明信片，每张卖 2 美元。他告诉《环球时报》记者，今年种的大豆要么卖不出去，囤在粮仓里让人发愁，要么就卖不出好价钱，还不如卖明信片赚取的利润高。记者一口气买了 6 张，他一点儿优惠不肯给，因为"今年收入已经够惨了"。

从得梅因市区出发向北行驶大约一小时，大片的农田和巨大的谷仓映入眼帘。《环球时报》记者来到布洛克·汉森的农场。这天气温只有零下 5 摄氏度，然而记者到的时候，汉森不在家，等了 20 分钟才姗姗来迟。原来，汉森前一天忙活到凌晨 1 时，清晨 6 时又带着妻子和孩子下地干活。

38 岁的汉森是德国移民后代。作为家族第五代农民，他和 72 岁的父亲经营 4000 英亩（约等于 16 平方千米）的土地，主要种植大豆和玉米。汉森告诉《环球时报》记者："往年这个时候，50% 的大豆都卖出去了，今年只卖了 30%。我们的家庭收入也因此下降了。"

美国总统特朗普 7 月宣布提供 120 亿美元农业补贴，美国农民认为这是"安抚奶嘴",部分农民拒绝申领。汉森至今也尚未申领这笔钱。他告诉《环球时报》记者,有人拒领是出于农民的尊严,有人是因为对这项政策不满,而他则是因为支持特朗普政府。"农业经济走下坡路有多个原因,不能全怪特朗普。虽然我不是百分之百认同总统的所作所为,但我相信,至少在贸易方面,他比我懂得多。"

汉森受过良好教育,拥有农业机械学和科学两个学位。除了种地,汉森夫妻名下还经营运输公司、烘焙面包坊等生意。在记者眼中,汉森更像一名商人,但他坚持认为自己是个普通农民。

中国市场在美国农产品出口中扮演重要角色,对于艾奥瓦州的农民来说更是如此。这不仅关乎贸易,还关乎友谊。"艾奥瓦州和中国友谊的故事广为流传,我们不愿看到几十年的努力出于某些原因付诸东流,"汉森接受《环球时报》记者采访时说,"我坚信,走过至暗时刻,必会迎来黎明之光。"

"塔吊之城"对中国记者的热情出人意料
"与中企加深往来百利而无一害"

听完华盛顿精英学者的分析、艾奥瓦州农民的肺腑之言,《环球时报》记者继续西行。机场大厅悬挂波音飞机模型,电视里滚动播出亚马逊公司宣布两个新总部选址的消息,甫一落地西雅图,一股生机勃勃的商业气息扑面而来。

西雅图位于美国西北部华盛顿州,此前满载美国大豆、与关税赛跑的"飞马峰"号货船就是从这里出发前往大连的。作为美国最繁忙的港口之一,西雅图一度被认为是中美贸易战的最前线。然而出人意料的是,《环球时报》记者在这里没有感受到"硝烟四起"的紧张氛围,只有让人猝不及防的热情接待。西雅图各界人士对中国媒体表现出极大兴趣，记者的行程被安排得满满当当。

仅以其中一天为例。《环球时报》记者一早抵达华盛顿州中国理事会采访，该理事会成立于1979年，是美国历史悠久的民间对华交流机构，其会员不乏微软、波音等世界顶级公司。没有想到，原计划1小时45分钟的采访活动，理事会热情地安排了5家会员代表出席，包括从周边地区特意赶来的斯诺霍米什县经济联盟和斯卡吉特县经济发展联盟。

人均20分钟的展示时间紧紧巴巴，每家会员代表发言时先介绍工作内容，然后大谈特谈本领域的投资优势和特点，最后重点表达对中国资本的热烈欢迎，全程没有一句废话。值得一提的是，他们给《环球时报》记者准备的是中文版参考资料，斯诺霍米什县经济联盟干脆连演示文稿也翻译成中文。

采访结束，《环球时报》记者一路飞奔到温德米尔房地产公司。首席运营官布鲁克斯·伯顿为记者提供了一份三明治、一杯红茶，于是午餐时间也变成见缝插针的大型"招商引资"现场。基德·马修公司高级副总裁杨晓红告诉《环球时报》记者，为方便中国客户投资，他们专门成立对华服务组，有针对性地提供高质量服务。

中国客户是西雅图房地产市场中的重要玩家。《环球时报》记者此前一天在西雅图市郊参观了一对华人夫妇购置的房产，400平方米的三层独栋别墅售价150万美元，在当地属于中高端住宅。据记者了解，那一带居民以中国人和印度人为主，鲜有白人身影，难怪当地地产商与经纪公司如此积极地吸引中国投资。

在西雅图，巨型吊臂出场频率极高，轰隆隆的施工现场随处可见。这种场景在洛杉矶、芝加哥等美国其他大城市并不常见。《西雅图时报》商业记者麦克告诉《环球时报》记者，全市大概有 65 台塔吊，随着越来越多外国公司涌入，近年来该市基础设施建设呈现爆炸式增长。据了解，目前腾讯、百度、华为、中兴等中国公司对西雅图的投资至少为当地提供了 1500 个工作岗位。"西雅图是美国科技前沿，想要保住'江湖地位'不可能将中国人拒之门外，"麦克说，"加深与中国企业的贸易往来、交流互动对西雅图百利而无一害"。

（本报赴美国特派记者：邢晓婧

《环球时报》2018 年 12 月 26 日）